Für Rosemarie,
mit allen guten
Wünschen und zur
Erinnerung an Vermont,
Wolfgang
7. Juli 2015

praesens

Kulturelle Motivstudien, Band 14

»Wer andern ein Grube gräbt ...«

Sprichwörtliches aus der Bibel in moderner Literatur, Medien und Karikaturen

Wolfgang Mieder

Mit 128 Abbildungen

Praesens Verlag

Umschlaggestaltung unter Verwendung von: John W. Barber, *A Hand Book of Illustrated Proverbs: Comprising also a Selection of Approved Proverbs of Various Nations and Languages, Ancient and Modern. Interspersed with Numerous Engravings and Desciptions.* New York: George F. Tuttle, 1858, S. 185.

Gedruckt mit Förderung der Kunstabteilung der Stadt Wien, Wissenschafts- und Forschungsförderung

Bibliografische Information der Deutschen Nationalbibliothek
Die Deutsche Nationalbibliothek verzeichnet diese Publikation in der Deutschen Nationalbibliografie; detaillierte bibliografische Daten sind im Internet über http://dnb.d-nb.de abrufbar.

ISBN 978-3-7069-0792-7

© Praesens Verlag
http://www.praesens.at
Wien 2014
Alle Rechte vorbehalten. Rechtsinhaber, die nicht ermittelt werden konnten, werden gebeten, sich an den Verlag zu wenden.

Inhalt

I.	Vorwort	7
II.	Sprichwörtliches aus der Bibel in der Moderne	10
III.	»Das A und O sein«	33
IV.	»Im Anfang war das Wort«	36
V.	»Wer nicht arbeitet, soll auch nicht essen«	72
VI.	»Auge um Auge, Zahn um Zahn«	77
VII.	»Unser täglich Brot gib uns heute«	87
VIII.	»Jemandem ein Dorn im Auge sein«	98
IX.	»Die Ersten werden die Letzten sein«	103
X.	»Liebet eure Feinde«	109
XI.	»An ihren Früchten sollt ihr sie erkennen«	112
XII.	»Geben ist seliger denn Nehmen«	116
XIII.	»Der Geist ist willig, aber das Fleisch ist schwach«	129
XIV.	»Der Glaube kann Berge versetzen«	141
XV.	»Glaube, Hoffnung, Liebe«	169
XVI.	»Wer's glaubt, wird selig«	176
XVII.	»Wer andern eine Grube gräbt, fällt selbst hinein«	184
XVIII.	»Laß deine linke Hand nicht wissen, was die rechte tut«	210
XIX.	»Seine Hände in Unschuld waschen«	213
XX.	»Wes das Herz voll ist, des geht der Mund über«	231
XXI.	»Hochmut kommt vor dem Fall«	237
XXII.	»Tanz um das goldene Kalb«	249
XXIII.	»Es ist leichter, daß ein Kamel durch ein Nadelöhr gehe, denn daß ein Reicher ins Reich Gottes komme«	259
XXIV.	»Bleibe im Lande und nähre dich redlich«	273
XXV.	»Sein Licht unter den Scheffel stellen«	277
XXVI.	»Der Mensch denkt, Gott lenkt«	286
XXVII.	»Der Mensch lebt nicht vom Brot allein«	301
XXVIII.	»Liebe deinen Nächsten wie dich selbst«	320
XXIX.	»Es geschieht nichts Neues unter der Sonne«	346
XXX.	»Perlen vor die Säue werfen«	350
XXXI.	»Der Prophet gilt nichts in seinem Vaterlande«	363
XXXII.	»Sein Haus auf Sand bauen«	371
XXXIII.	»Im Schweiße deines Angesichts sollst du dein Brot essen«	379
XXXIV.	»Den Seinen gibt's der Herr im Schlafe«	383
XXXV.	»Man sieht den Splitter im fremden Auge, aber im eigenen den Balken nicht«	392
XXXVI.	»Den ersten Stein auf jemanden werfen«	400

XXXVII.	»Wer sucht, der findet«	408
XXXVIII.	»Den Teufel durch Beelzebub austreiben«	416
XXXIX.	»Was du nicht willst, daß man dir tu, das füg auch keinem andern zu«	423
XL.	»Ein Wolf im Schafspelz sein«	436

I. Vorwort

Am Tag meines siebzigsten Geburtstags schreibe ich dieses kurze Vorwort zu dem vierzehnten Band meiner Reihe »Kulturelle Motivstudien«, in der jedes Jahr ein Buch zu verschiedenen sprachlichen, kulturellen, literarischen und volkskundlichen Themen erschienen ist. Die Serie begann mit »*Liebt mich, liebt mich nicht...*« *Studien und Belege zum Blumenorakel* (2001), und dann folgten mehr oder weniger jedes Jahr weitere Bände, die das Weiterleben eines tradierten Motivs an Hand von literarischen, journalistischen und bildlichen Belegen in der Moderne aufzeigen. In chronologischer Folge waren es »*Der Rattenfänger von Hameln*«. *Die Sage in Literatur, Medien und Karikaturen* (2002), »*Die großen Fische fressen die kleinen*«. *Ein Sprichwort über die menschliche Natur in Literatur, Medien und Karikaturen* (2003), »*Wein, Weib und Gesang*«. *Zum angeblichen Luther-Spruch in Kunst, Musik, Literatur, Medien und Karikaturen* (2004), »*Nichts sehen, nichts hören, nichts sagen*«. *Die drei weisen Affen in Kunst, Literatur, Medien und Karikaturen* (2005), »*Cogito, ergo sum*«. *Ich denke, also bin ich. Das Descartes-Zitat in Literatur, Medien und Karikaturen* (2006), »*Hänsel und Gretel*«. *Das Märchen in Kunst, Musik, Literatur, Medien und Karikaturen* (2007), »*Sein oder Nichtsein*«. *Das Hamlet-Zitat in Literatur, Übersetzungen, Medien und Karikaturen* (2008), »*Geben Sie Zitatenfreiheit!*« *Friedrich Schillers gestutzte Worte in Literatur, Medien und Karikaturen* (2009), »*Märchen haben kurze Beine*«. *Moderne Märchenreminiszenzen in Literatur, Medien und Karikaturen* (2009), »*Wie anders wirkt dies Zitat auf mich ein!*« *Johann Wolfgang von Goethes entflügelte Worte in Literatur, Medien und Karikaturen* (2011), »*Zersungene Lieder*«. *Moderne Volksliederreminiszenzen in Literatur, Medien und Karikaturen* (2012) und »*Neues von Sisyphus*«. *Sprichwörtliche Mythen der Antike in moderner Literatur, Medien und Karikaturen* (2013).

Das reichhaltige Belegmaterial in allen Bänden stammt aus meinem Internationalen Sprichwortarchiv, das ich während meiner mehr als vierzigjährigen Lehrtätigkeit an der Universität von Vermont zusammengetragen habe. Es handelt sich im Prinzip um Lesefrüchte, die mehr oder weniger unsystematisch gesammelt wurden. Natürlich habe ich über viele Jahre hinweg eine große Anzahl von Aphorismen-, Kurzprosa- und Gedichtbänden durchgearbeitet, aber viele Texte sind dennoch rein zufällig entdeckt worden. Das gilt vor allem auch für die vielen Belege aus Zeitungen und Zeitschriften, wobei besonders die Werbeseiten, Karikaturen und Witzzeichnungen bedeutendes Material geliefert haben. Zu betonen ist auch dieses Mal wieder, daß es sich gerade bei den Schlagzeilen und Graffiti um eigene »Gelegenheitsfunde« handelt, die nicht aus dem Internet stammen! Ich bin mir wohl bewußt, daß ich viele zusätzliche Belege auf dem Wege elektronischer Datenbanken hätte finden könnnen. Doch darum dreht es sich in diesen Bänden nicht, denn sie sollen vielmehr unter Beweis stellen, wie verbreitet Sprichwörter und sprichwörtliche Redensarten aus der Bibel in Gedichten, Kurzprosatexten,

Aphorismen, Sprüchen, Schlagzeilen, Karikaturen, Witzzeichnungen, Graffiti usw. sind. Von der erheblichen Anzahl sprichwörtlicher Texte aus der Bibel habe ich achtunddreißig Sprichwörter und Redensarten ausgewählt, die in meinem Archiv besonders zahlreich auftreten, so etwa »Im Anfang war das Wort« (138 Belege), »Der Glaube kann Berge versetzen« (137 Belege), »Liebe deinen Nächsten wie dich selbst« (122 Belege), »Wer andern eine Grube gräbt, fällt selbst hinein: (113 Belege), »Ein Wolf im Schafspelz sein« (71 Belege) und »Der Mensch lebt nicht vom Brot allein« (59 Belege). Alles in allem enthalten die diesem Vorwort und der Einleitung folgenden Kapitel 1526 Belege, und zwar 1398 Texte und 128 Illustrationen. Wie in den früheren Bänden habe ich auch wieder einige angloamerikanische Beispiele aufgenommen, doch hält sich das englische Sprachmaterial dieses Mal sehr in Grenzen, weil so viele deutschsprachige Belege vorhanden sind. Überhaupt ist zu sagen, daß viele Sprichwörter und Redensarten aus der Bibel nicht aufgenommen werden konnten, weil das den Rahmen des Buches gesprengt hätte und weil ich auch nicht genug Belegmaterial hatte. Um ein eigenständiges Kapitel zu bekommen, mußten schon mindestens zehn Texte vorliegen. Die einzige Ausnahme bildet das erste Kapitel zu »Das A und O sein« mit lediglich neun Belegen. Im Durchschnitt enthalten die achtunddreißig Kapitel immerhin vierzig Belege, die deutlich zu erkennen geben, daß diese Sprichwörter und sprichwörtlichen Redensarten aus der Bibel im modernen säkularisierten Sprachgebrauch eine erhebliche Rolle spielen. Zu bemerken ist dabei allerdings, daß sie meistens modifiziert, parodiert, verfremdet oder überhaupt entstellt werden, um neue Ansichten oder auch ein modernes Wertsystem aufzuzeigen. Zuweilen gehört dann eine erhebliche biblische Kulturmündigkeit dazu, um hinter den ausgeklügelten Aussagen und Verbildlichungen noch die Bibel zu erkennen.

Auf dieses knappe Vorwort folgt wie in den früheren Bänden ein zweites Kapitel, das in vier Auswahlbibliographien nachweist, was bisher über Sprichwörtliches in der Bibel gesagt worden ist. Da ist einmal eine Liste von bedeutenden allgemeinen Nachschlagewerken in der Form von Sprichwörter-, Redensarten- und Zitatensammlungen, die neben anderen Belegen auch Texte aus der Bibel verzeichnen und teilweise auch erläutern. Eine zweite Liste enthält Lexika, die sich nur mit biblischen Sprüchen, Sprichwörtern und Redensarten befassen, die dritte Liste bietet die wichtigste Sekundärliteratur zu Bibeltexten, die in die mündliche und schriftliche Volksüberlieferung eingedrungen sind, und die vierte Liste enthält Untersuchungen zu Martin Luthers Interesse an Sprichwörtern und sprichwörtlichen Redensarten. Hier wird deutlich, welche große Rolle diese tradierte sprichwörtliche Sprache der Bibel über die Jahrhunderte hinweg gespielt hat. Natürlich setzt sich dieses zweite Kapitel dann auch damit auseinander, wie biblisches Sprichwortgut heutzutage oft auf innovative Weise rezipiert wird. Selbstverständlich werden Bibelsprichwörter wie etwa »Geben ist seliger als nehmen«, »Hochmut kommt vor dem Fall« und »Bleibe im Lande und nähre dich redlich«

durchaus noch ernsthaft und didaktisch verwendet, aber gerade bei Sprichwörtern wie zum Beispiel »Der Geist ist willig, aber das Fleisch ist schwach«, »Der Mensch denkt, Gott lenkt« und »Den Seinen gibt's der Herr im Schlafe« kommt es durch innovative Modifikationen sehr schnell zu witzigen, satirischen und blasphemischen Antisprichwörtern, die auch das Sexuelle nicht ausschließen. Bei all diesen wortspielerischen Infragestellungen herkömmlicher Bibelweisheiten sind sich viele Zeitgenossen sicherlich gar nicht unbedingt bewußt, daß sprichwörtliche Redensarten wie »Sein Licht unter den Scheffel stellen«, »Perlen vor die Säue werfen« und »Sein Haus auf Sand bauen« aus der Bibel stammen. Man ist heute nicht mehr so bibelfest wie früher, und dennoch spielt die Bibel als Grundlage der christlichen Religion sowie als großes Werk der Weltliteratur weiterhin eine ungemein bedeutende Rolle im menschlichen Dasein. All dies weist darauf hin, daß es in dem vorliegenden Buch nicht so sehr um die Bibel selbst geht, sondern vielmehr um das moderne mehr oder weniger eigenständige Weiterleben der Sprichwörter und Redensarten aus der Bibel. Um den eigentlichen Wortlaut aus der Bibel zu verdeutlichen, beginnt jedes Kapitel mit dem betreffenden Spruch sowie Varianten aus anderen Büchern des Alten und Neuen Testaments. Daraus wird auch ersichtlich, daß die Volkssprache gewisse Bibelsprüche erst nach und nach zu mundgerechten Sprichwörtern und Redensarten umformuliert hat.

Die meisten Texte und Abbildungen habe ich selbst entdeckt, aber für einige möchte ich mich bei Verwandten, Freunden, Kollegen und Studenten bedanken. Es ist immer eine besondere Freude, wenn ich einen mir unbekannten Beleg erhalte. Besonderer Dank gilt wiederum Sally McCay, die das gesamte Bildmaterial für den Druck vorbereitet hat. Bei meinem unermüdlichen Verleger Michael Ritter möchte ich mich ganz besonders dafür bedanken, daß er es mir auch dieses Jahr wieder ermöglicht hat, einen weiteren Band in der Reihe »Kulturelle Motivstudien« herauszubringen.

Vor vielen Jahren hat Monika Rossi als eine meiner besten Studentinnen ihr Germanistikstudium mit einer vorzüglichen Magisterarbeit über *The Origin and Development of the Lorelei Legend* (1986) an der Universität von Vermont abgeschlossen. Da sie mit ihrer Familie in Burlington wohnt, hat sich über die Jahre hinweg eine beständige Freundschaft zwischen den Rossis und Mieders entwickelt. So möchte ich dieses Buch meinen Freunden Monika und Frank Rossi widmen, die beide tief in der christlichen Religion verankert sind. Als langjährige Freunde haben wir uns oft über die Bibel unterhalten, wobei sie stets viel Verständnis für meine abweichenden Ansichten gezeigt haben. Als Dank für ihre freundschaftliche Aufgeschlossenheit und wertvolle Freundschaft überreiche ich ihnen dieses Buch, das trotz aller Verfremdungen zeigt, daß die Bibel eines der größten Werke der Weltliteratur darstellt.

Winter 2014　　　　　　　　　　　　　　　　　　　　　　　Wolfgang Mieder

II. Sprichwörtliches aus der Bibel in der Moderne

Es besteht kein Zweifel daran, daß die Bibel weiterhin eine ungemein wichtige Rolle im modernen Zeitalter spielt. Als religiöses Buch ist sie die Grundlage des Christentums und dient allen Gläubigen als Wort Gottes. Darüber hinaus ist die Bibel aber auch überliefertes Kulturgut in einer säkularisierten Welt. Die Bibel mit ihren Parabeln, Geschichten, Botschaften, Sprichwörtern und Redensarten gehört zur allgemeinen Kulturmündigkeit, wobei es eigentlich nicht darauf ankommt, ob sie als religiöses oder als literarisches Werk rezipiert wird. Selbstverständlich werden Bibelsprüche nicht nur in der Kirche sondern auch im mündlichen und schriftlichen Verkehr schlechthin unverändert zitiert, und das gilt zweifelsohne auch für Bibelsprichwörter. So mag ein Sprichwort aus der Bibel als Ausgangspunkt einer Predigt dienen, worin es möglicherweise mehrmals als didaktisches Leitmotiv auftreten kann. Ein unverändertes Bibelsprichwort kann aber auch als Schlagzeile einer Anzeige dienen, wo es dann der Werbebotschaft eine gwisse Autorität verleiht. Biblische Sprichwörter und Redensarten treten auch als Überschriften in den Medien und in Büchern auf, und selbst in modernen Gedichten und Schlagern kommt es immer wieder zur Verwendung biblischer Weisheiten, und zwar ohne sie zu verfremden oder in Frage zu stellen. Das alles ist jedoch nur eine Seite der Medaille, denn wie Volkssprichwörter werden Bibelsprichwörter ebenfalls oft variiert, um durch sprachspielerische und provokante Verfremdungen zum Nachdenken zu zwingen. Das hat nicht unbedingt etwas mit Blasphemie zu tun! Vielmehr nimmt man sich die Freiheit, an Hand von modifizierten Bibelweisheiten gewisse Moral- oder Wertevorstellungen in Frage zu stellen. So jedenfalls hat vor allem Friedrich Nietzsche, selbst Pastorensohn, auf Sprichwörter aus der Bibel reagiert, denn schließlich ging es ihm um die Umwertung aller Werte beziehungsweise um den Abbau veralteter Moralität. So wird es nicht überraschen, daß mehrere Kapitel mit aphoristischen Antisprichwörtern Nietzsches beginnen.[1] Ein Virtuose auf dem Gebiet der literarischen Sprichwortverfremdungen ist natürlich auch Bertolt Brecht, der sich in seinen Werken wiederholt auf die Bibel bezieht und sie gerade deshalb heranzieht, weil er an Hand von Entstellungen biblischer Sprichwörter aufzeigen kann, wie das Leben nicht nach den Vorschriften der Bibel verläuft.[2] Vor allem

---

1 Vgl. das Kapitel »'Wer Gott liebt, der züchtigt ihn': Nietzsches biblische Aphorismen,« in Andreas Nolte und Wolfgang Mieder, *»Zu meiner Hölle will ich den Weg mit guten Sprüchen pflastern«. Friedrich Nietzsches sprichwörtliche Sprache* (Hildesheim: Georg Olms, 2012), S. 101-119.

2 Vgl. Barbara Allen Woods, »A Man [Bertolt Brecht] of Two Minds,« *German Quarterly*, 42 (1969), S. 44-51; Wolfgang Mieder, »*Der Mensch denkt: Gott lenkt – keine Red davon!« Sprichwörtliche Verfremdungen im Werk Bertolt Brechts* (Bern: Peter Lang, 1998); und Werner Hecht, »Register der Bibelstellen,« in Werner Hecht, Jan Knopf, Werner Mittenzwei und Klaus-Detlef Müller (Hrsg.), *Bertolt Brecht. Werke* (Berlin: Aufbau-Verlag, 2000), S. 645-680 (Registerband).

aber sind es Aphoristiker, allen voran Karl Kraus, die sich in ihren Kürzesttexten kritisch mit Volks- und Bibelsprichwörtern auseinandergesetzt haben. Das begann mit Georg Christoph Lichtenberg im 18. Jahrhundert und dauert bis heute an, wie es zahlreiche Aphorismen von Elazar Benyoëtz, Elias Canetti, Erwin Chargaff, Nikolaus Cybinski, Ulrich Erckenbrecht, Werner Mitsch, Gerhard Uhlenbruck und andere mehr zur Genüge in den einzelnen Kapiteln dieses Buches unter Beweis stellen.[3]

In seinem kurzen aber aufschlußreichen Kapitel über »Die Bibel als Buch der Weltliteratur« kommt Wilhelm Gössmann selbstverständlich darauf zu sprechen, daß die Bibel als eines der großen religiösen und kulturellen Dokumente der Menschheit einen langen Säkularisierungs- und Literarisierungsprozeß durchgemacht hat, wobei »die Sprache der Bibel ein unerschöpfliches Reservoir an Erzählformen [ist], von archaischen bis hin zu lyrisch-poetischen Gattungen, an Bildern und ganzen Bildwelten, an Texten mit meditativen und paradoxen Erfahrungen, an einer Rhetorik, die, wie in der Bergpredigt, besonders exemplarisch ist.«[4] Obwohl die biblischen Sprichwörter und sprichwörtlichen Redensarten hier nicht separat genannt werden, ist anzunehmen, daß sie als exemplarische Weisheiten und zuweilen paradoxe Metaphern Teil dieser Aufzählung sind. Gerade diese formelhafte Bibelsprache mit ihrem hohen Bekanntheitsgrad hat schließlich dazu geführt, daß sich dieses biblische Spruchgut in der mündlichen Umgangssprache sowie in der Literatur auf vielfältige Weise ansiedeln konnte. Und das hat stattgefunden nicht nur in der schöngeistigen Literatur, sondern im gesamten Schriftbereich von Aphorismen bis zu Graffiti, von Kurzgedichten bis zu Werbesprüchen, von Liedtexten bis zu Aufklebern usw. Das heißt, Sprichwörter und Redensarten aus der Bibel haben sich verselbständigt und führen ihr eigenes unabhängiges Dasein im modernen Sprachgebrauch. Oft spielt die Bibel als Quelle im Hintergrund mit, aber es geschieht auch, daß Sprachteilnehmer sich nicht mehr bewußt sind, daß sie ein Bibelsprichwort zitieren oder es bewußt variieren. Sobald dann gefragt wird, woher wohl eine eingängige Formulierung stammen mag, wird es wohl so sein, daß immer öfter zu hilfreichen Nachschlagewerken gegriffen wird. Es liegen mehrere sehr gute Lexika vor, die hier schnelle und gute Abhilfe schaffen:

---

3 Vgl. Wolfgang Mieder, *Sprichwörtliche Aphorismen. Von Georg Christoph Lichtenberg bis Elazar Benyoëtz* (Wien: Edition Praesens, 1999); und Wolfgang Mieder, *»Spruchschlösser (ab)bauen«. Sprichwörter, Antisprichwörter und Lehnsprichwörter in Literatur und Medien* (WienPraesens Verlag, 2010).

4 Wilhelm Gössmann, »Die Bibel als Buch der Weltliteratur,« in Wilhelm Gössmann (Hrsg.), *Welch ein Buch! Die Bibel als Weltliteratur* (Stuttgart: Radius-Verlag, 1991), S. 8-12 (hier S. 10).

Alsleben, Brigitte, Carolin Mülverstedt und Werner Scholze-Stubenrecht. *Duden. Das große Buch der Zitate und Redewendungen*. Mannheim: Dudenverlag, 2002.

Beier, Brigitte, Matthias Herkt, Bernhard Pollmann und Barbara Pietsch. *Harenberg Lexikon der Sprichwörter & Zitate*. Dortmund: Harenberg, 1997.

Beyer, Horst und Annelies Beyer. *Sprichwörterlexikon. Sprichwörter und sprichwörtliche Ausdrücke aus deutschen Sammlungen vom 16. Jahrhundert bis zur Gegenwart*. Leipzig: VEB Bibliographisches Institut, 1984. München: C.H. Beck, 1985.

Borchardt, Wilhelm. *Die sprichwörtlichen Redensarten im deutschen Volksmund nach Sinn und Ursprung erläutert*, hrsg. von Alfred Schirmer. 7. Aufl. Leipzig: F.A. Brockhaus, 1954.

Böttcher, Kurt, Karl Heinz Berger, Kurt Krolop und Christa Zimnermann. *Geflügelte Worte. Zitate, Sentenzen und Begriffe in ihrem geschichtlichen Zusammenhang*. Leipzig: VEB Bibliographisches Institut, 1981.

Büchmann, Georg. *Geflügelte Worte. Der klassische Zitatenschatz*, hrsg. von Winfried Hofmann. 40. Aufl. Berlin: Ullstein, 1995.

Eichelberger, Ursula. *Zitatenlexikon*. Leipzig: VEB Bibliographisches Institut, 1981. Wiesbaden: VMA-Verlag, 1981.

Frenzel, Elisabeth. *Stoffe der Weltliteratur. Ein Lexikon dichtungsgeschichtlicher Längsschnitte*. 3. Aufl. Stuttgart: Alfred Kröner, 1970.

Hellwig, Gerhard. *Zitate und Sprichwörter von A-Z*. Gütersloh: Bertelsmann Lexikon, 1974; Nachdruck mit dem Titel *Das Buch der Zitate. 15000 geflügelte Worte von A-Z*. München: Mosaik, 1981.

John, Johannes. *Reclams Zitaten-Lexikon*. Stuttgart: Philipp Reclam, 1992.

Krüger-Lorenzen, Kurt. *Das geht auf keine Kuhhaut. Deutsche Redensarten – und was dahinter steckt*. Düsseldorf: Econ, 1960.

Krüger-Lorenzen, Kurt. *Aus der Pistole geschossen. Deutsche Redensarten – und was dahinter steckt*. Düsseldorf: Econ, 1966.

Krüger-Lorenzen, Kurt. *Der lachende Dritte. Deutsche Redensarten – und was dahinter steckt*. Düsseldorf: Econ, 1973.

Krüger-Lorenzen, Kurt. *Deutsche Redensarten – und was dahinter steckt*. München: Wilhelm Heyne, 1983 (die vorhergehenden drei Sammlungen in einem Band).

Lipperheide, Franz Freiherr von. *Spruchwörterbuch. Sammlung deutscher und fremder Sinnsprüche, Wahlsprüche, Inschriften an Haus und Gerät, Grabsprüche, Sprichwörter, Aphorismen, Epigramme, von Bibelstellen, Liederanfängen, von Zitaten aus älteren und neueren Klassikern, sowie aus den Werken moderner Schriftsteller, von Schnaderhüpfln, Wetter- und Bauernregeln, Redensarten usw*. Berlin: Haude & Spener, 1907; Nachdruck Berlin: Haude & Spener, 1969.

Mackensen, Lutz. *Zitate, Redensarten, Sprichwörter*. Stuttgart: Fackelverlag, 1973.

Paczolay, Gyula. *European Proverbs in 55 Languages with Equivalents in Arabic, Persian, Sanskrit, Chinese and Japanese*. Veszprém, Ungarn: Veszprémi Nyomda, 1997.

Piirainen, Elisabeth. *Widespread Idioms in Europe and Beyond. Phraseology in a Eurolinguistic Framework*. New York: Peter Lang, 2012.

Ranke, Kurt et al. (Hrsg.). *Enzyklopädie des Märchens. Handwörterbuch zur historischen und vergleichenden Erzählforschung*, bisher 13 Bde. Berlin: Walter de Gruyter, 1977-2010.

Röhrich, Lutz. *Das große Lexikon der sprichwörtlichen Redensarten*, 3 Bde. Freiburg: Herder, 1991-1992.

Schemann, Hans. *Synonymwörterbuch der deutschen Redensarten*. Straelen: Straelener Manuskripte Verlag, 1989.

Schemann, Hans. *Deutsche Idiomatik. Die deutschen Redewendungen im Kontext*. Stuttgart: Ernst Klett, 1993.

Schemann, Hans. *Deutsche Redensarten*. Stuttgart: Ernst Klett, 2000.

Scholze-Stubenrecht, Werner (Hrsg.). *Duden: Zitate und Aussprüche. Herkunft und aktueller Gebrauch*. Mannheim: Dudenverlag, 1993.

Scholze-Stubenrecht, Werner und Angelika Haller-Wolf (Hrsg.). *Duden: Redewendungen. Wörterbuch der deutschen Idiomatik*. 4 Aufl. Mannheim: Dudenverlag, 2013.

Schrader, Herman. *Der Bilderschmuck der deutschen Sprache in Tausenden volkstümlicher Redensarten. Nach Ursprung und Bedeutung erklärt*. Berlin: H. Dolfuß, 1886. 7. Aufl. Berlin: Emil Felber, 1912; Nachdruck hrsg. von Wolfgang Mieder. Hildesheim: Georg Olms, 2005.

Simrock, Karl. *Die deutschen Sprichwörter*. Frankfurt am Main: H.L. Brönner, 1846; Nachdruck hrsg. von Wolfgang Mieder. Stuttgart: Philipp Reclam, 1988.

Wander, Karl Friedrich Wilhelm. *Deutsches Sprichwörter-Lexikon. Ein Hausschatz für das deutsche Volk*. 5 Bde. Leipzig: F.A. Brockhaus, 1867-1880; Nachdruck Darmstadt: Wissenschafltiche Buchgesellschaft, 1964; Nachdruck Stuttgart: Akademie Verlagsgesellschaft Athenaion, 1987.

Zoosmann, Richard. *Zitatenschatz der Weltliteratur. Eine Sammlung von Zitaten, Sentenzen, Aphorismen, Epigrammen, Sprichwörtern, Redensarten und Aussprüchen nach Schlagwörtern geordnet*, hrsg. von Otto A. Kielmeyer. Berlin: Verlag Praktisches Wissen F.W. Peters, 1970; Nachdruck Königstein/Ts.: Athenäum, 1980; Nachdruck mit dem Titel *Rororo Zitatenschatz der Weltliteratur*. Reinbek: Rowohlt, 1984.

Das eine oder andere Werk steht bestimmt in den Leihbüchereien, die meisten dürften in den größeren Bibliotheken zu finden sein und sicherlich steht wenigstens eines dieser Lexika zu Hause im Bücherregal. Selbstverständlich aber gibt es auch Sammlungen biblischer Sprichwörter und Redensarten, die oft aufschlußreiche Erklärungen einbeziehen. Die folgenden Titel haben sich als besonders ergiebig erwiesen. Einige fremdsprachige Titel werden registriert, die das große Interesse am biblischen Spruchgut in anderen Sprachkulturen deutlich machen. Der Übergang dieser Sprichwörter und Redensarten in die Volkssprache ist schließlich ein internationales Phänomen. Für die historische Überlieferung und Verbreitung der deutschen Bibelsprichwörter, von denen manche schon vor Martin Luthers Bibelübersetzung im Deutschen gängig waren, ist nach wie vor Carl Schulzes *Die biblischen Sprichwörter der deutschen Sprache* (1863) ein bewährtes wissenschaftliches Buch:

Brüllmann, Richard. *Treffende Bibelzitate zu aktuellen Themen von A-Z. Die Bibel zu Fragen des Menschen von heute.* Thun: Ott, 1981.

Buchna, Jörg. *Alle Jubeljahre ist nicht der wahre Jakob. Biblische Redewendungen.* Norden: Selbstverlag, 2003.

Buchna, Jörg. *Schwarzen Schafen geht ein Licht auf. Biblische Redewendungen.* Norden: Selbstverlag, 2004.

Buchna, Jörg. *Ein Unschuldslamm im siebten Himmel. Biblische Redewendungen.* Norden: Selbstverlag, 2006.

Champion, Selwyn Gurney. *The Eleven Religions and Their Proverbial Lore.* New York: E.P. Dutton, 1945.

Ehrlich, Eugene und David H. Scott. *Mene, Mene, Tekel. A Lively Lexicon of Words and Phrases from the Bible.* New York: HarperCollins, 1990.

Fulghum, Walter B. *A Dictionary of Biblical Allusions in English Literature.* New York: Holt, Rinehart and Winston, 1965.

Griffin, Albert Kirby. *Religious Proverbs. Over 1600 Adages from 18 Faiths Worldwide.* Jefferson, North Carolina: McFarland, 1991.

Haefeli, Leo. *Sprichwörter und Redensarten aus der Zeit Christi.* Luzern: Räber, 1934.

Hinds, Arthur. *The Complete Sayings of Jesus Christ.* Radford, Virginia: Wilder Publications, 2008.

Jüchen, Aurel von. *Gott begegnet dir alle Tage, wenn du ihn nur grüßen möchtest. Christliche Sprichwörter neu bedacht.* Hamburg: Agentur des Rauhen Hauses, 1980.

Krauss, Heinrich. *Geflügelte Bibelworte: Das Lexikon biblischer Redensarten.* München: C.H. Beck, 1993.

Lass, Abraham H., David Kiremidjian und Ruth M. Goldstein. *Dictionary of Classical, Biblical, and Literary Allusions.* New York: Facts on File Publications, 1987.

Lautenbach, Ernst. *Lexikon Bibel Zitate. Auslese für das 21. Jahrhundert.* München: Iudicium Verlag, 2006.

Mead, Frank. *The Encyclopedia of Religious Quotations.* Westwood, New Jersey: Fleming H. Revell, 1965.

Mieder, Wolfgang. *Not By Bread Alone: Proverbs of the Bible.* Shelburne, Vermont: The New England Press, 1990.

Mokienko, Valerii M., G.A. Lilich und O.I. Trofimkina. *Tolkovyi slovar' bibleiskikh vyrazhenii i slov: Oklo 2000 edinits*. Moskva: Astrel', 2010.
Schmoldt, Hans. *Reclams Lexikon der Bibelzitate*. Stuttgart: Philipp Reclam, 2002.
Schulze, Carl. *Die biblischen Sprichwörter der deutschen Sprache*. Göttingen: Vandenhoeck & Ruprecht, 1860; Nachdruck hrsg. von Wolfgang Mieder. Bern: Peter Lang, 1987.
Steger, Heribert. *333 biblische Redensarten*. Augsburg: Pattloch, 1998.
Steger, Heribert. *Ein Buch mit sieben Siegeln? 300 Bibelquizfragen und Antworten zu 99 biblischen Redewendungen im Alltag*. Nürnberg: Eigenverlag, 1998.
Steger, Heribert. *Nicht von gestern sein: 99 biblische Redewendungen im Alltag*. Nürnberg: Eigenverlag, 1998.
Stevenson, Burton Egbert. *The Home Book of Bible Quotations*. New York: Harper & Brothers, 1949.
Walter, Harry, Ewa Komorowska und Agnieszka Krzanowska. *Deutsch-polnisches Wörterbuch biblischer Phraseologismen mit historisch-etymologischen Kommentaren. Niemiecko-polski słownik frazeologii biblijnej komentarzem historyczno-etymologicznym*. Szczecin: Daniel Krzanowski, 2010. Greifswald: Ernst-Moritz-Arndt-Universität, 2010.
Walter, Harry und Valerii M. Mokienko. *Deutsch-russisches Wörterbuch biblischer Phraseologismen. Mit historisch-etymologischen Kommentaren*. Greifswald: Ernst-Moritz-Arndt-Universität, 2009.
Weckmann, Berthold (Hrsg.). *Alles Gute kommt von oben. Biblische Sprichwörter*. Kevelaer: Butzon & Bercker, 1993 (Miniaturbuch).
Zeeman, C.F. *Nederlandsche spreekwoorden, spreekwijzen, benamingen en volksuitdrukkingen, aan den Bijbel ontleend*. Dordrecht: J.P. Revers, 1888.

Was nun die wissenschaftliche Erforschung der sogenannten biblischen Weisheitsliteratur betrifft, so handelt es sich hier um ein Faß ohne Boden, um es redensartlich zu sagen. Von den Hunderten an Veröffentlichungen, die in der zweibändigen *International Bibliography of Paremiology and Phraseology* (2009) verzeichnet sind, seien hier die bedeutendsten herausgegriffen, und zwar vor allem solche, die auf Deutsch, Englisch, Französisch und Spanisch verfaßt sind.[5] Monographien und Aufsätze, die sich mit einem Sprichwort oder einer Redensart befassen, die in einem der folgenden Kapitel behandelt werden, sind an Ort und Stelle registriert. Solche Untersuchungen weisen oft darauf hin, daß die Sprichwörter und Redensarten in den verschiedenen Büchern der Bibel in Varianten auftreten, was auf die mündliche Überlieferung der biblischen Stoffe zurückzuführen ist. Diesbezüglich sei besonders auf die Monographie *Holy Writ as Oral Lit. The Bible as Folklore* (1999) des amerikanischen Folkloristen Alan Dundes verwiesen, der

---

5   Vgl. Wolfgang Mieder, *International Bibliography of Paremiology and Phraseology*, 2 Bde. (Berlin: Walter de Gruyter, 2009).

dies an Hand von sprichwörtlichen Paralleltexten verdeutlicht.[6] Solche Varianten stehen in den folgenden Kapiteln jeweils am Anfang, wobei die Kapitelüberschriften die heutige Standardform zum Ausdruck bringen:

Beardslee, William A. »Uses of the Proverb in the Synoptic Gospels.« *Interpretation. A Journal of Bible and Theology*, 24 (1970), S. 61-73. Auch in *The Wisdom of Many. Essays on the Proverb*, hrsg. von Wolfgang Mieder und Alan Dundes. New York: Garland Publishing, 1981, S. 161-173.

Bebermeyer, Gustav und Renate Bebermeyer. »Abgewandelte Formeln – sprachlicher Ausdruck unserer Zeit.« *Muttersprache*, 87 (1977), S. 1-42.

Braun, Peter. »'Matthäi am Letzten': Feste Wendungen aus dem Matthäusevangelium.« *Muttersprache*, 116 (2006), S. 359-370.

Brown, William P. »The Didactic Power of Metaphor in the Aphoristic Sayings of 'Proverbs'.« *Journal for the Study of the Old Testament*, 29 (2004), S. 133-154.

Bultmann, Rudolf. »Dominical Sayings.« In R. Bultmann, *The History of the Synoptic Tradition*. Oxford: Basil Blackwell, 1963, S. 69-205.

Cantera Ortiz de Urbina, Jesús. »Paremia, proverbio y parábola en la Biblia.« *Paremia*, 1 (1993), S. 17-28.

Cantera Ortiz de Urbina, Jesús. »Fraseología bíblica comparada. Su reflejo en el refranero español.« *Paremia*, 14 (2005), S. 27-41.

Carlston, Charles. »Proverbs, Maxims and the Historical Jesus.« *Journal of Biblical Literature*, 99 (1980), S. 87-105.

Dewey, Kim E. »'Paroimiai' in the Gospel of John.« *Semeia*, 17 (1980), S. 81-99.

D'Aran, Alena. »*Auch von Sprichwörtern lebt der Mensch*«: *Der Gebrauch von biblischen Sprichwörtern in der modernen deutschsprachigen Lyrik*. Magisterthese University of Vermont, 2001.

Dundes, Alan. *Holy Writ as Oral Lit: The Bible as Folklore*. Lanham, Maryland: Rowman & Littlefield, 1999.

Földes, Csaba. »Die Bibel als Quelle phraseologischer Wendungen: Dargestellt am Deutschen, Russischen und Ungarischen.« *Proverbium*, 7 (1990), S. 57-75.

Fontaine, Carole R. *Traditional Sayings in the Old Testament. A Contextual Study*. Sheffield: The Almond Press, 1982.

Fontaine, Carole R. »Proverb Performance in the Hebrew Bible.« *Journal for the Study of the Old Testament*, 32 (1985), S. 87-103. Auch in *Wise Words: Essays on the Proverb*, hrsg. von Wolfgang Mieder. New York: Garland Publishing, 1994, S. 393-413.

Ford, D.W. Cleverly. *Preaching on the Sayings of Jesus*. London: Mowbray, 1996.

---

6 Vgl. Alan Dundes, *Holy Writ as Oral Lit. The Bible as Folklore* (Lanham, Maryland: Rowman & Littlefield, 1999), S. 76-85.

Fox, Michael V. »The Rhetoric of Disjointed [Biblical] Proverbs.« *Journal for the Study of the Old Testament*, 29 (2004), S. 165-177.
Freidhof, Gerd. »Russisches Sprichwort, Bibelzitat und semantische Distraktion. Zur Struktur und Semantik einer Einfachen Form.« *Slavistische Beiträge*, 242 (1988), S. 35-64.
Freidhof, Gerd. »Bibelzitat, russisches Sprichwort und thematische Paare.« In *Studia phraseologica et alia. Festschrift für Josip Matešić*, hrsg. von Wolfgang Eismann und Jürgen Petermann. München: Otto Sagner, 1992, S. 153-165.
Funk, Gabriela. »A Bíblia como indicador da importância do provérbio no âmbito de culturas diferentes.« *Paremia*, 7 (1998), S. 97-106.
Gak, Vladimir G. »Probleme der kontrastiven Phraseologie: Biblische Phraseologismen in der russischen und in der französischen Sprache.« In *Europhras 95: Europäische Phraseologie im Vergleich: Gemeinsames Erbe und kulturelle Vielfalt*, hrsg. von Wolfgang Eismann. Bochum: Norbert Brockmeyer, 1998, S. 237-246.
Grünberg, Paul. *Biblische Redensarten. Eine Studie über den Gebrauch und Missbrauch der Bibel in der deutschen Volks- und Umgangssprache*. Heilbronn: Henninger, 1888.
Hasan-Rokem, Galit. »And God Created the Proverb ... Inter-Generic and Inter-Textual Aspects of Biblical Paremiology – or the Longest Way to the Shortest Text.« In *Text and Tradition: The Hebrew Bible and Folklore*, hrsg. von Susan Niditch. Atlanta, Georgia: Scholars Press, 1990, S. 107-120.
Kispál, Tamás. »Biblische Sprichwörter im Deutschen und im Ungarischen.« *Europhras 95: Europäische Phraseologie im Vergleich: Gemeinsames Erbe und kulturelle Vielfalt*, hrsg. von Wolfgang Eismann. Bochum: Norbert Brockmeyer, 1998, S. 377-391.
Koester, Helmut H. »One Jesus and Four Primitive Gospels.« *Harvard Theological Review*, 61 (1968), S. 203-247.
Kradolfer, J. *Der Volksglaube im Spiegel des deutschen Sprichworts*. Bremen: Albert Bruns, 1880.
Kubeková, Janka. »Las paremias provenientes de la Biblia en la lengua eslovaca y española.« In *Parémiologie. Proverbes et formes voisines*, hrsg. von Jean-Michel Benayoun, Natalie Kübler und Jean-Philippe Zouogbo. Sainte Gemme: Presses Universitaires de Sainte Gemme, 2013, Bd. 2, S. 237-250.
Kuusi, Matti. »Christian and Non-Christian [Proverbs].« In M. Kuusi, *Mind and Form in Folklore: Selected Articles*, hrsg. von Henni Ilomäki. Helsinki: Suomalaisen Kirjallisuuden Seura, 1994, S. 145-147.
Laurillard, Eliza. *Opgave en toelichting van spreuken of gezegden in de volkstaal, aan den Bijbel ontleend*. Amsterdam: Van Bonga, 1875.
Magaß, Walter. »Die Rezeptionsgeschichte der Proverbien.« *Linguistica Biblica*, 57 (1985), S. 61-80.

McKenna, Martha Ann. »'Die Welt ist arm, der Mensch ist schlecht': Sprichwörter und Redensarten in Bertolt Brechts Dreigroschenoper.« In *Sprichwörter bringen es an den Tag: Parömiologische Studien zu Lessing, Brecht, Zuckmayer, Kaschnitz, Kaléko und Eschker*, hrsg. von Wolfgang Mieder. Burlington, Vermont: The University of Vermont, 2000, S. 37-69.

McKenzie, Alyce M. *Preaching Proverbs: Wisdom for the Pulpit*. Louisville, Kentucky: Westminster John Knox Press, 1996.

Mende, Friedrich Wilhelm. »Über biblische Sprichwörter, Redensarten und Eigennamen im Volksgebrauch.« *Neues Lausitzisches Magazin*, 44 (1867), S. 67-74.

Mendelson, Veronica. »Proverbs and Sayings of the Biblical Origin in the English and Russian Language.« In *Parémiologie. Proverbes et formes voisines*, hrsg. von Jean-Michel Benayoun, Natalie Kübler und Jean-Philippe Zouogbo. Sainte Gemme: Presses Universitaires de Sainte Gemme, 2013, Bd. 2, S. 339-343.

Mieder, Wolfgang. »'Der Mensch lebt nicht vom Brot allein': Vom Bibelsprichwort über das Volkssprichwort zum Antisprichwort.« In *Słowo, tekst, czas. Jednostka frazeologiczna w tradycyjnych i nowych paradygmatach naukowych*, hrsg. von Michaił Aleksiejenko und Harry Walter. Szczecin: Wydawca Print Group, 2010, S. 279-300.

Mieder, Wolfgang. »'Wer andern eine Grube gräbt, fällt selbst hinein': Vom Bibelzitat über das Sprichwort zum Antisprichwort.« In *Phraseologie und Text. Materialien der XXXVIII. internationalen wissenschaftlich-methodischen Konferenz*, hrsg. von A. Savchenko, Valerii M. Mokienko und Harry Walter. Greifswald: Ernst-Moritz-Arndt Universität Greifswald, Institut für Fremdsprachliche Philologien – Slawistik, 2010, S. 103-133.

Mokienko, Valerii M. »Biblismen als Quelle der Europäisierung nationaler Phraseologismen und Sprichwörter.« In *Linguo-Cultural Competence and Phraseological Motivation*, hrsg. von Antonio Pamies [Bertrán] and Dmitrij Dobrovol'skij. Baltmannsweiler: Schneider Verlag Hohengehren, 2011, S. 91-100.

Parad, Jouko. *Biblische Verbphraseme und ihr Verhältnis zum Urtext und zur Lutherbibel*. Frankfurt am Main: Peter Lang, 2003.

Paszenda, Joanna. »A Lexicographic Corpus of Religious Phraseological Internationalisms in English, German and Polish. Criteria for the Selection of Data.« In *Flut von Texten – Vielfalt der Kulturen: Ascona 2001 zur Methodologie und Kulturspezifik der Phraseologie*, hrsg. von Harald Burger, Annelies Häcki Buhofer und Gertrud Gréciano. Baltmannsweiler: Schneider Verlag Hohengehren, 2003, S. 239-254.

Perdue, Leo G. »The Wisdom Sayings of Jesus.« *Foundations and Facets Forum*, 2 (1986), S. 3-35.

Pfeffer, J. Alan. »Das biblische Zitat im Volksmund der Germanen und Romanen.« In *Teilnahme und Spiegelung. Festschrift für Horst Rüdiger*, hrsg. von Beda Allemann und Erwin Koppen. Berlin: Walter de Gruyter, 1975, S. 99-111.

Piirainen, Elisabeth. »The Bible as Source of Common Figurative Units.« In *Parémiologie. Proverbes et formes voisines*, hrsg. von Jean-Michel Benayoun, Natalie Kübler und Jean-Philippe Zouogbo. Sainte Gemme: Presses Universitaires de Sainte Gemme, 2013, Bd. 3, S, 127-142.

Profantová, Zuzana. »Christian Standards in the Proverb Tradition in Slovakia.« *Human Affairs*, 6 (1996), S. 172-178.

Robinson, Benjamin Willard. *The Sayings of Jesus. Their Background and Interpretation*. New York: Harper, 1930.

Röhrich, Lutz. »Parodien im Bereich des Religiösen und des Volksglaubens.« In L. Röhrich, *Gebärde – Metapher – Parodie. Studien zur Sprache und Volksdichtung*. Düsseldorf: Pädagogischer Verlag Schwann, 1967; Nachdruck hrsg. von Wolfgang Mieder. Burlington, Vermont: The University of Vermont, 2006, S. 115-130.

Röhrich, Lutz und Wolfgang Mieder. *Sprichwort*. Stuttgart: Metzler, 1977, S. 19-20 und S. 31-32.

Schulze, Carl. »Deutsche Sprichwörter auf biblischem Grunde.« *Archiv für das Studium der neueren Sprachen und Literaturen*, 28 (1860), S. 129-148.

Seiler, Friedrich. *Das deutsche Lehnsprichwort*. 4 Bde. Halle: Verlag der Buchhandlung des Waisenhauses, 1921-1924; Nachdruck hrsg. von Wolfgang Mieder. Hildesheim: Georg Olms, 2007 (bes. Bd. 1).

Smith, David. »Our Lord's Use of Common Proverbs.« *The Expositor*, 6. Serie, 6 (1902), S. 441-454.

Söhns, Franz. »Die Bibel und das Volk. Eine Sammlung von Worten, Redewendungen, Bildern und sprichwörtlichen Redensarten, welche die Sprache unseres Volkes der Bibel entlehnt hat.« *Zeitschrift für den deutschen Unterricht*, 4 (1890), S. 9-29.

Taylor, Archer. *The Proverb*. Cambridge, Massachusetts: Harvard University Press, 1931; Nachdruck hrsg. von Wolfgang Mieder. Bern: Peter Lang, 1985 (bes. S. 52-61).

Templeton, John Marks. *Worldwide Laws of Life*. Philadelphia, Pennsylvania: Templeton Foundation Press, 1997.

Trench, Richard Chenevix. *On the Lessons in Proverbs*. New York: Redfield, 1853. Auch mit dem Titel *Proverbs and Their Lessons*. London: George Routledge, 1905; Nachdruck hrsg. von Wolfgang Mieder. Burlington, Vermont: The University of Vermont, 2003 (bes. S. 118-144).

Varvounis, Manolis. »The Proverbs and the Traditional Religious Attitude in the Traditional Folk Culture of the Balkan People.« *Études balkaniques*, 24 (1998), S. 178-185.

Vollmar, Fritz E. »Vom Sinn des Ausdrucks 'Sprichwort' in der Bibel.« *Proverbium*, 16 (1999), S. 381-390.
Walter, Harry, Valerii M. Mokienko und Dana Baláková (Hrsg.). *Die slawische Phraseologie und die Bibel*. Greifswald: Ernst-Moritz-Arndt-Universität Greifswald, Institut für Slawistik, 2013.
Weckmann, Berthold. »Sprichwort und Redensart in der Lutherbibel.« *Archiv für das Studium der neueren Sprachen und Literaturen*, 221 (1984), S. 19-42.
Westermann, Claus. *Wurzeln der Weisheit: Die ältesten Sprüche Israels und anderer Völker*. Göttingen: Vandenhoeck & Ruprecht, 1990.
Williams, James G. »The Power of Form: A Study of Biblical Proverbs.« *Semeia*, 17 (1980), S. 35-58.
Winton, Alan P. *The Proverbs of Jesus. Issues of History and Rhetoric*. Sheffield: Sheffield Academic Press, 1990.

Obwohl bekanntlich aller guten Dinge drei ist, schließt sich hier dennoch eine vierte Literaturliste an, die spezifische Untersuchungen zur Rolle Martin Luthers enthält. Der so sprachbegabte Reformator war schließlich absolut davon überzeugt, daß seine Bibelübersetzung unbedingt auf der deutschen Muttersprache, so wie das allgemeine Volk sie sprach, beruhen mußte. Um 1530 legte er sich seine eigene Sprichwörter- und Redensartensammlung aus der Volksüberlieferung an, die er wiederholt für seine so eingängige Übersetzung herangezogen hat. Überhaupt sind die über fünfzig Bände seiner umfangreichen Werke mit sprichwörtlicher Sprache angefüllt. Wie aus den folgenden Arbeiten hervorgeht, hat Martin Luther als großer Vermittler sprichwörtlicher Bibelweisheit zu gelten, denn erst seine sprachliche Formulierungskunst hat es ermöglicht, daß dieses bedeutende Weisheitsgut im Deutschen volksläufig werden konnte:

Arnold, Katrin. »'Der Teufel ist den Sprichworten feind'.« *Neue deutsche Literatur*, 31 (1983), S. 155-158.
Bebermeyer, Renate. »'Ich bin dazu geboren, das ich mit rotten und teufeln mus kriegen'. Luthers 'Teufel'-Komposita.« *Muttersprache*, 94 (1983-1984), S. 52-67.
Brandt, Gisela. »Feste Wendungen.« In Erwin Arndt und G. Brandt, *Luther und die deutsche Sprache*. Leipzig: VEB Bibliographisches Institut, 1983, S. 215-219.
Brüllmann, Richard. *Lexikon der treffenden Martin-Luther-Zitate*. Thun: Otto, 1983.
Burger, Heinz Otto. »Luther im Spiegel der Tischreden. 'Wer nicht liebt Wein, Weib und Gesang, / Der bleibt ein Narr sein Lebenlang'.« *Germanisch-Romanische Monatsschrift*, 54 (1973), S. 385-403.
Clemen, Otto. »Sprichwörter.« In *Luther im Kreise der Seinen. Briefe, Gedichte, Fabeln, Sprichwörter und Tischreden*, hrsg. von O. Clemen. Frankfurt am Main:

Insel Verlag, 1917 (5. Aufl. 1983), S. 70-79.

Cornette, James C. *Proverbs and Proverbial Expressions in the German Works of Martin Luther.* Diss. University of North Carolina at Chapel Hill, 1942; Neudruck hrsg. von Wolfgang Mieder und Dorothee Racette. Bern: Peter Lang, 1997.

Cornette, James C. »Luther's Attitude Toward Wellerisms.« *Southern Folklore Quarterly,* 9 (1945), S. 127-144.

Dithmar, Reinhard (Hrsg.). *Martin Luther. Fabeln und Sprichwörter.* Frankfurt am Main: Insel Verlag, 1989 (Sprichwörter auf S. 177-194 und S. 231-233).

Große, R. (Hrsg.). *Martin Luthers Sprichwörtersammlung [ca. 1530].* Leipzig: Insel-Bücherei, 1983.

Heuseler, J.A. *Luthers Sprichwörter aus seinen Schriften gesammelt.* Leipzig: Johann Ambrosius Barth, 1824; Nachdruck Walluf: Sändig, 1973.

Knape, Rose-Marie und Gunter Müller (Hrsg.). *»Wir mussen die spruchwörter erretten«: Sprichwörter und volkstümliche Redewendungen von Johannes Agricola und Martin Luther.* Halle: Janos Stekovics, 1996.

Kroker, E. »Sprichwörter.« In *D. Martin Luthers Werke. Kritische Gesamtausgabe. Tischreden,* hrsg. von E. Kroker. Weimar: Hermann Böhlau, 1921, Bd. 6, S. 666-677.

Krumbholz, Eckart (Hrsg.). *Martin Luther. »Euch stoßen, daß es krachen soll«. Sprüche. Aussprüche, Anekdoten.* Berlin: Buchverlag der Morgen, 1983.

Maess, Thomas. *Dem Luther aufs Maul geschaut. Kostproben seiner sprachlichen Kunst.* Leipzig: Koehler & Amelang, 1982; Nachdruck Wiesbaden: Drei Lilien Verlag, 1983 (Sprichwörter auf S. 96-100).

Mieder, Wolfgang. »Martin Luther und die Geschichte des Sprichwortes 'Wes das Herz voll ist, des geht der Mund über'.« *Sprachspiegel,* 39 (1983), S. 66-74. Auch in W. Mieder, *Sprichwörtliches und Geflügeltes. Sprachstudien von Martin Luther bis Karl Marx.* Bochum: Norbert Brockmeyer, 1995, S. 13-22.

Mieder, Wolfgang. »'Was Hänschen nicht lernt, lernt Hans nimmermehr'. Zur Überlieferung eines Luther-Sprichwortes.« *Sprachspiegel,* 39 (1983), S. 131-138. Auch in W. Mieder, *Sprichwörtliches und Geflügeltes. Sprachstudien von Martin Luther bis Karl Marx.* Bochum: Norbert Brockmeyer, 1995, S. 23-32.

Mieder, Wolfgang. *»Wein, Weib und Gesang«. Zum angeblichen Luther-Spruch in Kunst, Musik, Literatur, Medien und Karikaturen.* Wien: Edition Praesens, 2004.

Mieder, Wolfgang. »'Es ist gut pflugen, wenn der acker gereinigt ist': Sprichwörtliche Argumentation in Luthers *Sendbrief vom Dolmetschen* (1530).« In *Wörter-Verbindungen. Festschrift für Jarmo Korhonen,* hrsg. von Ulrich Breuer und Irma Hyvärinen. Frankfurt am Main: Peter Lang, 2006, S. 431-446.

Moser, Dietz-Rüdiger. »'Die wellt wil meister klueglin bleiben …'. Martin Luther und das deutsche Sprichwort.« *Muttersprache,* 90 (1980), S. 151-166.

Pfeifer, Wolfgang. »Volkstümliche Metaphorik.« In *Zur Literatursprache im Zeital-*

ter der frühbürgerlichen Revolution. Untersuchungen zu ihrer Verwendung in der Agitationsliteratur, hrsg. von Gerhard Kettmann und Joachim Schildt. Berlin: Akademie-Verlag, 1978, S. 87-217 (Luther S. 145-163).

Piirainen, Ilpo Tapani. »Historische Phraseologie am Beispiel 'Von der Freiheit eines Christenmenschen' von Martin Luther.« In *Res humanae proverbiorum et sententiarum. Ad honorem Wolfgangi Mieder*, hrsg. von Csaba Földes. Tübingen: Gunter Narr, 2004, S. 257-265.

Schröter, Ulrich. »Idiomatische Phraseologismen und ihre pragmatischen Funktionen in Luthers deutschen Schriften.« In *Luthers Sprachschaffen. Gesellschaftliche Grundlagen. Geschichtliche Wirkungen*, hrsg. von Joachim Schildt. Berlin: Akademie der Wissenschaften der DDR, Zentralinstitut für Sprachwissenschaft, 1984, Bd. 1, S. 233-243.

Schulze, Günter (Hrsg.). *Pfeffernüsse aus den Werken von Doktor Martin Luther*. Berlin: Volk und Wissen Verlag, 1982 (Sprichwörter auf S. 85-96).

Thiele, Ernst. *Luthers Sprichwörtersammlung*. Nach seiner Handschrift zum ersten Male herausgegeben und mit Anmerkungen versehen. Weimar: Böhlau, 1900; Nachdruck Leipzig: Reprint-Verlag, 1996.

Thiele, Ernst und O. Brenner. »Luthers Sprichwörtersammlung.« In *D. Martin Luthers Werke. Kritische Gesamtausgabe*, hrsg von E. Thiele und O. Brenner. Weimar: Hermann Böhlau, 1914; Nachdruck Graz: Akademische Druck- und Verlagsanstalt, 1967, Bd. 51, S. 634-731 (nicht identisch mit Ernst Thieles Ausgabe von 1900).

Zitelmann, Arnulf (Hrsg.). *Ich, Martin Luther. Starke Sprüche über Weiber, Fürsten, Pfaffen undsoweiter*. Frankfurt am Main: Eichborn, 1982.

Es sei noch kurz hinzugefügt, daß das Luther angehängte epikurische Sprichwort »Wer nicht liebt Wein, Weib und Gesang, der bleibt ein Narr sein Leben lang« nicht in seinen Werken erscheint. Es ist schriftlich erst seit 1775 überliefert, was jedoch nicht unbedingt ausschließt, daß der robuste und gesellige Luther während seiner berüchtigten Tischgespräche mit seinen Studenten nicht doch so etwas Ähnliches hat verlauten lassen. Immerhin kursierten sprichwörtliche Triaden wie etwa »Weiber, Wein und Würfelspiel machen der dummen Leute viel« zu seiner Zeit.[7]

Was Martin Luther bei der mundgerechten Übersetzung biblischer Sprichwörter geleistet hat und wie »sein« Sprichwort bis heute wortgetreu oder in innovativen Verfremdungen fortlebt, das sei nun an einem höchst interessanten Beispiel erläutert, und zwar dreht es sich um das Bibelsprichwort »Wes das Herz voll ist, des geht der Mund über« (Matthäus 12,34).[8] Wer sich mit dem

---

[7] Vgl. hierzu Wolfgang Mieder, »*Wein, Weib und Gesang*«. *Zum angeblichen Luther-Spruch in Kunst, Musik, Literatur, Medien und Karikaturen* (Wien: Edition Praesens, 2004), S. 9-13.

[8] Vgl. zu den folgenden Ausführungen Wolfgang Mieder, *Sprichwörtliches und Geflügeltes.*

Sprachschaffen Martin Luthers beschäftigt, wird ohne Zweifel den berühmten *Sendbrief vom Dolmetschen* (1530) als Primärquelle heranziehen.[9] Darin gibt Luther seine inzwischen zum geflügelten Wort gewordene Theorie des Übersetzens bekannt, d.h. »man mus nicht die buchstaben jnn der lateinischen sprachen fragen, wie man sol deutsch reden, wie diese Esel [die Papisten] thun, Sondern man mus die mutter ym hause, die kinder auff der gassen, den gemeinen man auff dem marckt drumb fragen, und den selbigen auff das maul sehen, wie sie reden, und darnach dolmetschen, so verstehen sie es denn, und mercken, das man deutsch mit jhn redet.«[10] Als Beispiel läßt Luther auf diese Aussage das Übersetzungsproblem der Bibelstelle Matthäus 12,34 folgen:

> Als wenn Christus spricht: Ex abundantia cordis os loquitur. Wenn ich den Eseln sol folgen, die werden mir die buchstaben furlegen, und also dolmetzschen: Auß dem uberflus des hertzen redet der mund. Sage mir, ist das deutsch geredt? Welcher deutscher verstehet solchs? Was ist uberflus des hertzen fur ein ding? Das kan kein deutscher sagen, Er wolt denn sagen, es sey das einer allzu ein gros hertz habe oder zu vil hertzes habe, wie wol das auch noch nicht recht ist: denn uberflus des hertzen ist kein deutsch, so wenig, als das deutsch ist, Uberflus des hauses, uberflus des kacheloffens, uberflus der banck, sondern also redet die mutter ym haus und der gemeine man: *Wes das hertz vol ist, des gehet der mund über*, das heist gut deutsch geredt, des ich mich geflissen, und leider nicht allwege erreicht noch troffen habe, Denn die lateinischen buchstaben hindern aus der massen, seer gut deutsch zu reden.[11]

Indem Luther selbst behauptet, daß das Volk »Wes das Herz voll ist, des gehet der Mund über« sagen würde, weist er indirekt darauf hin, daß es sich hier um ein gängiges Sprichwort handelt. Luther benutzt dieses Sprichwort schon in der ersten Ausgabe seiner Übersetzung des Neuen Testaments im Jahre 1522, und in diesem Wortlaut ist es vor ihm nicht überliefert. Am nächsten kommt die sieben Jahre frühere Verdeutschung des lateinischen Textes durch Johann Geiler von Kaisersberg in seinem *Euangelibuch* (Straßburg 1515), wo es heißt: »(ex habundantia cordus os loquor) was das hertz vol ist, des loufft der mund vber.«[12] Mit Recht betont W. Kurrelmeyer, daß Luther diese Textstelle aus Geilers Schrift höchstwahrscheinlich kannte, auch wenn er in seinem *Sendbrief* vielleicht das mündlich umlaufende Sprichwort zitierte. Arno Schirokauer konnte sogar

---

Sprachstudien von Martin Luther bis Karl Marx (Bochum: Norbert Brockmeyer, 1995), S. 13-22. Zu Karl Marx vgl. Reinhard Buchbinder, *Bibelzitate, Bibelanspielungen, Bibelparodien, theologische Vergleiche und Analogien bei Marx und Engels* (Berlin: Erich Schmitt, 1976).

9 Vgl. Wolfgang Mieder, »'Es ist gut pflugen, wenn der acker gereinigt ist': Sprichwörtliche Argumentation in Luthers *Sendbrief vom Dolmetschen* (1530),« in *Wörter-Verbindungen: Festschrift für Jarmo Korhonen*, hrsg. von Ulrich Breuer und Irma Hyvärinen (Frankfurt am Main: Peter Lang, 2006), S. 431-446.

10 Vgl. Martin Luther, *Werke* (Weimar: Hermann Böhlau, 1909), Bd. 30, S. 637.

11 Ebenda.

12 Vgl. W. Kurrelmeyer, »'Wes das Herz voll ist, des geht der Mund über',« *Modern Language Notes*, 50 (1935), S. 380-382 (hier S. 381).

nachweisen, daß die Verbwahl 'gehet' statt 'loufft' schon vor Luther schriftlich überliefert ist. In Hieronymus Emsers *Quadruplica auf Luters Jungest gethane antwurt, sein reformation belangend* (Leipzig 1521) heißt es nämlich: »Dann wie Christus vnd das gemeyn Sprichwort sagt, was das hertz vol ist, gehet der mund vber, ex cordis enim abundantia os loquitur, Mathei XII.«[13] Diese an Luther gerichtete Streitschrift erreichte ihn im Juli 1521, als er an der Übersetzung der Evangelien zu arbeiten begann. Obwohl Luther das Sprichwort sicherlich kannte, ist also nicht auszuschließen, daß Emsers Schrift ihn bei seiner Übersetzung beeinflußt hat. Wenn Luther etwa acht Jahre später in seinem *Sendbrief* Emser und andere Papisten als Esel beschimpft, die Matthäus 12,34 nicht volkssprachlich zu übersetzen vermochten, scheint er sich nicht an Emsers fast identische Übersetzung zu erinnern – oder läßt Luther diesen Tatbestand bewußt im dunkeln?

Als der amerikanische Germanist und Parömiologe John G. Kunstmann 1952 seinen wichtigen Beitrag über dieses Sprichwort vorlegte,[14] war also bereits bewiesen worden, daß Luther nicht der Urheber dieses Sprichwortes war, sondern daß er es durch die Schriften von Geiler und Emser sowie aus dem Volksmund kannte. Kunstmann ist es aber gelungen zu zeigen, daß Luthers Übersetzung in der sogenannten *Septemberbibel* (Wittenberg 1522) nicht seine erste Übertragung von Matthäus 12,34 ins Deutsche war. Schon in der im März 1522 erschienenen *Weihnachtspostille* schrieb Luther ganz ähnlich wie in seinem *Sendbrief* von 1530: »Und damit stympt das Euangelium, da Christus sagt: Auß ubirfluß des hertzen redet der mund. [...] Item das deutsch Sprichwort: Weß das hertz voll ist, des geht der Mund ubir.«[15]

Es kann kein Zweifel darüber bestehen, daß die Formulierung »*Wes* das Herz voll ist, *des* geh(e)t der Mund über« durch Martin Luther zur Standardform im Deutschen geworden ist. Weder Geiler noch Emser decken sich absolut mit Luthers Text, und auch folgende Zeilen aus einem mittelhochdeutschen Gedicht des 14. Jahrhunderts sind nur als Vorstufen anzusehen:

Quia ex abundantia cordis os loquitur
Das tueschet waz ain hertz ist vol
Daz ret der munt ob er ez sol.[16]

---

13 Vgl. Arno Schirokauer, »Noch einmal: ›Wes das Herz voll ist‹,« *Modern Language Notes*, 59 (1944), S. 221 (die kurze Notiz nimmt nur diese eine Seite ein).
14 John G. Kunstmann, »And Yet Again: ›Wes das Herz voll ist, des gehet der Mund über‹,« *Concordia Theological Monthly*, 23 (1952), S. 509-527.
15 Ebenda, S. 513.
16 Ebenda, S. 517. Weitere frühe Belege, die jedoch nur annähernd an das Sprichwort des 16. Jahrhunderts heranreichen, befinden sich in den Anmerkungen von Kunstmanns Beitrag. Auf S. 521 (Anm. 5) wird auch erwähnt, daß Geiler von Kaisersberg 1520 erneut das Sprichwort »waß das hertz vol ist / des lauftet der mund über« verwendete. Vgl. auch Carl Schulze, *Die biblischen Sprichwörter der deutschen Sprache* (Göttingen: Vandenhoeck & Ruprecht, 1860; Nachdruck hrsg. von Wolfgang Mieder. Bern: Peter Lang, 1987), S. 146-147.

Auch Luthers eigene Variationen wie »denn sie müssen doch lesternn unnd das maul ubir gehen lassen, des das hertz voll ist« (1521/1522) und »Wer kan eym narren das maul stopffen, weyl das hertz voll narheyt stickt und der mund ubergehen mus, wes das hertze vol ist«[17] (1525) haben natürlich die Volkssprache nicht beeinflussen können wie die Formulierung in seiner deutschen Bibel: »Wes das hertz voll ist / des geht der mund ubir« (1522).

Die bei Luther zuerst registrierte und sicherlich auch von ihm geschaffene Standardisierung eines bereits bestehenden Sprichwortes ist zwar seit 1522 in seiner Bibel festgelegt, doch sind noch lange konkurrierende Varianten des Sprichwortes im Umlauf gewesen. Im Jahre 1546 heißt es zum Beispiel in dem Fastnachtspiel *Marcolfus* des Luzerner Katholiken Zacharias Bletz »Wos hertz vol syg, louf der mund über,«[18] und vielleicht ist das Verb ,laufen' überhaupt kennzeichnend für die südlicheren Varianten des Sprichwortes. Dem würden allerdings die mehrfachen Belege des Textes »Wes das hertz voll ist, geet der mund über«[19] bei Hans Sachs widersprechen, es sei denn, daß der Nürnberger und von Luther begeisterte Sachs bewußt die Luther-Variante aus dessen Bibel übernimmt. Von großer Wichtigkeit für die Verbreitung von Luthers Version ist auch ihre Aufnahme in die deutsche Sprichwörtersammlung des Protestanten Michael Neander aus dem Jahre 1590: »Weß das Hertz voll ist / gehet der Mund vber.«[20] Die früheren Sammlungen von Johann Agricola (1529, 1534 und 1548) und Christian Egenolff (1548) enthalten keine Belege, und erst Neanders Sammlung vermittelte das Sprichwort den großen Barocksammlungen und späteren Sprichwörtersammlungen.

Gleich die erste Massensammlung des 17. Jahrhunderts von dem Braunschweiger Pastoren Friedrich Petri, einem Schüler von Michael Neander, enthält 1605 den Text im Lutherschen Wortlaut: »Wes deß Hertz vol ist, deß gehet der Mund vber.«[21] Georg Henisch druckt ganz ähnlich »Weß das hertz voll ist / gehet der Mund vber«[22] (1616), während es bei dem süddeutschen Parömiographen Christoph Lehmann dann doch wieder heißt: »Was das Hertz voll ist, davon laufft der Mund vber«[23] (1630). Im Jahre 1669 steht allerdings in Hans Jakob Christoffel von Grimmelshausens *Simplicissimus* erneut »Wes das

---

17 Ebenda, S. 515.
18 Ebenda, S. 518.
19 Vgl. Charles Hart Handschin, *Das Sprichwort bei Hans Sachs* (Diss. University of Wisconsin, 1902), S. 62 (= *Bulletin of the University of Wisconsin, Philology and Literature Series*, 3 [1902], 1-153).
20 Vgl. Michael Neander, *Ethice vetus et sapiens* (Leipzig: M. Lantzenberger, 1590), S. 348.
21 Friedrich Petri (Peters), *Der Teutschen Weißheit* (Hamburg: Philipp von Ohr, 1605; Nachdruck hrsg. von Wolfgang Mieder. Bern: Peter Lang, 1983), S. 935.
22 Georg Henisch, *Teütsche Sprach vnd Weißheit* (Augsburg: David Franc, 1616; Nachdruck hrsg. von Helmut Henne. Hildesheim: Georg Olms, 1973), Sp. 1436.
23 Christoph Lehmann, *Florilegium Politicum oder politischer Blumengarten* (Frankfurt am Main: Impensis Autoris, 1630; Nachdruck hrsg. von Wolfgang Mieder. Bern: Peter Lang, 1986), S. 643.

Herz voll ist, geht der Mund über,«[24] und auch Johann Georg Seybold bringt in seiner lateinisch-deutschen Sprichwörtersammlung von 1677 das sich immer mehr durchsetzende Verb 'gehen': »Ex abundantia cordis os loquitur, Wessen das Hertz voll ist / dessen geht der Mund über.«[25]

Im Laufe des 18. Jahrhunderts dürfte Luthers Text dann allgemein akzeptiert worden sein. Am Anfang befindet sich in einem der Briefe der Herzogin Elisabeth Charlotte von Orleans das Sprichwort »Weß das hertz voll ist, geht der mundt über,«[26] und später verwendete auch Goethe das Sprichwort in zwei seiner Briefe. In einem Brief an Friedrich Schiller im Januar 1796 schreibt Goethe betreffs einer Gedichtsammlung, »Wo das Herz voll ist, geht der Mund über,«[27] und im August 1812 heißt es dann in einem Brief an Eleonora Flies, »daß der Mund übergeht, wenn das Herz voll ist.«[28] Hier macht sich aber bereits bemerkbar, daß das bekannte Sprichwort ziemlich frei gehandhabt wird, da es von vornherein als allgemein gebräuchlich vorausgesetzt werden kann.

Das gilt vor allem für den Schweizer Volksschriftsteller und Pfarrer Jeremias Gotthelf, der in der ersten Hälfte des 19. Jahrhunderts mit besonderer Vorliebe das Sprichwort »Wessen das Herz voll ist, dessen läuft der Mund über« in seine Werke einbaute. Allein in dieser süddeutschen Form verwendet er das Sprichwort zwischen 1836 und 1852 siebenmal. Doch auch wenn Gotthelf das Sprichwort nur teilweise verändert oder auch nur darauf anspielt, benutzt er durchweg das Verb 'laufen' statt 'gehen'. Einmal heißt es da, »es wird voll davon [von Beleidigungen], unser kleines, enges Herz, und darum läuft auch der Mund über«, und ein anderes Mal erklärt Gotthelf, daß »auch dem Trockensten [dem Ruhigsten] zuweilen das Herz voll wird, und dann läuft es ihm über.« Das Sprichwort wird auch mit einem anderen Sprichwort in Verbindung gebracht, wie zum Beispiel in folgender Bemerkung Gotthelfs: »'Scheiden und meiden tut weh', absonderlich, wenn das Herz so voll ist und, was im Herzen ist, den Gang durch den Mund noch nicht gefunden hat.« Wenn hier die Formelhaftigkeit des Sprichwortes kaum noch zu erkennen ist, so ist das in der folgenden spöttischen Charakterisierung einer Gruppe Männer in einem Wirtshaus noch mehr der Fall: »Keinem muß das Herz voll gewesen sein, denn man merkte keins, das überlief. Vielleicht sind die Herzen

---

24 Vgl. Martha Lenschau, *Grimmelshausens Sprichwörter und Redensarten* (Frankfurt am Main: Moritz Diesterweg, 1924; Nachdruck Hildesheim: Gerstenberg, 1973), S. 86-87 (mit Belegen).
25 Johann Georg Seybold, *Lust-Garten von auserlesenen Sprüchwörtern* (Nürnberg: Wolfgang Moritz Endter, 1677), S. 160.
26 Vgl. Johannes Bolte, »Aus den Briefen der Herzogin Elisabeth Charlotte von Orleans,« *Alemannia*, 15 (1887), S. 50-62 (hier S. 57).
27 Vgl. Johann Wolfgang von Goethe, *Werke*, hrsg. im Auftrage der Großherzogin Sophie von Sachsen, IV. Abteilung (Weimar.: Hermann Böhlau, 1892), Bd. 11, S. 15.
28 Ebenda, Bd. 23, S. 83. Vgl. auch J. Alan Pfeffer, *The Proverb in Goethe* (New York: King's Crown Press, 1948), S. 76.

heutzutage auch größer, so daß sie nicht so schnell mehr überlaufen.« Und schließlich erwähnt Gotthelf auch zweimal nur die erste Hälfte des Sprichwortes »wessen sein (ihr) Herz voll ist (war)«, da er die andere Hälfte als allgemein bekannt voraussetzen kann.[29] Demgegenüber enthalten die wichtigen Sprichwörtersammlungen des 19. Jahrhunderts nur die standardisierte Sprichwortform mit ganz kleinen Abweichungen:

Wessen das Herz voll ist, deß geht der Mund über.[30] (1837)
Wessen das Herz voll [ist], davon geht der Mund über.[31] (1840)
Wes das Herz voll ist, des geht der Mund über.[32] (1846)
Wessen das Herz voll ist, geht der Mund über.[33] (1866)
Wes das hertz vol ist, geht der mund vber.[34] (1870)
Wessen das Herz voll ist, dess geht der Mund über.[35] (1872)
Weß das Herz voll ist, deß geht der Mund über.[36] (1876)

Schließlich bringt auch Grimms *Deutsches Wörterbuch* 1877 als allgemeingängige Form »wes das herz vol ist, des gehet der mund über.«[37] Doch schon im 19. Jahrhundert werden zuweilen die Genitivformen durch den Dativ ersetzt, so daß bereits seit 1870 die neuere Variante »Wem das Herz voll ist, dem geht der Mund über«[38] überliefert ist, die allerdings bis zum heutigen Tage die Urform nicht verdrängen konnte. Interessant ist in diesem Zusammenhang natürlich

---

29 Vgl. zu diesen Gotthelf-Zitaten Wolfgang Mieder, *Das Sprichwort im Werke Jeremias Gotthelfs. Eine volkskundlich-literarische Untersuchung* (Bern: Herbert Lang, 1972), S. 119-120.

30 Wilhelm Körte, *Die Sprichwörter und sprichwörtlichen Redensarten der Deutschen* (Leipzig: F.A. Brockhaus, 1837; Nachdruck Hildesheim: Georg Olms, 1974), S. 206 (Nr. 2824).

31 J. Eiselein, *Die Sprichwörter und Sinnreden des deutschen Voikes in alter und neuer Zeit* (Freiburg: FridrichWagner, 1840; Nachdruck Leipzig: Zentralantiquariat der DDR, 1980), S. 476.

32 Karl Simrock, *Die Deutschen Sprichwörter* (Frankfurt: H. L. Brönner, 1846; Nachdruck hrsg. von Wolfgang Mieder. Stuttgart: Philipp Reclam, 1988), S. 244 (Nr. 4681).

33 Ida von Düringsfeld, *Das Sprichwort als Kosmopolit*. Teil 2: *Das Sprichwort als Praktikus* (Leipzig: Hermann Fries, 1866; Nachdruck hrsg. von Wolfgang Mieder. Hildesheim: Georg Olms, 2004), S. 75.

34 Karl Friedrich Wilhelm Wander, *Deutsches Sprichwörter-Lexikon*, 5 Bde. (Leipzig: F. A. Brockhaus, 1867-1880; Nachdruck Darmstadt: Wissenschaftliche Buchgesellschaft, 1964), Bd. 2, Sp. 615 (Nr. 341). Mit weiteren Belegen aus verschiedenen Sprachen. Vgl. auch J. Alan Pfeffer, »Das biblische Zitat im Volksmund der Germanen und Romanen,« in Beda Allemann und Erwin Koppen (Hrsg.), *Teilnahme und Spiegelung. Festschrift für Horst Rüdiger* (Berlin: Walter de Gruyter, 1975), S. 99-111 (hier S. 103).

35 Ida von Düringsfeld und Otto Freiherr von Reinsberg-Düringsfeld, *Sprichwörter der germanischen und romanischen Sprachen*, 2 Bde. (Leipzig: Hermann Fries, 1872; Nachdruck Hildesheim: Georg Olms, 1973), Bd. 1, S. 386-381. Mit internationalen Belegen.

36 Gotthard Oswald Marbach, *Sprichwörter und Spruchreden der Deutschen* (Leipzig: Otto Wigand, 1876; Nachdruck Wiesbaden: Ralph Suchier, 1977), S. 80.

37 Jacob und Wilhelm Grimm, *Deutsches Wörterbuch*, hrsg. von Moritz Heyne (Leipzig: S. Hirzel, 1877), Bd. 4, Sp. 1215.

38 Wander (wie Anm. 34), Bd. 2, Sp. 612 (Nr. 286).

auch die 1901 belegte Zwitterform »Wessen das Herz voll ist, dem läuft der Mund über,«[39] hier allerdings wieder mit dem Verb 'laufen'.

Wenn ein Sprichwort so beliebt und bekannt ist wie dieses deutsche Bibelsprichwort, so stellen sich naturgemäß die volkssprachlichen Erweiterungen und Ausschmückungen oder die bewußten Parodien ein. Schon 1810 wurde die Variante »Wovon das Herz voll [ist], davon gehn Mund und Augen über«[40] von dem Bischof und Sprichwortforscher Johann Michael Sailer registriert. Und seit 1840 ist in den Sprichwörtersammlungen auch die poetische Variante »Wessen das Herz ist gefüllt, davon es sprudelt und überquillt«[41] zu finden. Solche Weiterdichtungen gehen schnell ins Komische oder Anstößige über, wenn der Volkshumor das vielzitierte Bibelsprichwort zu einem derben Sagwort erweitert. Seit der Mitte des 19. Jahrhunderts etwa sind zum Beispiel die beiden folgenden Sagwörter überliefert: »'Wessen das Herz voll ist, dess geht der Mund über', sagte Grölzer und lot (entließ) einige Magentriller« und »'Wovon das Herz voll ist, davon geht der Mund über', sagte jener, der eine Schüssel Kaldaunen gegessen, und fing an zu kotzen.«[42] Hierher gehört sicherlich ebenfalls die in Schwaben aufgezeichnete Variation »Wes der Magen voll ist, läuft der Mund über.«[43] Seit dieser Zeit gibt es jedoch auch intellektuelle Auseinandersetzungen mit der biblischen Weisheit. Das durch Martin Luthers Bibel immer populärer gewordene Sprichwort wird offensichtlich in Frage gestellt und parodiert.

Besonders scharfzüngige Aphoristiker haben sich kritisch mit dem Sprichwort auseinandergesetzt und dadurch sprichwörtliche Aphorismen in der Form von Antisprichwörtern[44] geschaffen. Den Auftakt gab 1868 Karl Gutzkow mit seiner Formulierung »Wes das Herz voll ist, davon – schweige der Mund!«[45] Der satirische Kulturkritiker Karl Kraus ersetzte 1909 nur das Wort 'voll' durch 'leer', um eine Sinnverdrehung des Sprichwortes zu erlangen: »Wes das Herz leer ist, des gehet der Mund über.«[46] Ganz ähnlich verfaßte dann Karl Hoche

---

39 Vgl. die kurze Notiz von Ernst Wülfing, »'Wessen das Herz voll ist, dem läuft der Mund über',« *Zeitschrift für den deutschen Unterricht*, 15 (1901), 382.
40 Johann Michael Sailer, *Die Weisheit auf der Gasse* (Augsburg: Martin Weith, 1810), S. 181.
41 Eiselein (wie Anm. 31), S. 306 und Marbach (wie Anm. 36), S. 80.
42 Wander (wie Anm. 34), Bd. 2, Sp. 615 (Nr. 343) und Sp. 616 (Nr. 370).
43 Archer Taylor, *The Proverb* (Cambridge, Massachusetts: Harvard University Press, 1931; Nachdruck hrsg. von Wolfgang Mieder. Bern: Peter lang, 1985), S. 57.
44 Vgl dazu Wolfgang Mieder, *Verdrehte Weisheiten*. *Antisprichwörter aus Literatur und Medien* (Wiesbaden: Quelle & Meyer, 1998); W. Mieder, *Phrasen verdreschen. Antiredensarten aus Literatur und Medien* (Wiesbaden: Quelle & Meyer, 1999); und W. Mieder, »Antisprichwörter und kein Ende. Von sprachlichen Eintagsfliegen zu neuen Sprichwörtern,« in W. Mieder, *»Andere Zeiten, andere Lehren«. Sprichwörter zwischen Tradition und Innovation*. (Baltmannsweiler: Schneider Verlag Hohengehren, 2006), S. 195-210.
45 Karl Gutzkow, *Werke*, hrsg. von Reinhold Gensei (Berlin: Bong, 1912), Bd. 4, S. 96.
46 Karl Kraus, *Beim Wort genommen*, hrsg. von Heinrich Fischer (München: Kösel, 1955), S. 156.

1971 seinen Aphorismus »Wes der Kopf leer ist, dem geht der Mund über,«[47] wo sich auch das Dativrelativpronomen durchzusetzen scheint.

Aus demselben Jahr stammen auch die beiden folgenden das altüberlieferte Sprichwort abwandelnden Aphorismen. Eugen Gürster verdreht den ursprünglichen Sinn des Sprichwortes völlig, indem er behauptet, daß der Mensch gerade dann viel redet, wenn er etwas nicht versteht oder nicht zu erklären weiß: »Was man nicht ausdrücken kann, davon geht einem der Mund über.«[48] In die Analsphäre geht dagegen Bert Berkensträter mit seiner witzigen Antidichtung über: »Wes die hose voll ist, des geht die zeitung über,«[49] und als letztes Beispiel (viele weitere Belege im 20. Kapitel des vorliegenden Buches) sei noch das Antisprichwort des Mediziners Gerhard Uhlenbruck erwähnt, der 1980 das Herz durch das Gehirn ersetzte und damit vielleicht die Redewut mancher Intellektuellen bloßstellen wollte: »Wem das Hirn voll ist, fließt der Mund über.«[50]

Der moderne Mensch steht also dem alten Sprichwort nicht mehr ehrerbietig gegenüber, sondern er »spielt« mit der vielleicht zu oft zitierten Sprachformel. Dabei wird die Strukturformel »Wes X voll ist, des geht Y über« gewöhnlich beibehalten, die das ursprüngliche Sprichwort in Erinnerung ruft. Aus dem Kontrast zwischen Original und Variation ergibt sich dann die effektvolle Aussagekraft solcher Wortspiele, obwohl natürlich auch das Sprichwort im modernen Sprachgebrauch weiterlebt. Allerdings weist eine neuere Sprichwörtersammlung darauf hin, daß inzwischen die grammatisch modernere Form »Wem das Herz voll ist, dem geht der Mund über« dem veralteten Original zuweilen vorgezogen wird.[51]

Wenn Martin Luther das Sprichwort »Wes das Herz voll ist, des geht der Mund über« auch nicht geprägt hat, so war es doch sein natürliches Sprachgefühl, das den zu seiner Zeit miteinander konkurrierenden Varianten eine bald allgemein akzeptierte Standardform entgegensetzte, die bis zum heutigen Tage geläufig ist. Luther erweist sich also an diesem Beispiel als Normgeber der Schriftsprache und wegen des gewaltigen Einflusses seiner Bibelübersetzung auch als Normgeber der Umgangssprache und ihrer Sprichwörter.[52]

---

47 Karl Hoche, *Schreibmaschinentypen und andere Parodien* (München: Deutscher Taschenbuch Verlag, 1971), S. 63.
48 Eugen Gürster, *Narrheiten & Wahrheiten. Aphorismen* (München: Anton Pustet, 1971), S. 13.
49 Bert Berkensträter, *Zungen-Schläge* (Berlin: Wolfgang Fietkau, 1971), S. 32.
50 Gerhard Uhlenbruck, *Frust-Rationen. Aphoristische Heil- und Pflegesätze* (Aachen: Josef Stippak, 1980), S. 100.
51 Vgl. Christa Frey, Annelies Herzog, Arthur Michel und Ruth Schütze, *Deutsche Sprichwörter für Ausländer* (Leipzig: VEB Verlag Enzyklopädie, 1974), S. 47. Vgl. aber dagegen die beiden neueren Wörterbücher, die Luthers Form beibehalten: *Brockhaus-Wahrig. Deutsches Wörterbuch*, hrsg. von Gerhard Wahrig (Wiesbaden: A.F. Brockhaus, 1981), Bd. 3, S. 532; und *Duden. Das große Wörterbuch der deutschen Sprache*, hrsg. von Werner Scholze-Stubenrecht et al. (Mannheim: Dudenverlag, 1999), Bd. 4, S. 1777.
52 Vgl. Dietz-Rüdiger Moser, »'Die wellt wil meister klueglin bleiben...'. Martin Luther und das deutsche Sprichwort,« *Muttersprache*, 90 (1980), S. 151-166.

Wie aus diesem Beispiel hervorgeht, hat die Bibel in Luthers Übersetzung die deutsche Sprache über die Jahrhunderte hinweg zweifelsohne ungemein bereichert, und es wäre sicherlich angebracht, sich hin und wieder bei der (un)bewußten Verwendung der biblischen Formelsprache an diesen gewaltigen Sprachschöpfer zu erinnern. Mit Recht macht Edith Glatz in ihrem neuen Buch *Wer suchet, der findet die Bibel in der Literatur* (2013) mit Bezug auf die schriftstellerische Bibelrezeption folgende Feststellung:

> Die Darstellungen reichen von Nacherzählungen und wörtlicher Übernahme einzelner Stellen bis zu metaphorischer und verschlüsselter Verwendung biblischer Themen. Gelegentlich wird auch die Vorlage extrem reduziert, sodass die Bibel als Prätext manchmal kaum erkennbar ist. Aber da die Bibel zum allgemeinen Kulturgut gehört, (denken wir doch an die vielen Sprichwörter, Lebensweisheiten und Symbole, die wir benützen, ohne dass uns der biblische Hintergrund bewusst wird), genügen auch kurze Hinweise, um die Vorstellungen und Gedanken der Leser in die gewünschte Richtung zu lenken. Die chiffrierte Botschaft wird oft sofort unbewusst aufgenommen.[53]

Doch obwohl der Titel dieses Buches eine angebrachte Erweiterung des Bibelsprichwortes »Wer sucht, der findet« (Matthäus 7,8) darstellt und die Autorin auch auf die zahlreichen Bibelsprichwörter hinweist, behandelt sie dieses sprachlich, kulturgeschichtlich, literarisch und volkskundlich so interessante Thema nicht in ihrer ansonsten so ergiebigen Untersuchung. Auch Andreas Mertin geht in seinem Beitrag über »Die Bibel in der Popularkultur« (2006) nicht auf Sprichwörtliches ein, doch weist er darauf hin, daß »wenn biblische Inhalte in der Poplarkultur vorkommen, dann sind sie oft schon so weit in den kulturellen Gesamtkontext inkorporiert, daß es schwer zu entscheiden ist, ob es überhaupt noch eine reflexive Bindung an die Bibel gibt.«[54] So sind viele Bibelsprichwörter zu anonymen Volkssprichwörtern geworden und unterliegen wie allen viel oder gar zu oft zitierten Texten dem parodistischen Wortspiel. Der Volkskundler Lutz Röhrich hat das vor mehreren Jahrzehnten in seinem grundlegenden Werk *Gebärde – Metapher – Parodie. Studien zur Sprache und Volksdichtung* (1967) treffend auf den Punkt gebracht: »Alles Vielzitierte wird abgenutzt und bekommt dadurch immer mehr eine innere Disposition zur Parodie.«[55] Überliefertes Gedanken- und Sprachgut wird gerade wegen seiner Bekanntheit mit besonderer Vorliebe variiert beziehungsweise manipuliert. Mit Bezug auf die Parodie von Bibelsprichwörtern schreibt Röhrich dann:

---

53 Edith Glatz, *Wer suchet, der findet die Bibel in der Literatur* (Würzburg: Königshausen & Neumann, 2013), S. 15.

54 Andreas Mertin, »Die Bibel in der Popularkultur,« in Ralf Georg Czapla und Ulrike Rembold (Hrsg.), *Gotteswort und Menschenrede. Die Bibel im Dialog mit Wissenschaften, Künsten und Medien* (Bern: Peter Lang, 2006), S.341-355 (hier S. 354).

55 Lutz Röhrich, *Gebärde – Metapher – Parodie. Studien zur Sprache und Volksdichtung* (Düsseldorf: Pädagogischer Verlag Schwann, 1967; Nachdruck hrsg. von Wolfgang Mieder, Burlington, Vermont: The University of Vermont, 2006), S. 181.

Wo sich die Parodie volkstümlicher Stoffe annimmt, wird vor allem das oft Gehörte, das bis zum Überdruß Wiederholte, das Veraltete, Abgenutzte oder auch das Sentimentale, modernem Gefühl nicht mehr Gemäße verspottet. Abgewandelt wird auch das Nicht-mehr-für-wahr-Gehaltene, das nicht mehr Geglaubte, dem man mit kritischer Distanz begegnet. Die Parodie macht selbst vor dem heiligen Wort nicht halt. Als vielzitiertes und oft gehörtes Wort neigt gerade das Bibelwort zur komischen Abwandlung.[56]

Aber Parodie ist offensichtlich nur ein Aspekt der Rezeption bekannter Stoffe und Motive aus vergangenen Kulturepochen und ganz besonders aus der Bibel als dem sogenannten »Buch der Bücher«. Oft werden diese sowieso schon zu formelhaften Aussagen reduzierten Bibelbelege und eben auch die biblischen Sprichwörter und Redensarten kurzerhand in Gedichten, Kurzprosatexten, Aphorismen, Sprüchen, Graffiti, Schlagzeilen, Werbeslogans und Karikaturen eingesetzt, um ihre Wahrheitsansprüche in Frage zu stellen oder um sie durch satirische oder auch witzige Wortspielereien neu auszulegen. So erweist sich das moderne Auftreten sprichwörtlicher Bibeltexte nicht so sehr als traditionelles Weiterleben biblischer Weisheit sondern als innovative Verarbeitung in völlig eigenständigen und neuen Kontexten. Das aber zeigen die über 1500 nun folgenden Belege aus Literatur und Medien (die Abbildungen stehen aus drucktechnischen Gründen am Ende der Kapitel), die zum größten Teil aus dem zwanzigsten und einundzwanzigsten Jahrhundert stammen. Zusammen ergeben sie ein Bild über die moderne Rezeption biblischer Volksweisheiten und lassen erkennen, daß die Bibel, ob nun als religiöses oder literarisches Buch, weiterhin ein ungemein viel zitiertes Denkmal darstellt, dessen Sprichwörtlichkeit im mündlichen und schriftlichen Sprachgebrauch der Moderne weiterlebt.

Exkurs:
Die zahlreichen Belege des vorliegenden Buches sind zum Teil anonyme Formulierungen, wie zum Beispiel die Sponti-, Demo-, Büro-, Schüler-, Kalender- und Werbesprüche sowie Graffiti. Die meisten Texte jedoch stammen von Schriftstellern, die hier nicht alle aufgezählt werden können. Was folgt ist lediglich eine alphabetische Liste der bekannteren Autoren:

Manfred Ach, Theodor Adorno, Ilse Aichinger, Günther Anders, Fritz Arcus, Arnfrid Astel, Berthold Auerbach, Michael Augustin, Rose Ausländer, Emil Baschnonga, Dietmar Beetz, Andreas Bender, Gottfried Benn, Elazar Benyoëtz, Peter Bichsel, Detlev Block, Johannes Bobrowski, Ludwig Börne, Rainer Brambach, Ernst Brandl, Willy Brandt, Volker Braun, Bertolt Brecht, André Brie, Erich Brock, Ralf Bülow, Elias Canetti, Othmar Capellmann, Ignaz Franz

---
56 Ebenda, S. 115-116.

Castelli, Erwin Chargaff, Helmut Cordes, Oskar Cöster, Nikolaus Cybinski, Hans Leopold Davi, Alfred Döblin, Horst Drescher, Annette von Droste-Hülshoff, Marie von Ebner-Eschenbach, Gottfried Edel, Werner Ehrenforth, Alexander Eilers, Herbert Eisenreich, Ulrich Erckenbrecht, Heinz Erhardt, Volker Erhardt, Wolfgang Eschker, Arthur Feldmann, Ernst Ferstl, Ernst Freiherr von Feuchtersleben, Ludwig Feuerbach, Hans R. Franzmeyer, Erich Fried, Hermann Funke, Wolfgang Funke, Siegfried Gloose, Johann Wolfgang von Goethe, Oskar Maria Graf, Günter Grass, Henning Grunwald, Tobias Grüterich, Eugen Gürster, Karl Gutzkow, Arthur Hafink, Ulla Hahn, Ulli Harth, Oliver Hassencamp, Gerhart Hauptmann, Manfred Hausin, Friedrich Hebbel, Heinrich Heine, Kerstin Hensel, Gerd W. Heyse, René Hildbrand, Wolfgang Hildesheimer, Peter Hille, Günther Hindel, Karl Hoche, Ernst Hohenemser, Max Horkheimer, Rolf Hörler, Peter Horton, Hans Hunfeld, Ernst Jandl, Wilhelm Junge, Friedrich Georg Jünger, Franz Kafka, Georg Kaiser, Mascha Kaléko, Vytautas Karalius, Marie Luise Kaschnitz, Hans Kasper, Hugo Ernst Käufer, Henryk Keisch, Hans Peter Keller, Hanns-Hermann Kersten, Martin Kessel, Klaus D. Koch, Anton Kolb, Werner Kraft, Hans Krailsheimer, Theodor Kramer, Karl Kraus, Ron Kritzfeld, Hans Kudszus, Aleksander Kumor, Helmut Lamprecht, Sigbert Latzel, Gabriel Laub, Stanisław Jerzy Lec, Gertrud von Le Fort, Richard Leising, Walter Löwen, Ludwig Marcuse, Kurt Marti, Susanna Martinez, Werner Mitsch, Klaus Möckel, Wolfgang Mocker, Christian Morgenstern, Heinz Müller-Dietz, Robert Musil, Johann Nestroy, Friedrich Nietzsche, Novalis, Georg von Oertzen, Peter Oprei, Jean Paul, Žarko Petan, Hans-Jürgen Quadbeck-Seeger, Wilhelm Raabe, Lutz Rathenow, Liselotte Rauner, Felix Renner, Phia Rilke, Michael Ritter, Rudolf Rolfs, Manfred Rommel, Hermann Rosenkranz, Eugen Roth, Gerhard Roth, Friedrich Rückert, Michael Rumpf, Richard von Schaukal, Werner Schneyder, Arthur Schnitzler, Wolfdietrich Schnurre, Rudolf Alexander Schröder, Heinrich Schröter, Hans-Dieter Schütt, Rupert Schützbach, Kurt Sigel, Hans-Horst Skupy, Klaus Sochatzy, Karl-Heinz Söhler, Werner Sprenger, Hansgeorg Stengel, Julius Stettenheim, Theodor Storm, Manfred Strahl, Erwin Strittmatter, Eva Strittmatter, Peter Tille, Charles Tschopp, Kurt Tucholsky, Gerhard Uhlenbruck, Karl Heinrich Waggerl, Martin Walser, Hellmut Walters, Erich Weinert, Theodor Weißenborn, Klaus von Welser, Franz Werfel, Harald Wiesendanger, Heinrich Wiesner, Jürgen Wilbert, Jacques Wirion, Christa Wolf.

III. »Das A und O sein«

Ich bin das A und das O, der Anfang und das Ende, spricht Gott der Herr, der da ist und der da war und der da kommt, der Allmächtige. (Offenbarung 1,8)
Ich bin das A und das O, der Anfang und das Ende. Ich will dem Durstigen geben von dem Brunnen des lebendigen Wassers umsonst. (Offenbarung 21,6)
Ich bin das A und das O, der Anfang und das Ende, der Erste und der Letzte. (Offenbarung 22,13)

1. *Auf meine ersten fünf Büchlein*
   Ehmals meint' ich, A und O
   Meiner Weisheit stünd' darin;
   Jetzo denk' ich nicht mehr so:
   Nur das ew'ge Ah! Und Oh!
   Meiner Jugend find' ich drin. (1879)

   Friedrich Nietzsche, *Sämtliche Briefe. Kritische Studienausgabe in 8 Bänden*, hrsg. von Giorgio Colli und Mazzino Montinari. München: Deutscher Taschenbuch Verlag, 2003, Bd. 5, S. 440.

2. Meiner Weisheit A und O
   Klang mir hier: was hört' ich doch!
   Jetzo klingt mir's nicht mehr so,
   Nur das ew'ge Ah! und Oh!
   Meiner Jugend hör ich noch. (1882)

   Friedrich Nietzsche, *Kritische Studienausgabe in 15 Bänden*, hrsg. von Giorgio Colli und Mazzino Montinari. München: Deutscher Taschenbuch Verlag, 1999, Bd. 3, S. 361.

3. *A und O*
   Es kommt weniger auf ein Omen
   als auf das Amen an. (1980)

   Ron Kritzfeld, *Kleines Universal Flexikon*. Essen: Selbstverlag des Verfassers, 1980, Bd. 7, S. 3.

4. Aber wie lange waren sie denn alle, die ihm immer vorhielten, das »proletarische Bewußtsein« wäre nicht nur das A und O, sondern auch das Z des marxistischen Alphabets, wie lange waren sie echte Proletarier gewesen? (1980)

Erwin Strittmatter, *Der Wundertäter*. Berlin: Aufbau-Verlag, 1980, Bd. 3, S. 237.

5. Die Frauen sind das Ah und Oh der Gesellschaft. (1982)

André Brie, *Die Wahrheit lügt in der Mitte. Aphorismen.* Berlin: Eulenspiegel Verlag, 1982, S. 49.

6. Das A und O der Liebe: das »Ah« und »Oh« ... (1983)

Jens Sparschuh, »Aphorismen.« *Neue deutsche Literatur*, 31 (1983), S. 168.

7. Kapitalist: einer, für den das A und O des Lebens »Aktien« und »Obligation« bedeutet. (1984)

Jeannine Luczak, *Schweigegeld als Landeswährung. Aphorismen.* Olten: Walter, 1984, S. 21.

8. Das A und O einer Sache ist wichtiger als ihr ABC. (1990)

Wolfgang Funke, *Der Wendehals und andere Mitmenschen. Satirische Epigramme und Kurzgeschichten.* Berlin: Ullstein, 1990, S. 122.

9. Auto fängt an mit A
und hört auf mit O. (2000)

Dietmar Beetz, *Experten für Sex. Haiku und andere Sprüche.* Erfurt: Edition D.B., 2000, S. 22.

10. Das A und O ist Nervenkraft. (1978)

Werbung für Vita buerlecithin in *Hörzu*, Nr. 4 (28. Januar 1978), S. 96.

IV. »Im Anfang war das Wort«

Im Anfang war das Wort, und das Wort war bei Gott, und Gott war das Wort.
(Johannes 1,1)

1. Geschrieben steht: »Im Anfang war das Wort!«
   Hier stock' ich schon! Wer hilft mir weiter fort?
   Ich kann das *Wort* so hoch unmöglich schätzen,
   Ich muß es anders übersetzen,
   Wenn ich vom Geiste recht erleuchtet bin.
   Geschrieben steht: Im Anfang war der *Sinn*,
   Bedenke wohl die erste Zeile,
   Daß deine Feder sich nicht übereile!
   Ist es der *Sinn*, der alles wirkt und schafft?
   Es sollte stehn: Im Anfang war die *Kraft*!
   Doch, auch indem ich dieses niederschreibe,
   Schon warnt mich was, daß ich dabei nicht bleibe,
   Mir hilft der Geist! Auf einmal seh' ich Rat
   Und schreibe getrost: Im Anfang war die *Tat*! (1808)

   Johann Wolfgang von Goethe, *Faust* (1808/1832), Studierzimmer, Z. 1224-1237.

2. *Historia in nuce.* – Die ernsthafteste Parodie, die ich je hörte, ist diese: »im Anfang war der Unsinn, und der Unsinn *war*, bei Gott! und Gott (göttlich) war der Unsinn.« (1886)

   Friedrich Nietzsche, *Kritische Studienausgabe in 15 Bänden*, hrsg. von Giorgio Colli und Mazzino Montinari. München: Deutscher Taschenbuch Verlag, 1999, Bd. 2, S. 388.

3. *Aus einem Selbstgespräch.*
   Die Alten sagten: Am Anfang war das Chaos.
   Wir sagen: Am Anfang ist das Chaos, und am Ende ist das Chaos, und zwischen Chaos und Chaos sind wir.
   Und wir sind das Ende vom Anfang und der Anfang vom Ende; wir sind somit nicht.

Also bist du auch nicht die Mitte?
Wir sind die Mitte, aber nur im vorletzen Grunde, und wir sind nicht die Mitte, und wir sind nicht: im letzten Grunde.
Was aber ist im letzten Grunde?
Das Chaos.
Aber wie sahst du das Chaos, wenn du nicht bist? –
Aus vorletzten Gründen sehe ich in letzte Gründe.
Geht dies an?
Ja, denn es ist.
Ist es im letzten Grunde?
Nein, im vorletzeten.
Darum sahst du es wohl?
Nicht nur darum. Ich sehe auch in letzte Gründe. Aus vorletzten Gründen sehe ich in letzte Gründe.
Geht dies an?
Ja, denn es ist: denn wir sind im Kreis.
Im rechten Kreis?
Nein.
Und wann wirst du im rechten Kreise sein?
Später. (1909)

Arno Nadel, *Aus vorletzten und letzten Gründen*. Berlin: Egon Fleischel, 1909, S. 211-212.

4. Im Anfang war das Wort und das Wort war bei Gott .... und dann hat Gott die Welt erschaffen. Seither ist Vieles anders geworden, und jetzt haben die Blätter, die die Welt bedeuten, das Wort. – (1913)

Paul Hatvani (Pseud. Paul Hirsch), *Salto mortale. Aphorismen, Essais, Skizzen*. Heidelberg: Saturn, 1913, S. 73.

5. Am Anfang war das Wort (Ev. Joh.). Das ist nicht ganz richtig. Im Anfang war die Tat (Faust). Das ist auch nicht ganz richtig. Im Anfang war das Geheimnis. Und das wird auch am Ende stehen. (1937)

Gustav Frenssen, *Vorland. Der Grübeleien dritter Band*. Berlin: G. Grote, 1937, S. 179-180.

6. Am Anfang war das Wort und nicht das Geschwätz, und am Ende wird nicht die Propaganda sein, sondern wieder das Wort. Das Wort, das bindet und schließt, das Wort der Genesis, das die Feste absondert von den Nebeln und den Wassern, das Wort, das die Schöpfung trägt. (1950)

Gottfried Benn, *Gesammelte Werke in acht Bänden*, hrsg. von Dieter Wellershoff. Wiesbaden: Limes, 1968, Bd. 8, S. 2042.

7. Im Anfang war der Teufel, er hat aber sofort um Namensänderung angesucht. (1956)

Erwin Chargaff, *Bemerkungen*. Stuttgart: Klett-Cotta, 1981, S. 61.

8. Im Anfang war das Wort – am Ende die Phrase. (1959)

Stanisław Jerzy Lec, *Unfrisierte Gedanken. Aphorismen*. München: Carl Hanser, 1959, S. 15.

9. Im Anfang war das Wort, aber es *war*, also war die Vergangenheit vor dem Wort. (1965)

Elias Canetti, *Die Blendung*. Frankfurt am Main: Fischer Taschenbuch Verlag, 1994, S. 169.

10. Im Anfang war das Wort – dann kam das Schweigen. (vor 1966)

Stanisław Jerzy Lec, *Letzte unfrisierte Gedanken. Aphorismen*. München: Carl Hanser, 1968, S. 72.

11. zur logos-frage: am anfang war der schrei. (vor 1970)

Robert Ludwig Kahn; in Klaus Beckschulte, *»ich hasse die sprache, die ich liebe«: Das Leben und Werk von Robert Ludwig Kahn*. München: Tuduv-Verlag, 1996, S. 264.

12. am anfang war das trauma, dann die lüge (das zweite trauma). (vor 1970)

Robert Ludwig Kahn; in Klaus Beckschulte, »*ich hasse die sprache, die ich liebe*«: *Das Leben und Werk von Robert Ludwig Kahn.* München: Tuduv-Verlag, 1996, S. 280.

13. *Am Anfang war das Schweigen* ...
Reden ist Lärm, Schweigen ist Stille.
Leere ist Fülle, Reden, nur Hülle. (c. 1970)

Mascha Kaléko; zitiert aus Andreas Nolte, »*Mir ist zuweilen so als ob das Herz in mir zerbrach*«. *Leben und Werk Mascha Kalékos im Spiegel ihrer sprichwörtlichen Dichtung.* Bern: Peter Lang, 2003, S. 249 (aus dem unveröffentlichten Nachlaß).

14. Am Anfang war das Wort. Dann muß es ihm die Sprache verschlagen haben. (1972)

Heinrich Wiesner, *Die Kehrseite der Medaille. Neue lakonische Zeilen.* München: Piper, 1972, S. 18.

15. Am Anfang war das große Fressen. (1974)

Gustav Adolf Henning, »Entwicklungsgeschichte: Am Anfang war das große Fressen.« *Die Zeit*, Nr. 26 (28. Juni 1974), S. 20.

16. Im Anfang war das Wort. Aber es ist noch kein Ende abzusehen. (1977)

Wolfgang Eschker, *Gift und Gegengift. Aphorismen.* Stuttgart: Deutsche Verlags-Anstalt, 1977, S. 6.

17. Am Anfang war das Wort. Dann wurde es ergriffen. (1978)

Ulli Harth, *Wörtliche Un-Taten. Aphorismen.* Frankfurt am Main: Federfuchs, 1978, S. 1.

18. *Bibelstelle*

Am Anfang war
das Wort und das Wort
war bei Gott
und Gott war das Wort
und das Wort war
der Anfang und nahm
nie ein Ende.

Seit das Wort
Fleisch geworden
und mitten
unter uns gewohnt
gab und gibt
ein Wort noch immer
das andere.

So ist denn
bei Menschen
seit jeher das Wort
weiss Gott
der Anfang vom Ende –
und das Ende ist Schweigen
und das Schweigen das Wort. (1981)

Rolf Hörler, *Windschatten. 52 Gedichte.* Zürich: Pendo, 1981, ohne Seitenangabe.

19. Am Anfang war das Wort. Es folgte das Geschwätz. (1981)

Klaus Sochatzy; in Klaus Sochatzy und Aleksander Kumor, *Ost-West-Monologe. Aphorismen.* Frankfurt am Main: Rita G. Fischer, 1981, S. 16.

20. Am Anfang war das Wort. War es das richtige? (1981)

Aleksander Kumor; in Klaus Sochatzy und Aleksander Kumor, *Ost-West-Monologe. Aphorismen.* Frankfurt am Main: Rita G. Fischer, 1981, S. 75.

21. Im Anfang war das Wort. Es hielt allein nicht lange aus. (1982)

Vytautus Karalius, »Ironische Anspielungen.« *Sinn und Form*, 34 (1982), S. 1178.

22. Im Anfang war das Wortspiel. (1982)

Ralf Bülow, »In eigener Sprache.« *Der Sprachdienst*, 26 (1982), S. 124.

23. Am Anfang war das Wort. Dann kamen die Wortspalter und machten Sätze daraus. (1983)

Werner Mitsch, *Das Schwazre unterm Fingernagel. Sprüche. Nichts als Sprüche.* Stuttgart: Heinz und Margarete Letsch, 1982, S. 39.

24. Am Anfang war das letzte Wort. (1985)

André Brie, *Am Anfang war das letzte Wort. Aphorismen.* Berlin: Eulenspiegel Verlag, 1985.

25. Im Anfang war das Wort – am Ende die Durchführungsverordnung. (1985)

Winfried Hönes, *Blitze in den heiteren Himmel. 222 Aphorismen und andere Denkzettel.* Geldern: Roje & Buer, 1985, S. 22.

26. *Klare Fronten*
Am Anfang war das Wort. Das Wort? Ich wüßte
da ziemlich gern genauer, was für eins.
Doch wenn ich einfach einmal raten müßte?
Ein Possessivpronomen? Sicher: Meins! (1986)

Wolfgang Funke, *Funkenflug. Epigramme.* Berlin: Eulenspiegel Verlag, 1986, S. 49.

27. Am Anfang war das Wort.

Am Ende das Zitat. (1987)

Wolfgang Mocker, *Gedankengänge nach Canossa. Euphorismen und andere Anderthalbwahrheiten.* Berlin: Eulenspiegel Verlag, 1987, S. 84.

28. *Am Anfang: Das Wort*
    1
    Am Anfang: das Wort?
    Und endlos Wörter danach.
    Sintflut aus Hingespucktem.
    Mit Wörtern gesegnete Waffen
    Von Wörtern gefesselte Menschen.
    Wörter, die Wunden schlagen.
    Wörter, die Kreuze schlagen.
    Schlagwörter, blutnaß.

    Unter Wörtern Zermalmte.
    Am Ende: welches Wort?
    Und sah, daß es gut war?

    2
    Am Anfang: das Wort?
    Aber was bewirken Worte?
    Am Ende: die Zahl!
    Das Zählen wirkt sich aus.

    Genau gemessenes Ende.
    Zahlwort des Todes:
    Vierzehnfacher Overkill.
    Und Stille über den Wassern. (1987)

    Heinz R. Unger, »Der einzige Grund.« *Neue deutsche Literatur*, 35 (1987), S. 50.

29. »Am Anfang war das Wort.« – Und dann wurde es durchs Bild zerstört. (1988)

    Hans-Horst Skupy; in Ernst Günter Tange, *Funk-Sprüche. Geistesblitze zum Thema Fernsehen.* Frankfurt am Main: Eichborn, 1988, S. 14 und S. 115.

30. Im Anfang war das Wort, und am Ende ist Schweigen. (1989)

Erwin Chargaff, *Das Feuer des Heraklit. Skizzen aus einem Leben vor der Natur.* Frankfurt am Main: Luchterhand, 1989, S. 279.

31. *Schöpfungsgeschichte*
    Im Anfang war das Wort?
    Papperlapapp:
    Im Anfang war der Beischlaf. (1990)

    Heinrich Schröter, *Worte wie Wahrzeichen. Hauptsätze zu Hauptthemen und Hauptsachen.* Wiesbaden: Edition Retörsch, 1990 (erweiterte Neuausgabe), S. 60.

32. *Frage und Antwort*
    Im Anfang
    war das Wort?
    Wie lange
    ist das her?
    Begann es
    erst mit Babel?
    Der Mythus
    täuscht die Welt:
    im Anfang
    war der *Mord*!
    Erschlug nicht
    Kain den Abel?
    Wie lange
    ist das her?
    Die Antwort
    ist nicht nötig,
    der Anfang
    dauert fort! (1991)

    Alexander Hoyer, *Wo das Gute kräftig blüht ... Aphorismen, Epigramme, Haikus, Gedichte.* Bad Kissingen: Remer & Heipke, 1991, S. 74.

33. *Im Anfang*

Geschrieben steht: »Im Anfang war das Wort.«
Wie soll der Mensch nun dieses deuten?
Vor jedem Wort steht klar der Sinn –
könnt' es nicht Wissenschaft bedeuten?
In jedem Falle wär' es ein Beginn.

Doch hiemit ist's wohl nicht geschafft –
im Anfang war vielleicht die Kraft,
oder – um das Wort zu wechseln –
begann doch alles mit der Tat?
Um keinesfalls die Fakten zu verwechseln,
reicht dazu des Menschengeistes Rat?

Geschrieben steht: »Im Anfang war das Wort«,
und ohne des Verstandes Licht zu schmähn,
zur Deutung will die Gnad' ich mir erflehn.

Die Tat, die Kraft, der Sinn
sind sicherlich ein recht Gewinn;
doch Ihn zu ahnen, Ihn verstehn
kann doch im Herzen nur geschehn
und dieses spricht – was ewig bliebe –
im Anfang war die Liebe!

In principio erat amor –
ad finem manet amor! (1993)

Ernst Brandl, *Das andere Ufer. Gedanken zur Innenwelt. Gedichte und Prosa.* Innsbruck: Tyrolia, 1993, S. 52.

34. Es ist nur zu hoffen, daß im Anfang die Tat war und nicht der Täter. (1993)

Arthur Feldmann, *Kurznachrichten aus der Mördergrube oder Die große Modeschau der nackten Könige.* München: edition scaneg, 1993, S. 22.

35. Im Anfang war vielleicht das Wort, am Ende der wie gefallene Engel sich überstürzende Wortschwall. (1993)
Arthur Feldmann, *Kurznachrichten aus der Mördergrube oder Die große Mode-*

schau der nackten Könige. München: edition scaneg, 1993, S. 77.

36. Am Anfang war der Humor. Die bairische Urbibel. (1994)

    Fritz Fenzl, *Am Anfang war der Humor. Die bairische Urbibel*. Pfaffenhofen: Turmschreiber, 1994.

37. Am Anfang war die Stille, dann kam das Wort, gleich darauf das Geschwätz – und zum Schluß wieder das Schweigen. (1995)

    Ulrich Erckenbrecht, *Katzenköppe. Aphorismen/Epigramme*. Göttingen: Muriverlag, 1995, S. 65.

38. Am Anfang war das Wort, am Ende war es fort. (1995)

    Ulrich Erckenbrecht, *Katzenköppe. Aphorismen/Epigramme*. Göttingen: Muriverlag, 1995, S. 102.

39. Am Anfang war die Untat. (1995)

    Wolfgang Eschker, *Mitgift mit Gift. Aphorismen*. München: Eugen Diederichs, 1995, S. 83.

40. Im Anfang war das Wort. Aber es ist noch keine Ende abzusehen. (1995)

    Wolfgang Eschker, *Mitgift mit Gift. Aphorismen*. München: Eugen Diederichs, 1995, S. 139.

41. Am Anfang war das Chaos. Es hat uns wieder. (1995)

    Klaus D. Koch, *Der neue deutsche Nasführer. Aphorismen*. Bremen: Edition Temmen, 1995, S. 36.

42. Am Anfang war die Kunst – die ersten Schritte des Menschen. (1996)

Dieter Bachmann, *Am Anfang war die Kunst – die ersten Schritte des Menschen.* Zürich: TA-Media, 1996.

43. Am Anfang war die Faulheit. (1996)

Wolfgang Blum, »Konrad Zuse 1910-1995.« *Die Zeit*, Nr. 1 (5. Januar 1996), S. 18.

44. Am Anfang war die Unterhose. (1996)

Rossana Campo, *Am Anfang war die Unterhose. Zwei Romane in einem Band.* München: Goldmann, 1996.

45. Am Anfang war die Panne. ((1996)

Erwin Lausch, »Am Anfang war die Panne. Wie Alex Fleming Penicillin entdeckte.« *Die Zeit*, Nr. 14 (5. April 1996), S. 19.

46. Am Anfang war das Wort – am Anfang vom Ende. (1996)

Martin Sommerhoff, *Über uns hinaus. Gedichte, Lieder, Aphorismen.* Boddin: Kunsthaus Verlag, 1996, S. 91.

47. Im Anfang war das Wort, die Rede aber erwachte im Garten von Eden. Gott würde gern durch die Blume gesprochen haben. Wer mit der Bibel erwacht, kann zu Gott durch die Blume nicht sprechen. (1997)

Elazar Benyoëtz, *Variation über ein verlorenes Thema.* München: Carl Hanser, 1997, S. 23.

48. *A – Anfang, B – Beginnen*
Im Anfang war das Wort, Gott also war das Vorwort, und das muß er geblieben sein. (1997)

Elazar Benyoëtz, *Variation über ein verlorenes Thema*. München: Carl Hanser, 1997, S. 32.

49. Credo: Im Anfang war das Wort, Anfang läßt sich aber nicht beim Wort nehmen. (1997)

Elazar Benyoëtz, *Variation über ein verlorenes Thema*. München: Carl Hanser, 1997, S. 32.

50. Am Anfang war die Pause. (1997)

Žarko Petan, *Von morgen bis gestern. Gesammelte Aphorismen*. Graz: Styria, 1997, S. 65.

51. Am Anfang war die Idee. (1997)

Dagmar Reichard-Röder, *Notizen. Aphorismen – Gedichte*. Oldenburg: Isensee, 1997, S. 6.

52. Am Anfang war der Seitensprung. (1998)

Amelie Fried, *Am Anfang war der Seitensprung. Roman*. Hamburg: Hoffmann und Campe, 1988.

53. Am Anfang war die Windel. (1998)

Edda Helmke, *Am Anfang war die Windel. Roman*. München: Piper, 1998.

54. Im Anfang war mein Wort. (1998)

Alexander Nitzberg, *Im Anfang war mein Wort. Neue Gedichte*. Düsseldorf: Grupello, 1998.

55. Am Anfang war die Zahl. (Pythagoras). (1998)

Hans-Jürgen Quadbeck-Seeger, *Faszination Innovation. Wichtiges und Wissens-*

wertes von A bis Z. Weinheim: Wiley-VCH, 1998, S. 228.

56. Am Anfang ist das Chaos, am Ende das Desaster, dazwischen die permanente Katastrophe. (1999)

Ulrich Erckenbrecht, *Divertimenti. Wortspiele, Sprachspiele, Gedankenspiele.* Göttingen: Muriverlag, 1999, S. 14.

57. Am Anfang war das Wortlose. (1999)

Ulrich Erckenbrecht, *Divertimenti. Wortspiele, Sprachspiele, Gedankenspiele.* Göttingen: Muriverlag, 1999, S. 97.

58. Im Anfang war das Vorwort. (1999)

Ulrich Erckenbrecht, *Divertimenti. Wortspiele, Sprachspiele, Gedankenspiele.* Göttingen: Muriverlag, 1999, S. 158.

59. Am Anfang war die Phrase, am Ende das Wort. (1999)

Ulrich Erckenbrecht, *Divertimenti. Wortspiele, Sprachspiele, Gedankenspiele.* Göttingen: Muriverlag, 1999, S. 207.

60. »Am Anfang war die Tat«, sprach der Clown und stieg auf das Seil, das noch nicht gespannt war. (1999)

Rolf Nünninghoff, *Aphorismen, Aphrodismen und andere Ungereimtheiten.* Frankfurt am Main: Verlag DVS, 1999, S. 149.

61. *Schöpfung*
Am Anfang war die Nacht
Heimlich wuchs Licht
Und Tag war
bis zur Nacht
Dann wieder Tag

Nacht
Zwei Stehaufmännchen
bezwingen einander im Wechsel. (1999)

Lutz Rathenow, *Der Wettlauf mit dem Licht. Letzte Gedichte aus einem Jahrhundert*. Weilerswist: Landpresse, 1999, ohne Seitenangabe.

62. Im Anfang war das Wort, und das eine gab das andere.
Das Wort läuft auf den Satz hinaus, wie die Stunde auf das Jahr.
Das Jahr geht nicht auf die Stunde zurück. (2000)

Elazar Benyoëtz, *Ichmandu. Eine Lesung*. Herrlingen bei Ulm: Herrlinger Drucke, 2000, S. 9.

63. Am Anfang war das Wort,
das fallengelassene.
Lässt man sein Wort aber fallen,
kann man zu ihm stehen. (2000)

Elazar Benyoëtz, *Ichmandu. Eine Lesung*. Herrlingen bei Ulm: Herrlinger Drucke, 2000, S. 10.

64. Am Anfang war das Wort, am Ende die Phrase. (2000)

Anne Grimmer (Hrsg.), *1000 coole Schülersprüche*. Bindlach: Loewe, 2000, S. 244.

65. Am Anfang war die Phrase – am Ende dann die Werbung. (2000)

Gerhard Uhlenbruck, *Alles kein Thema! Ein Thema für alle* ... Köln: Ralf Reglin, 2000, S. 126.

66. Am Anfang war die Bombe. (2001)

Jolanda Hochberg, *Am Anfang war die Bombe. Roman*. Berlin: Frieling, 2001.

67. Am Anfang war das Wort – am Ende der Wortsalat. (2001)

Gerhard Uhlenbruck, *Worthülsenfrüchte oder Ein Körnchen Wahrheit für alle Tage. Ein Kalenderbuch für 2002.* Köln: Ralf Reglin, 2001 (22. April).

68. am anfang war sein wort,
am ende soll ich's halten. (2002)

Elazar Benyoëtz, *Der Mensch besteht von Fall zu Fall. Aphorismen.* Leipzig: Reclam, 2002, S. 142.

69. Aus der Parteibibel: Am Anfang war der Punkt, aber er gab dem Wort den Vortritt. (2002)

Vytautas Karalius, *Endspurt der Schnecken. Aphorismen, Paradoxa, ironische Anspielungen.* Vilnius: Egalda, 2002, S. 88.

70. Am Anfang war das Wort. Es hielt nicht lange aus, allein zu sein. (2002)

Vytautas Karalius, *Endspurt der Schnecken. Aphorismen, Paradoxa, ironische Anspielungen.* Vilnius: Egalda, 2002, S. 169.

71. Am Anfang war die Liebe. (2002)

Robin Pilcher, *Am Anfang war die Liebe. Roman.* München: Schröder, 2002.
Auch Maria Lindenthaler, *Am Anfang war die Liebe.* Salzburg: Polzer, 2008.

72. Im Anfang war der Reim. (2002)

Magdalena Punz, *Im Anfang war der Reim.* Mödling: Verlag Alt-Mödling, 2002.

73. am anfang war das wort – heute leider nur noch geschwätz. (2002)

Heinz Stein, »Aphorismen.« *Wegwarten*, 42, Heft 155 (2002), S. 13.

74. Am Anfang war der Text. (2003)

Maria Thurmair und Eva-Maria Willkop (Hrsg.), *Am Anfang war der Text. 10 Jahre »Textgrammatik der deutschen Sprache«*. München: Iudicium, 2003.

75. Am Anfang war der Urknall. (2003)

Hermann von Balthasar. *Am Anfang war der Urknall. Frühe Lyrik*. Wagenhoff: Balthasar Verlag, 2003.

76. Im Anfang war das Wort,
die Sprache ausgerufen:
»Es werde Licht!« (2003)

Elazar Benyoëtz, *Hinnämlich*. Herrlingen bei Ulm: Muttscheller, 2003, ohne Seitenangabe.

77. Im Anfang war das Wort. Und vor dem Anfang?

Arthur Feldmann, *Spiegelungen oder Nachdenkliche Betrachtungen eines Herbstblatts über das bunte Treiben der Welt. Gesammelte Mikroprosa*. Köln: Tatjana Lehmann, 2003, S. 79.

78. Im Anfang war das Wort. Und was ist das Wort? Ein Wort ... (2003)

Arthur Feldmann, *Spiegelungen oder Nachdenkliche Betrachtungen eines Herbstblatts über das bunte Treiben der Welt. Gesammelte Mikroprosa*. Köln: Tatjana Lehmann, 2003, S. 79.

79. Im Anfang war das Wort. Am Ende Wörter, Wörter, Wörter ... (2003)

   Arthur Feldmann, *Spiegelungen oder Nachdenkliche Betrachtungen eines Herbstblatts über das bunte Treiben der Welt. Gesammelte Mikroprosa.* Köln: Tatjana Lehmann, 2003, S. 113.

80. Im Anfang war der Mord. (2003)

   Elizabeth [sic] George (Hrsg.), *Im Anfang war der Mord. Die spannendsten Kurzgeschichten von den besten Kriminalautorinnen der Welt.* München: Blanvalet, 2003. Auch Anna-Dorothea Ludewig (Hrsg.), *Im Anfang war der Mord. Juden und Judentum im Detektivroman.* Berlin: Bebra Verlag, 2012.

81. Am Anfang – das Wort,
    am Ende dereinst: 'ne
    Kriegserklärung. (2004)

   Dietmar Beetz, *Süßes Geheimnis. Haiku und andere Sprüche.* Erfurt: Edition D.B., 2004, S. 30.

82. Im Anfang war das Wort
    und Gott kam zu Wort. (2004)

   Elazar Benyoëtz, *Finden macht das Suchen leichter.* München: Carl Hanser, 2004, S. 181.

83. Im Anfang war das Wort
    und so muuß es bleiben,
    aber nicht dabei. (2004)

   Elazar Benyoëtz, *Finden macht das Suchen leichter.* München: Carl Hanser, 2004, S. 202.

84. Am Anfang war das Wort, später wurde das Schwätzen Sport. (2004)

   Michael Marie Jung, *Charakterkopf. Neue Aphorismen und Sprüche.* Norderstedt: Books on Demand, 2004, S. 144.

85. am anfang war der schrei:
 verurteilt zu lebenslänglich
 in die zelle WELT geworfen
 was bleibt da übrig??? (2004)

 Helmut Peters; in Helmut Peters und Helga Schäferling, *Denken zwischen Gedanken – nicht ohne Hintergedanken*. Oberhausen: Athena, 2004, S. 22.

86. Am Anfang war der Zweifel. (2005)

 Andrea Bartl, *Am Anfang war der Zweifel. Zur Sprachskepsis in der deutschen Literatur um 1800*. Tübingen: Francke, 2005.

87. Am Anfang war das Wort.
 Aber auch schon damals hat niemand zugehört. (2005)

 Ernst Ferstl, *Wegweiser. Neue Aphorismen*. Ottersberg: Asaro, 2005, S. 49.

88. Im Anfang war das Wort, leider nicht das einfallsreichste. (2006)

 Franz Hodjak, *Was wäre schon ein Unglück ohne Worte. Aphorismen, Notate*. Leipzig: Edition Erata, 2006, S. 110.

89. Am Anfang war das Wort.
 An seinem Ende – der Pressesprecher. (2006)

 Klaus D. Koch, *Blindgänger und Lichtgestalten. Aphorismen*. Bremen: Edition Temmen, 2006, S. 21.

90. Im Anfang war das Wort,
 und alles, außer Tier und Mensch,
 ging aus dem Wort hervor. (2007)

 Elazar Benyoëtz, *Die Eselin Bileams und Kohelets Hund*. München: Carl Hanser, 2007, S. 11.

91. Im Anfang war das Wort – daran könnte man sich erinnern,
hätte man die Sprache zur Hand.
Die Erinnerung ist allen Anfangs bar. (2007)
Elazar Benyoëtz, *Die Eselin Bileams und Kohelets Hund*. München: Carl Hanser, 2007, S. 54.

92. Im Anfang war das Wort,
und ein Wort gab das andere,
und von jedem Wort gingen Wege aus,
die sich abgespalten haben,
um aneinander vorbeiführen zu können. (2007)
Elazar Benyoëtz, *Die Eselin Bileams und Kohelets Hund*. München: Carl Hanser, 2007, S. 67.

93. Im Anfang war das Wort,
noch ehe Gottes Wille geschehen konnte,
und eine ganze Schöpfung rollte davon. (2007)
Elazar Benyoëtz, *Die Eselin Bileams und Kohelets Hund*. München: Carl Hanser, 2007, S. 72.

94. Im Anfang war das Wort
und Gott liebte es auf Gedeih und Verderb.
Es sollte unantastbar bleiben. (2007)
Elazar Benyoëtz, *Die Eselin Bileams und Kohelets Hund*. München: Carl Hanser, 2007, S. 89.

95. »Im Anfang war das Wort«:
So wurde die Theologie eingesetzt
und der Philologie ein Riegel vorgeschoben. (2007)

Elazar Benyoëtz, *Die Eselin Bileams und Kohelets Hund*. München: Carl Hanser, 2007, S. 89.

96. Im Anfang war das Wort:
ausgesprochen, aufgerichtet, unantastbar:
von Anfang an in Poesie zu verwandeln
und nicht in Fleisch und Blut. (2007)

Elazar Benyoëtz, *Die Eselin Bileams und Kohelets Hund*. München: Carl Hanser, 2007, S. 106.

97. Im Anfang war das Wort: Es werde Licht!
Bei Licht besehen war das Wort
nicht mehr im Anfang. (2007)

Elazar Benyoëtz, *Die Eselin Bileams und Kohelets Hund*. München: Carl Hanser, 2007, S. 107.

98. Im Anfang war das Wort
gekommen wie gerufen. (2007)

Elazar Benyoëtz, *Die Eselin Bileams und Kohelets Hund*. München: Carl Hanser, 2007, S. 161.

99. AmAnfang war das Wort,
und dann kam das Widerwort. (2007)

Ulrich Erckenbrecht, *Grubenfunde. Lyrik und Prosa*. Göttingen: Muriverlag, 2007, S. 71.

100. Am Anfang war der Beginn,
der floß einfach so dahin.
Und am Ende war der Schluß,
weil's wohl so sein muß.
Doch dazwischen war das Zwischenspiel,
das mir überaus gefiel. (2007)

Ulrich Erckenbrecht, *Grubenfunde. Lyrik und Prosa*. Göttingen: Muriverlag, 2007, S. 106.

101. Ganz am Anfang war gar nichts, dann kam der Beginn, und danach ging's erst richtig los. (2007)

Ulrich Erckenbrecht, *Grubenfunde. Lyrik und Prosa*. Göttingen: Muriverlag, 2007, S. 138.

102. Am Anfang war das Wort.
Ich glaube aber, dass da vorher
noch etwas anderes war:
ein göttlicher Gedanke. (2007)

Ernst Ferstl, *Denkwürdig. Aphorismen*. Sprakensehl-Hagen: Asaro Verlag, 2007, S. 147.

103. Im Anfang war der Plot. (2008)

Matthias Falke, *Im Anfang war der Plot. Gesammelte Projekte*. Norderstedt: Books on Demand, 2008.

104. Am Anfang war das JA. (2008)

Hans-Horst Skupy, *Der Dumme weiß schon alles. Aphorismen zu Lebzeiten*. Ruhstorf/Rott.: Privatdruck, 2008, S. 7.

105. Am Anfang war das Gespräch. (2008)

Anton Sterbling, *»Am Anfang war das Gespräch«. Reflexionen und Beiträge zur »Aktionsgruppe Banat« und andere literatur- und kunstbezogene Arbeiten*. Hamburg: Krämer, 2008.

106. Am Anfang war das Wort, nicht der Start. (2009)

Michael Richter, *Einspruch. Aphorismen aus artgerechtem Denken*. Halle: Mitteldeutscher Verlag, 2009, S. 5.

107. Am Anfang wird das letzte Wort wieder das erste gewesen sein. (2009)

Michael Richter, *Einspruch. Aphorismen aus artgerechtem Denken*. Halle: Mitteldeutscher Verlag, 2009, S. 62.

108. Am Anfang war die Poesie. (2009)

Horst Dieter Sihler, *Am Anfang war die Poesie. Wie ein Dichter entsteht. Meine Gedichte des 20. Jahrhunderts*. Klagenfurt: Wieser, 2009.

109. Am Anfang war das Wort.
Jedoch kein Ohr, es zu vernehmen. (2010)

Thea Derado; in Petra Kamburg. Friedemann Spicker und Jürgen Wilbert (Hrsg.), *Gedanken-Übertragung. Anthologie zum Aphorismenwettbewerb 2010*. Bochum: Norbert Brockmeyer, 2010, S. 59.

110. Im Anfang war Gesang. Das Zischen der Asche eines gelöschten Brandes? (2010)

Franz Baermann Steiner; in Friedemann Spicker (Hrsg.), *Es lebt der Mensch, solang er irrt. Deutsche Aphorismen*. Stuttgart: Philipp Reclam, 2010, S. 228.

111. Am Anfang war die Nacht Musik. (2010)

Alissa Walser, *Am Anfang war die Nacht Musik. Roman*. München: Piper, 2010.

112. Am Anfang war das Wort. Ich kann mir das nur schriftlich vorstellen. Es steht geschrieben. (2011)

Peter Bichsel, *Das ist schnell gesagt*, hrsg. von Beat Mazenauer und Severin Perrig. Frankfurt am Main: Suhrkamp, 2011, S. 24.

113. Am Anfang war die Nahsicht, dann erfand man das Fernsehen. (2011)

    Hugo Ernst Käufer, *Kriecher stolpern nicht. Aphorismen.* Bochum: Norbert Brockmeyer, 2011, S. 29.

114. Am Anfang war das Wort, dann folgten die Interpretationen. (2011)

    Hugo Ernst Käufer, *Heimat Sprache als Tor zur Welt. Gedichte, Kurzprosa, Vertonungen, Aphorismen, Epigramme, Essays, Reden, Rezensionen (2007-2011).* Bochum: Norbert Brockmeyer, 2012, S. 149.

115. Am Anfang war die Mail. (2011)

    Tanja Nasir, *Am Anfang war die Mail. Roman.* Wiesbaden: Titus-Verlag, 2011.

116. Gutenberg und die Folgen: im Anfang war das Wort. Dann geriet es unter Druck. (2011)

    Hermann Rosenkranz, *Die Lakonik des Mondes. Lauter nutzlose Notate.* Bochum: Norbert Brockmeyer, 2011, S. 36.

117. Am Anfang sprach Gott das Wort und die Kirche schwieg. Heute spricht die Kirche und Gott schweigt. (2011)
    Josef Schmid, *Einbrüche – Ausbrüche. Ein aphoristischer Leit(d)faden durch Innen- und Außenwelten.* Neckenmarkt: Novum Pro, 2011, S. 71.

118. Am Anfang war die Kuh. (2011)

    Fritz Steinbock, *Am Anfang war die Kuh. Kurze Geschichten von Göttern & Menschen.* Rudolstadt: Ed. Roter Dachs, 2011.

119. Im Anfang war das Wort. (2012)

Iwona Bartoszewicz (Hrsg.), *Im Anfang war das Wort. Linguistische Treffen in Wrocław*. Dresden: Neisse-Verlag, 2012.

120. »Im Anfang war das Wort«
 Wer wollte das behaupten,
 und wer vermöchte das
 mit einem griechischen Wort. (2012)

Elazar Benyoëtz, *Sandkronen. Eine Lesung*. Wien: Braunmüller, 2012, S. 147.

121. Am Anfang war das Wort. Jetzt ist es am Ende. (2012)

Alexander Eilers, *Exorzitien. Aphorismen*. Frernwald: Litblockin, 2012, S. 43.

122. Im Anfang war die Keuschheit. (2012)

Hans-Horst Skupy, *Aphorismen – Trojanische Worte*. Tiefenbach: Edition Töpfl, 2012, S. 18.

123. War »am Anfang – das Wort«; hatte
 mithin Zeit genug zu vergammeln. (2013)

Dietmar Beetz, *Glas-Sarg Burn-out. Haiku und andere Sprüche*. Erfurt: Edition D.B., 2013, S. 110

124. Am Anfang: »das Wort« –
 welch' Hochmut! Weit
 vorher wohl: Schrei, Aufblick, Geknurr'. (2013)

Dietmar Beetz, *Zwischen Hutschnur und Zahnfleisch. Haiku und andere Sprüche*. Erfurt: Edition D.B., 2013, S. 36.

125. Am Anfang – die Tat«? – Auch das –
 bitte! – genauer – und
  nicht nur verbal! (2013)

Dietmar Beetz, *Zwischen Hutschnur und Zahnfleisch. Haiku und andere Sprüche.* Erfurt: Edition D.B., 2013, S. 76.

126. Am Anfang stand der Euro und nicht das Wort. (2013)

Franz Hodjak, *Der, der wir sein möchten, ist schon vergeben. Aphorismen, Nottate & ein Essay.* Fernwald: Litblockin-Verlag, 2013, S. 133.

127. Später einmal wird es heißen:
@m @nfang w@r d@s @. (2013)

Hans-Jürgen Quadbeck-Seeger, *Aphorismen & Zitate über Natur und Wissenschaft.* Weinheim: Wiley-VCH, 2013, S. 11.

128. Im Anfang war der Schock. (1980)

Horst Rademacher, »Im Anfang war der Schock. Wie entstand das Sonnensystem? Computermodelle, Metoriten und ein Flug zum Kometen Halley sollen Aufklärung bringen.« *Die Zeit*, Nr. 36 (5. September 1980), S. 22.

129. Am Anfang war die Presse. (1981)

Marcel H. Keiser, »Am Anfang war die Presse.« *Die Weltwoche*, Nr. 40 (30. September 1981), S. 55.

130. Am Anfang war das Wort. (1991)

Werbung für Hexaglot Taschen-Dolmetscher in *Der Spiegel*, Nr. 43 (21. Oktober 1991), S. 23.

131. Am Anfang war das Wort*
    *Ausländer (1992)

Postkarte, Serie Denk-Zettel (DZ 124), Stephen Jacob 1992. Ich verdanke diesen Beleg meiner Studentin Janet Besserer.

132. Am Anfang war ein rotring. (1996)

Werbung für rotring Mehrfunktionsstift in *Focus*, Nr. 50 (9. Dezember 1996), S. 208.

133. Am Anfang war der Bleistift. (1997)

Werbung für Microsoft in *Die Weltwoche*, Nr. 28 (10. Juli 1997), S. 10-11.

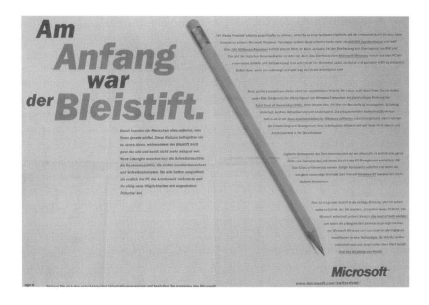

134. Am Anfang war die Angst. (1999)

Heinrich August Winkler, »Am Anfang war die Angst. Andreas Wirsching vergleicht Berlin und Paris: Linker und rechter Extremismus zwischen den beiden Weltkriegen.« *Die Zeit*, Nr. 27 (1. Juli 1999), S. 45.

135. Im Anfang war das Reich. (2000)

Volker Ulrich, »Im Anfang war das Reich. Ein großer Wurf: Der erste Band von Heinrich August Winklers 'Deutscher Geschichte' seit 1789.« *Die Zeit*, Nr. 13 (23. März 2000), S. 21.

136. Im Anfang war eine Frau. (2000)

Volker Ulrich, »Im Anfang war eine Frau. Vom Handwerksbetrieb zum Industriegiganten: Lothar Gall erzählt die legendäre Geschichte vom Aufstieg der Firma Krupp.« *Die Zeit*, Nr. 41 (5. Oktober 2000), S. 65.

137. Am Anfang war die Wut. (2006)

Katja Nicodemus, »Am Anfang war die Wut. Für den Drehbuchautor David Simon ist das Fernsehen Avantgarde. Er schreibt die aufregendste Serie aller Zeiten – für einen privaten TV-Kanal.« *Die Zeit*, Nr. 1 (28. Dezember 2006), S. 38.

138. Am Anfang war die Sonne. (2012)

Evelyn Finger, »Am Anfang war die Sonne. Der deutsche Comic-Zeichner Jens Harder stellt sich die Entstehung des Glaubens vor und sagt, warum ihm ein Maya-Gott besonders gefällt.« *Die Zeit*, Nr. 1 (27. Dezember 2012), S. 56.

V. »Wer nicht arbeitet, soll auch nicht essen«

Und da wir bei euch waren, geboten wir euch solches, daß, so jemand nicht will arbeiten, der soll auch nicht essen. (2. Thessalonicher 3,10)

Reduziert zu dem Sprichwort »Wer nicht arbeitet, soll auch nicht essen«.

1. *Sozialkritik*
   Sie sagen: Wer nicht arbeit't, der soll auch nicht essen, und wissen gar nicht, wen Sie allen mit diesem Ausspruch zum Hungertod verurteilen. (vor 1862)

   Johann Nestroy, *Stich- und Schlagworte*, hrsg. von Reinhard Urbach. Frankfurt am Main: Insel, 1977, S. 136.

2. Wer nicht arbeitet, soll auch nicht essen.
   Wer nicht arbeitet, soll speisen.
   Wer aber gar nichts tut, der darf tafeln. (vor 1905)

   Peter Hille, *Ausgewählte Dichtungen*. Ratingen/Düsseldorf: A. Henn, 1961, S. 42.

3. *Ach, des Armen Morgenstund*
   Ach, des Armen Morgenstund
   Hat für den Reichen Gold im Mund.
   Eines hätt ich fast vergessen:
   Auch wer arbeit', soll nicht essen. (1932)

   Bertolt Brecht, *Gesammelte Werke*, hrsg. von Elisabeth Hauptmann. Frankfurt am Main: Suhrkamp, 1967, Bd. 8, S. 396.

4. »Wer nicht arbeitet, soll auch nicht essen.« Dieser sardistische Grundsatz, der schadenfroh einen traurigen Sachverhalt feststellt, enthält eine der tiefsten Erniedrigungen des Menschen. Er numeriert die metaphysische Wichtigkeit meines Lebens zu ökonomischer Nichtigkeit hinunter. Wie? mein Lebensrecht und mein Lebenswert bestünde in nichts anderem als in Futtererzeugung, die mir einen Anteil am Futter garantiert, physisch und

geistig? Blitzgrell beleuchtet der obige Grundsatz die ganze Armseligkeit der sozialistischen Häresie, die uns Menschen aufs tiefste entwürdigt, obwohl sie unsere Menschenwürde unaufhörlich im Munde führt. (vor 1945)
Franz Werfel, *Zwischen Oben und Unten*. Stockholm: Bermann-Fischer, 1946, S. 232.

5. »Wer nicht arbeitet, soll auch nicht essen.« Dieses Wort macht dem Menschen die Arbeit zur *Pflicht*, und zwar nicht ohne Grund. Dem Menschen fliegen nirgendwo die gebratenen Tauben in den Mund. Der Trieb zur Arbeit ist ihm in die Wiege gelegt. Wenn er seinem Betätigungsdrang nicht nachgehen kann, dann fühlt er sich unbefriedigt, er wird unzufrieden und kommt sich nutzlos vor. Das bedeutet, daß es auch eine *innere* Verpflichtung zur Arbeit gibt.
Arbeit ist also eine *sittliche Pflicht*. Der Schöpfer will, daß die Menschen arbeiten. Darum hat er den Trieb zur Arbeit in die Seele gelegt. Wer nicht arbeitet, entzieht sich dem Auftrag, den er von seinem Schöpfer erhalten hat. (1968)

Gerd Wollschon; in Klaus Budzinski (Hrsg.), *Vorsicht, die Mandoline ist geladen. Deutsches Kabarett seit 1964*. Frankfurt am Main: S. Fischer, 1971, S. 143.

6. »Wer nicht beischläft, soll auch nicht essen.« Dieses Wort macht dem Menschen den Beischlaf zur *Pflicht*, und zwar nicht ohne Grund. Dem Menschen fliegen nirgendwo die gebratenen Tauben in den Mund. Der Trieb zum Beischlaf ist ihm in die Wiege gelegt. Wenn er seinem Betätigungsdrang nicht nachgehen kann, dann fühlt er sich unbefriedigt, er wird unzufrieden und kommt sich nutzlos vor. Das bedeutet, daß es auch eine *innere* Verpflichtung zum Beischlaf gibt.
Beischlaf ist also eine *sittliche Pflicht*. Der Schöpfer will, daß die Menschen beischlafen. Darum hat er den Trieb zum Beischlaf in die Seele gelegt. Wer nicht beischläft, entzieht sich dem Auftrag, den er von seinem Schöpfer erhalten hat. (1968)

Gerd Wollschon; in Klaus Budzinski (Hrsg.), *Vorsicht, die Mandoline ist geladen. Deutsches Kabarett seit 1964*. Frankfurt am Main: S. Fischer, 1971, S. 143.

7. *Wer nicht arbeiten will, der soll auch nicht essen.* – Dieser Spruch aus der Bibel ist ein volkstümlicher Grundsatz. Er müßte lauten: Alle sollen essen und sowenig wie möglich arbeiten. Aber auch das ist noch viel zu allgemein. Die Arbeit zum Oberbegriff menschlicher Betätigung zu machen ist eine asketische Ideologie. Wie harmonisch sieht die Gesellschaft unter diesem Aspekt aus, daß alle ohne Unterschied von Rang und Vermögen – »arbeiten«! Indem die Sozialisten diesen Allgemeinbegriff beibehalten, machen sie sich zu Trägern der kapitalistischen Propaganda. In Wirklichkeit unterscheidet sich die »Arbeit« des Trustdirektors, des kleinen Unternehmers und des ungelernten Arbeiters nicht weniger voneinander als Macht von Sorge und Hunger. Die proletarische Forderung geht auf Reduktion der Arbeit. Sie bezweckt nicht, daß in einer künftigen besseren Gesellschaft einer davon abgehalten werde, sich nach seiner Lust zu betätigen, sondern sie geht darauf aus, die zum Leben der Gesellschaft erforderlichen Verrichtungen zu rationalisieren und gleich zu verteilen. Sie will dem Zwang und nicht der Freiheit, dem Leid und nicht der Lust eine Schranke setzen. In einer vernünftigen Gesellschaft verändert der Begriff der Arbeit seinen Sinn.

»Wer nicht arbeiten will, soll auch nicht essen«, wird aber heute insgeheim gar nicht mehr auf die Zukunft, sondern auf die Gegenwart bezogen. Der Satz verklärt die herrschende Ordnung; er rechtfertigt die Kapitalisten, denn sie arbeiten; er trifft die Ärmsten mit einem Verdammungsurteil, denn sie arbeiten nicht. Der Bourgeoisie gelingt es überall, einen ursprünglich von ihr selbst gefaßten revolutionären, von den Sozialisten in seiner Allgemeinheit festgehaltenen Gedanken mit der reaktionären Moral der herrschenden Klasse zu versöhnen. Aber das Wort zielt auf eine zukünftige Gesellschaft, und die Konsequenz aus ihm für die Gegenwart ist nicht etwa die Heiligung der Arbeit, sondern der Kampf gegen ihre heutige Gestalt. (vor 1969)

Max Horkheimer, *Notizen 1950 bis 1969 und Dämmerung. Notizen in Deutschland*. Frankfurt am Main: S. Fischer, 1974, S. 310-311.

8. Wer nicht arbeiten will, braucht auch nicht nach Essen. (1978)

Werner Mitsch, *Spinnen, die nicht spinnen, spinnen. Sprüche. Nichts als Sprüche*. Stuttgart: Heinz und Margarete Letsch, 1978, S. 91.

9. Wer nicht arbeitet, soll auch nicht essen; die meisten fangen dann an zu trinken. (1979)

Werner Ehrenforth, *Sitzbeschwerden. Aphorismen.* Berlin: Eulenspiegel Verlag, 1979, S. 52.

10. Wer nicht arbeitet, soll wenigstens essen. (1979)

Žarko Petan, *Mit leerem Kopf nickt es sich leichter. Satirische Aphorismen.* Graz: Styria, 1979, S. 10.

11. Wer nicht arbeitet, soll wenigstens gut essen! (1982)

René Hildbrand, *Arbeit macht Spaß! Sprüche, Verse und Reime.* Bern: Benteli, 1982, S. 50.

12. *Kapitaler Grundsatz*
Wer (nicht) arbeitet, soll auch (nicht) essen.
Wer ißt, ist.
Wer ist, muß auch essen –
aber wie ohne Arbeit? (1984)

Heinrich Waegner, *Gespaltenes Deutsch. Grammatische Lyrik zur Gegenwart.* Siegen: Kalliope Verlag, 1984, S. 59.

13. Wer nicht arbeiten will – muß trotzdem essen. (1984)

Siegfried Gloose, *Einfälle – Ausfälle. Aphorismen und verbogene Sprüche.* St. Michael: J.G. Bläschke, 1984, S. 71.

14. Wer nicht arbeitet, soll trotzdem essen. Nur schreiben soll er nicht. (1987)

Nikolaus Cybinski, *Die Unfreiheit hassen wir nun. Wann fangen wir an, die Freiheit zu lieben? Aphorismen.* Freiburg: Klaus Isele, 1987, S. 37.

15. »Wer nicht arbeitet, soll auch nicht essen!« Ihr Kinder, seid auf der Hut! (1989)

Günter Rizy, *Weissglutfunken. Aphorismen.* Frankfurt am Main: Rita G. Fischer, 1989, S. 7.

16. Wer nicht arbeitet, will wenigstens gut essen. (2006)

Marco Fechner, *Nerv-Deutsch, Deutsch-Nerv. Blöde Sprüche, dumme Floskeln – alles, was wir nicht mehr hören wollen.* Leipzig: Neuer Europa Verlag, 2006, S. 117.

VI. »Auge um Auge, Zahn um Zahn«

Auge um Auge, Zahn um Zahn, Hand um Hand, Fuß um Fuß. (2. Mose 21,24)
Schade um Schade, Auge um Auge, Zahn um Zahn: wie er hat einen Menschen verletzt, so soll man ihm wieder tun. (3. Mose 24,20)
Ihr habt gehört, daß da gesagt ist: »*Auge um Auge, Zahn um Zahn.*« (Matthäus 5,38)

1. Solange das Tier noch gegessen wird, solange wird es seinen Esser auch besitzen. Aug' um Auge, Zahn um Zahn. Oder glaubt man wirklich, es sei keine Beziehung zwischen der Dummheit des Kalbes, der Kuh, des Ochsen und der ihrer Verzehrer, es übertrage der Hammel, das Schwein, der Fisch usw. nicht ganz besondere psychische Hemmungen oder Reize? (vor 1914)
Christian Morgenstern, *Gesammelte Werke in einem Band*, hrsg. von Margareta Morgenstern. München: Piper, 1965, S. 457.

2. *[Der Aufbruch der Phrase zur Tat]*
Wenn diese Politiker [die Nationalsozialisten] der Gewalt davon sprechen, daß dem Gegner »das Messer an die Kehle zu setzen«, »der Mund zu stopfen« sei, oder »die Faust zu zeigen«; wenn sie überall »mit harter Faust durchgreifen« wollen oder mit »Aktionen auf eigene Faust« drohen: so bleibt nur erstaunlich, daß sie noch Redensarten gebrauchen, die sie nicht mehr machen. Die Regierung, die »mit aller Brutalität jeden niederschlagen will, der sich ihr entgegenstellt« – tut es. »Ausstoßen aus der Deutschen Arbeitsfront« läßt das Brachium erkennen, mit dem deren Machthaber an einer Kehlkopfverletzung beteiligt war; und vollends erfolgt die Absage an das Bildliche in dem Versprechen eines Staatspräsidenten:
Wir sagen nicht: Auge um Auge, Zahn um Zahn, nein, wer uns ein Auge ausschlägt, dem werden wir den Kopf abschlagen, und wer uns einen Zahn ausschlägt, dem werden wir den Kiefer einschlagen.
Es geschieht aber auch ohne die Vorbedingung. Und diese Revindikation des Phraseninhalts geht durch alle Wendungen, in denen ein ursprünglich blutiger oder handgreiflicher Inhalt sich längst zum Sinn einer geistigen Offensive abgeklärt hat. [...] In allen Gebieten sozialer und kultureller Erneuerung gewahren wir diesen Aufbruch der Phrase zur Tat. (1933)

Karl Kraus, *Die dritte Walpurgisnacht*, hrsg. von Heinrich Fischer. München: Kösel, 1952, S. 122-123.

3. Wir sind uns dabei im klaren darüber, daß der Krieg nur damit enden kann, daß entweder die arischen Völker ausgerottet werden, oder daß das Judentum aus Europa verschwindet. Ich habe am 1. September 1939 [eigentlich schon am 30. Januar 1939] im Deutschen Reichstag es schon ausgesprochen [...], daß das Ergebnis dieses Krieges die Vernichtung des Judentums sein wird. Zum erstenmal wird diesmal das echt altjüdische Gesetz angewendet: »Aug' um Aug', Zahn um Zahn!« (30. Januar 1942)

Adolf Hitler; in Max Domarus, *Hitler. Reden und Proklamationen*. Neustadt a.d. Aisch: Schmidt, 1962, Bd. 2, S. 1828-1829. Zu diesem und dem vorhergehenden Beleg vgl. Wolfgang Mieder, *»In lingua veritas«. Sprichwörtliche Rhetorik in Victor Klemperers »Tagebüchern 1933-1945«*. Wien: Edition Praesens, 2000, S. 53-55.

4. Auge um Auge, Zahn um Zahn – Geschenk um Geschenk! (1947)

Charles Tschopp, *Neue Aphorismen*. Zürich: Schweizer Spiegel Verlag, 1947, S. 13.

5. Glasauge um Glasauge, Stiftzahn um Stiftzahn! (vor 1950)

Erwin Chargaff, *Bemerkungen*. Stuttgart: Klett-Cotta, 1981, S. 19.

6. Cäsar wird immer wieder über Christus siegen, wie er einst in Jerusalem über Christus gesiegt hat. Immer wieder wird man rufen: Auge um Auge, Zahn um Zahn! Und wenn Christus wiederkäme, auch dann würde sich nichts ändern – man würde ihn abermals ans Kreuz schlagen und alles würde bleiben, wie es ist. Nicht das ganz Andere, sondern immer wieder das Gleiche kommt und wird auf dieser Welt ewig kommen. (vor 1962)

Gertrud von Le Fort, *Aphorismen*. München: Franz Ehrenwirth, 1962, S. 80.

7. Die primitive Gerechtigkeit als Objekt des Tauschhandels (»Auge um Auge, Zahn um Zahn«) ist mit der Zeit zur raffinierten Gerechtigkeit als Objekt der Kaufkraft avanciert. (vor 1966)

Stanisław Jerzy Lec, *Letzte unfrisierte Gedanken. Aphorismen.* München: Carl Hanser, 1968, S. 48.

8. »Auge um Auge, Zahn um Zahn.«
Das ist wenig subtil. *Schmerz um Schmerz!* Man mache den Schmerz meßbar. (1969)

Walter Hilsbecher, *Sporaden. Aufzeichnungen aus zwanzig Jahren.* Stuttgart: Klett, 1969, S. 26.

9. Auge um Auge
Gran um Gran,
Wahn um Wahn. (1977)

Heinrich Schröter, *Ha, welche Lust Zitat zu sein! Spruchbuch zum Fortschreiben.* München: Gauke, 1977, S. 8.

10. *Don't kill*
Auge um Augapfel,
Zahn um Zahn.
Aber zum Sehen,
zum Beißen –
nicht ins Gras. (1978)

Arnfrid Astel, *Neues (& altes) vom Rechtsstaat & von mir. Alle Epigramme.* Frankfurt am Main: Zweitausendeins, 1978, S. 163.

11. statistiker:
auge um auge
zahl um zahl. (1979)

Volker Erhardt, »*Auch der Kannibale schätzt den Menschen am höchsten*«. *Aphorismen.* Köln: Satire Verlag, 1979, S. 117.

12. Auge um Auge, Schah um Schah. (1979)

    Werner Mitsch, *Fische, die bellen, beißen nicht. Sprüche. Nichts als Sprüche.* Stuttgart: Heinz und Margarete Letsch, 1979, S. 93.

13. Oktoberfest: Auge um Auge – Krug um Krug. (1982)

    Werner Mitsch, *Bienen, die nur wohnen, heißen Drohnen. Sprüche. Nichts als Sprüche.* Stuttgart: Heinz und Margarte Letsch, 1982, S. 108.

14. Auge um Auge. Oder: Ich und du, wir schlagen zu. Dann hat die arme Seele Ruh. (1983)

    Werner Mitsch, *Das Schwazre unterm Fingernagel. Sprüche. Nichts als Sprüche.* Stuttgart: Heinz und Margarete Letsch, 1982, S. 49.

15. *bei nah*
    aug an aug
    und
    zahn zu zahn (1984)

    Max Gruber, *Sätzchen.* St. Michael: J.G. Bläschke, 1984, S. 33.

16. Auge um Auge, Zahnersatz um Zahnersatz. (1986)

    Andreas Bender, *Gelegenheit macht Liebe. Sprichwörter, Redensarten und Zitate verdreht und auf die seichte Schulter genommen.* Frankfurt am Main: Eichborn, 1986, ohne Seitenangabe.

17. Suchte ich nicht nur nach Vorwänden, jene vielleicht doch nicht eigenschaftslosen jungen Männer aus meinem Mitgefühl auszustoßen, weil sie mich aus dem ihren ausgestoßen hatten? Wie du mir, so ich dir. Auge um Auge, Zahn um Zahn. (1993)

    Christa Wolf, *Was bleibt. Erzählung.* Hamburg: Luchterhand, 1993, S.62.

18. Im Religionsunterricht erfuhren wir, was das war: Juden. Sie waren nicht katholisch und nicht evangelisch, aber auch keine Heiden. Ihr Gott war irgendwie mit dem unseren verwandt, eine Art Großvater. Jedenfalls war er älter und strenger. »Auge um Auge«, sagte er, und »Zahn um Zahn«. (2001)

    Ulla Hahn, *Das verborgene Wort. Roman.* Stuttgart: Deutsche Verlags-Anstalt, 2001, S. 99.

19. »Aug' um Auge« – das wären zwei; bis aber Schluß ist bei »Zahn um Zahn« ... (2003)

    Dietmar Beetz, *Humani-tätärätä. Haiku und andere freche Sprüche.* Erfurt: Edition D.B., 2003, S. 68.

20. Aug' um Auge, Zahn um Zahn! Das Unrecht freut sich riesig, die Gerechtigkleit endlich als blinde, gebisslose Alte zu erleben. (2003).

    Nikolaus Cybinski, *Der vorletzte Stand der Dinge. Aphorismen.* Lörrach: Waldemar Lutz, 2003, S. 99.

21. Auge um Auge, Wort für Wort. (2004)

    Helga Schäferling; in Helmut Peters und Helga Schäferling, *Denken zwischen Gedanken – nicht ohne Hintergedanken.* Oberhausen: Athena, 2004, S. 38.

22. *Auge um Auge!*
    Was aber passiert, wenn kein Auge mehr da ist? (2006)

    Helgard Michalek, *Mit spitzer Feder aufgepickt. Aphorismen.* Frankfurt am Main: Edition Fischer, 2006, S. 78.

23. Auge um Auge, Zahn um Zahn
    huldigt er dem Verfolgerwahn.
    Viel schwerer ist es dann im Leben,
    gilt es etwas zu vergeben. (2011)

Klaus D. Koch, *Geist ist geil. Aphorismen und Miniaturen*. Bremen: Edition Temmen, 2011, S. 35.

24. Krieg der Fernsehwelten: Auge um Auge, Wahn um Wahn. (2013)

Rudolf Kamp, *Sprüchewirbel. Aphorismen*. Bochum: Norbert Brockmeyer, 2013, S. 42.

25. Zahn um Zahn. (1964)

Karikatur in *Simplicissimus*, Nr. 9 (25. April 1964), S. 127.

26. Auge um Auge. (1972)

Werbung für Max Factor Kosmetik in *Frau* (31. März 1972), S. 35.

27. »Auge um Auge, Zahn um Zahn!« (1983)

Witzbildfolge in *Nebelspalter*, Nr. 20 (17. Mai 1983), S. 8.

28. »Auge um Auge – macht alle blind.« (2001)

Verschiedene Leserbriefe, »Auge um Auge – macht alle blind. Die Anschläge in den USA, die Reaktionen der Welt.« *Die Zeit*, Nr. 40 (27. September 2001), S. 17.

VII. »Unser täglich Brot gib uns heute«

Unser täglich Brot gib uns heute. (Matthäus 6,11)

Gib uns unser täglich Brot immerdar. (Luke 11,3)

Sprichwörtlich gewordene vierte Bitte aus dem Vaterunser-Gebet (Matthäus 6,9-13; Luke 11,2-4)

1. Unsere tägliche Selbsttäuschung gib uns heute. (1875)

   Wilhelm Raabe, *Zitate aus seinen Werken und Notizbüchern für Leute von heute*, hrsg. von den Kleidersellern (Ingo Beck, Horst Blüm, Dieter Kraushar und Detlef Seydel). Sickte: Hötzumer Bücherhof, 2010, S. 33.

2. Unseren täglichen Mord gib uns heute.
   (Gebet eines Journalisten). (1979)

   Werner Mitsch, *Fische, die bellen, beißen nicht. Sprüche. Nichts als Sprüche.* Stuttgart: Heinz und Margarete Letsch, 1979, S. 67.

3. Unser täglich Benzin ... (1980)

   Aloys Behler, »Unser täglich Benzin ... Der Mineralölpreis steigt und steigt.« *Die Zeit*, Nr. 48 (28. November 1980), S. 20.

4. unser vater
   [...]
   unser tägliches brot
   gib uns heute
   damit wir nicht nur
   für brot uns abrackern müssen
   damit wir nicht
   von brotgebern erpresst werden können
   damit wir nicht

aus brotangst gefügig werden.
[...]. (1980)

Kurt Marti, *Abendland. Gedichte.* Darmstadt: Luchterhand, 1980, S. 51.

5. *Phonotheismus*
Die Tonkunst ist ein mächtiger Magnet.
Musik begeistert alle jungen Leute.
»Frau Musica«, ertönt ihr Stoßgebet,
»unser diskotheklich Brot gib uns heute!« (1980)

Hansgeorg Stengel, *Mit Stengelsgeduld. Epigramme.* Berlin: Eulenspiegel Verlag, 1980, S. 12.

6. Gebet des Alkoholikers: Unser flüssiges Brot gib uns heute. (1980)

Gerhard Uhlenbruck, *Frust-Rationen. Aphorismen.* Aachen: Stippak, 1980, S. 94.

7. Unsere tägliche Bild-Zeitung vergib uns heute!   (1984)

Heinrich Schröter, *Worte wie Wahrzeichen. Hauptsätze zu Hauptthemen und Hauptsachen.* Wiesbaden: Retörsch, 1984, ohne Seitenangabe.

8. *Unser täglich brot gib uns heute*
Unser täglich brot gib uns heute
und die gute meldung für den kopf
der an der lüge erstickt

Als ronald reagan im juni 84 nach irland kam
hat ihn der bischof von galway nicht willkommen geheißen
wegen der menschen in el salvador
könne er nicht am empfang teilnehmen
als reagan sich zum ehrendoktor machen ließ
gaben drei professoren ihre doktorhüte zurück
sie wollten nichts mit ihm gemein haben
und im halbleeren festsaal der universität
mußten die agenten der cia die fehlenden gäste spielen

Unser täglich brot gib uns heute
in den zeiten der hungersnot
ein stück wahrheit. (1984)

Dorothee Sölle, *Verrückt nach Licht. Gedichte.* Berlin: Fietkau, 1984, S. 34.

9. Man lasse uns unser tägliches Auto. Brot allein ist einfach zu langsam. (1987)

Felix Renner, *Vorwiegend Unversöhnliches an kurzer Leine. Aphorismen.* Basel: Cornfeld, 1987, S. 74.

10. Unser tägliches Brot
gib uns heute,
bitte,
vergiß auch die
anderen nicht. (1990)

Hanne Hurst-Dützer, *Suche und finde Spuren. Zitate, Gedichte und Kurzgeschichten.* Bad Säckingen: Selbstverlag, 1990, S. 5.

11. Unsere täglich Pillen gib uns heute ... (1992)

Heinrich Korte, *Unsere täglich Pillen gib uns heute ... Humor ist doch die beste Medizin.* München: Claudius, 1992.

12. Ihr tägliches Brot, das du ihnen gestern nicht gabst und auch nicht vorgestern, gib ihnen nicht morgen und nicht übermorgen, sondern heute ... (1993)

Arthur Feldmann, *Kurznachrichten aus der Mördergrube oder Die große Modeschau der nackten Könige.* München: edition scaneg, 1993, S. 48.

13. Und gibst du ihnen ihr tägliches Brot, so fordern sie gleich ihre tägliche Butter ... (1993)

Arthur Feldmann, *Kurznachrichten aus der Mördergrube oder Die große Modeschau der nackten Könige*. München: edition scaneg, 1993, S. 67.

14. »Unser tägliches Brot gib uns heute«, – aber wehe, es bleibt dabei! (2002)

Harald Wiesendanger, *Auf kurz oder lang. Aphorismen, Anekdoten, Analysen, Anarchismen über Gott und die Welt*. Schönbrunn: Lea Verlag, 2002, S. 78.

15. Gib uns unseren täglichen Hunger, und dann erst unser tägliches Brot ... Mit etwas weniger Kalorien ... (2003)

Arthur Feldmann, *Spiegelungen oder Nachdenkliche Betrachtungen eines Herbstblatts über das bunte Treiben der Welt. Gesammelte Mikroprosa.* Köln: Tatjana Lehmann, 2003, S. 149.

16. Auch wohlhabende Menschen beten:
Unser täglich Kaviar gib uns heute! (2004)

Werner Hauke, *Der Kopf im Zenit. Aphorismen*. Berlin: Frieling, 2004, S. 45.

17. Unser täglich Brötchen gib uns heute ... (2006)

Rudi Czerwenka, *Unser täglich Brötchen gib uns heute ... Der Clasen-Clan.* Rostock: Verlag BS, 2006.

18. *Unser täglich Brot*
»Herr schütz' vor Armut uns und Not,
Herr gib uns unser täglich Brot.
Gib volles Korn und Deinen Segen,
gib Brot auf allen uns'ren Wegen«.

So ist das Brot seit alter Zeit
viel mehr als eine Köstlichkeit.
Symbol des Lebens ist das Brot
oft Richter über Sein und Tod.

[...] (vor 2007)

Christine Zickmann; in Theo Czernik (Hrsg.), *Lyrik heute. Eine Auswahl neuer deutscher Lyrik*. Hockenheim: Edition L, 2007, S. 77.

19. Unser tägliches Brot gib uns heute, mit etwas weniger Kalorien ... (2009)

Arthur Feldmann, *Siamesische Zwillinge. Gesammelte Miniprosa*. Köln: Tatjana Lehmann, 2009, S. 42.

20. Deinen täglichen Zweifel gib dir heute. (2009)

Gerd Künzel, *Wieder und wider. Sprüche*. Dresden: Sandstein, 2009, S. 49.

21. Die Menschen haben aufgehört zu beten, als ihnen die Bitte um das tägliche Brot zu minder geworden war. Es muss da schon auch noch etwas Gutes draufkommen. (2012)

Martha Willinger, *Wer Vieles bringt, wird Manchem etwas bringen. Neue und alte Aphorismen*. Gösing/Wagram: Ed. Weinviertel, 2012, S. 30.

22. »... unseren täglichen Sprit gib uns heute.« (1979)

Karikatur von Horst Haitzinger in *Nebelspalter*, Nr. 44 (30. Oktober 1979), S. 43. Auch in Horst Haitzinger, *Denkzettel*. München: Wilhelm Heyne, 1981, ohne Seitenangabe.

«... *unseren täglichen Sprit gib uns heute.*»

23. Unsern täglichen Rekord gib uns heute. (1984)

Claudius Babst, »Unsern täglichen Rekord gib uns heute. Sportliche Höchstleistung als Fetisch oder Die wahre Form der Selbstverwirklichung.« *Die Weltwoche*, Nr. 24 (14. Juni 1984), S. 37.

24. »Does our daily bread mean crusts, too?« (1986)

Witzzeichnung in *The Burlington Free Press* (22. November 1986), S. 10A.

25. Gib uns, Prinz, auch heute unser tägliches Gnadenbrot. (1995)

Roy P. Spring, »Gib uns Prinz, auch heute unser tägliches Gnadenbrot. Wenn die Royals in Klosters Winterurlaub machen, muss eine halbe Hundertschaft 'Ratten' gnadenlos frieren.« *Die Weltwoche*, Nr. 2 (12. Januar 1995), S. 56.

26. Our Daily Bread. (2008)

Nikolaus Piper, »Our Daily Bread. We better get used to higher food prices. They will be with us for years to come.« *The Atlantic Times. A Monthly Newspaper From Germany*, Nr. 5 (Mai 2008), S. 1.

27. Unser täglich Wasser. (2009)

Frank Drieschner, »Unser täglich Wasser. Wie Kaffeetrinken Durst erzeugt, warum niemand Krieg um Wasser führt – und auf welche Weise trockene Länder sich selbst helfen können.« *Die Zeit*, Nr. 30 (16. Juli 2009), S. 5.

VIII. »Jemandem ein Dorn im Auge sein«

Werdet ihr aber die Einwohner des Landes nicht vertreiben vor eurem Angesicht, so werden euch die, so ihr überbleiben laßt, zu Dornen werden in euren Augen und zu Stacheln in euren Seiten und werden euch drängen in dem Lande, darin ihr wohnet. (4. Mose 33,55)

So wisset, daß der Herr, euer Gott, wird nicht mehr alle diese Völker vor euch vertreiben; sondern sie werden euch zum Strick und Netz und zur Geißel in euren Seiten werden und zum Stachel in euren Augen, bis daß er euch umbringe hinweg von dem guten Lande, das euch der Herr, euer Gott, gegeben hat. (Josua 23,13)

Die geläufige Redensart »Jemandem ein Dorn im Auge sein« geht auf diese Bibelverse zurück. Vgl. hierzu Terence Y. Mullins, »Paul's 'Thorn in the Flesh',« *Journal of Biblical Literature,* 76 (1957), S. 299-303; Natan Lindqvist, »Hornet i sidan och pålen i köttet. Kring en grupp svenska talesätt ['Ein Dorn im Auge sein'],« *Nysvenska studier,* 39 (1959-1960), S. 38-67; und Elisabeth Piirainen, »The Bible as Source of Common Figurative Units,« in *Parémiologie. Proverbes et formes voisines,* hrsg. von Jean-Michel Benayoun, Natalie Kübler und Jean-Philippe Zouogbo (Sainte Gemme: Presses Universitaires de Sainte Gemme, 2013), Bd. 3, S, 127-142 («Ein Dorn im Auge sein«, S. 135-138).

1. die apo ist ein dorn im auge des gesetzes, der scheints nur, unter zwinkern, zu krokodilstränen reizt. (1971)

Bert Berkensträter, *Zungen-Schläge*. Berlin: Wolfgang Fietkau, 1971, S. 6.

2. Heute ein Dorn im Auge. Morgen vielleicht ein Rosenstrauch im Garten. (1971)

Hans Leopold Davi, *Distel- und Mistelworte*. Zürich: Pendo, 1971, ohne Seitenangabe.

3. *Wandlung*
    Wir kamen heim
    ohne Rosen
    sie blieben im Ausland

Unser Garten liegt
begraben im Friedhof.

Es hat sich
vieles in vieles
verwandelt.

Wir sind Dornen geworden
in fremden Augen. (1975)

Rose Ausländer, *Hügel aus Äther unwiderruflich. Gedichte und Prosa 1966-1975*, hrsg. von Helmut Braun. Frankfurt am Main: S. Fischer, 1984, S. 218.

4. Einem Pessimisten sind Rosen ein Dorn im Auge. (1978)

Werner Mitsch, *Spinnen, die nicht spinnen, spinnen. Sprüche. Nichts als Sprüche.* Stuttgart: Heinz und Margarete Letsch, 1978, S. 11.

5. *Randbemerkung*
Manchem Chef
ist die Betriebsblindheit
seiner Mitarbeiter
ein Dorn im Auge. (1981)

Anonym in *Nebelspalter*, Nr. 13 (31. März 1981), S. 52.

6. Meine *Neurose* ist mir ein Dorn im Auge. (1982)

Gerhard Uhlenbruck, *Medizinische Aphorismen*. Heidelberg: Verlag Jungjohann, 1982, S. 43.

7. Lieber 'ne Brille auf der Nase als ein Dorn im Auge. (1983)

Karl Heinz Rauchberger und Ulf Harten (Hrsg.), *»Club-Sprüche«. Eingesandt von Hörern der NDR-Jugendsendung »Der Club«*. Hamburg: Verlag Hanseatische Edition, 1983, S. 19. Auch in Anne Grimmer (Hrsg.), *1000 coole Schülersprüche*. Bindlach: Loewe, 2000, S. 179 (statt 'ne jedoch eine).

8. Lieber 'ne Brille auf der Nase als dem Lehrer ein Dorn im Auge. (1984)

Christian Roman (Hrsg.), *Lieber 'ne Sechs, als überhaupt keine persönliche Note. Schüler-Sprüche No. 1.* Frankfurt am Main: Eichborn, 1984, ohne Seitenangabe.

9. Der Rosenkrieg: Ein Dorn im Auge aller, die sich scheiden lassen. (1998)

Gerhard Uhlenbruck, »Spagat mit Sprüchen: Mentale Medizin gegen miese Mentalität,« in *Almanach deutschsprachiger Schriftsteller-Ärzte 98*, hrsg. von Jürgen Schwalm. Marquartstein: Manstedt, 1998, S. 422.

10. Rosenmontag: Den Nichtkölnern kein Dorn im Auge, weil sie dann frei haben. (2001)

Gerhard Uhlenbruck, *Worthülsenfrüchte oder Ein Körnchen Wahrheit für alle Tage. Ein Kalenderbuch für 2002*. Köln: Ralf Reglin, 2001 (11. Februar).

11. Bestechlichkeit stachelt an, ist aber ein Dorn im Auge des Gesetzes. (2011)

Gerhard Uhlenbruck, *Sprüche. Gedankensprünge von Mensch zu Mensch*. Bochum: Norbert Brockmeyer, 2011, S. 81.

12. Die Neurose mancher Patienten ist dem Arzt ein Dorn im Auge. (2012)

Gerhard Uhlenbruck, »Was dem Geh-Hirn Beine macht: Gedanken über das Schreiben von Gedanken,« in *Almanach deutschsprachiger Schriftsteller-Ärzte 2013*, hrsg. von Dietrich Weller. Filderstadt: W.W. Weinmann, 2012, S. 563.

13. Ein Psychiater ist zwar kein Neurosenkavalier, aber er ist manchen Ärzten ein Dorn im Auge. (2012)

Gerhard Uhlenbruck, *Kopfnüsse – nichts für weiche Birnen*. Köln: Ralf Reglin, 2012, S. 39.

14. »Der Dorn im Auge der Schwarzen« (1872)

Zeichnung von Wilhelm Scholz in *Bismarck-Album des Kladderadatsch*. Berlin: A. Hofmann, 1890, S. 68 (Canossa-Legende Bismarck).

15. Die Mauer ist ein Dorn in the Side of Deutschland. (vor 1988)

Graffito an der Berliner Mauer; Mary Beth Stein, der ich für diesen Beleg danke, hat den Spruch im Jahre 1988 photographiert.

IX. »Die Ersten werden die Letzten sein«

Aber viele, die da sind die Ersten, werden die Letzten, und die Letzten werden die Ersten sein. (Matthäus 19,30)

Also werden die Letzten die Ersten und die Ersten die Letzten sein. Denn viele sind berufen, aber wenige sind auserwählt. (Matthäus 20,16)

Viele aber werden die Letzten sein, die die Ersten sind, und die Ersten sein, die die Letzten sind. (Markus 10,31)

Und siehe, es sind Letzte, die werden die Ersten sein, und sind Erste, die werden die Letzten sein. (Lukas 13,30)

Es ist die erste Formulierung aus dem Matthäus-Evangelium, die sich als Bibelsprichwort durchgesetzt hat. Es wird entweder vollständig zitiert, oder es kommt lediglich die eine oder andere Hälfte zu Wort. Vgl. hierzu Frank C. Porter,»The Sayings of Jesus about the First and the Last ['The first shall be the last'],« *Journal of Biblical Literature*, 25 (1906), S. 97-110.

1. Z-A
   gibt es nicht. Die Letzten werden nie die Ersten sein. (1967)

   Ludwig Marcuse, *Argumente und Rezepte. Ein Wörterbuch für Zeitgenossen*. Zürich: Diogenes, 1973, S. 154.

2. *Die Unterschlagung der Person*
   im Vordergrund ist deutlich zu erkennen
   Die letzten
   werden nie die ersten sein: So
   Der Neue Verkünder.

   Und weil er nur im Flüsterton sprach
   hat niemand ihn gehört.

   Und also galt die übliche Lehre.

   Alt und kurz vorm Tod

IX. »Die Ersten werden die Letzten sein«

flüsterte er Ich habs ja gesagt
die Prophezeiung sie wurde
wahr an Mir
Narr

Ich – letzter unter vielen letzten –
wurde und werde kein Erster.
Zu leise selbst für Jünger.

Ich
bin der Messias
der keiner war. (1982)

Henning Grunwald, *Der Narr wirds schon reimen. Gedichte.* Stuttgart: Klett-Cotta, 1982, S. 13.

3. *Die Letzten würden die Ersten sein,*
ist eine unbewiesene Behauptung. Aber dass die Linksseitigen
Rechtsseitige und die Rechtsseitigen
Linksseitige werden – sobald sie die Strasse überquert und
die Füsse in gleicher Perspektive wieder voreinander
gesetzt haben –,
ist unwiderlegbar. (1983)

Albert Ehrismann, »Gegen Ende des 2. Jahrtausends.« *Nebelspalter*, Nr. 14 (5. April 1983), S. 32.

4. Die Ersten werden die Letzten sein –
die Letzten die Vorletzten. (1983)

Žarko Petan, *Vor uns die Sintflut. Aphorismen. Ein immerwährendes Kalendarium.* Graz: Styria, 1983 (38. Woche).

5. Die Ersten
heißt es
werden
die Zweiten sein
die Vorletzen also die

Letzten
die Allerlezten
lachen im Bunker. (1986)

Werner Dürrson, *Blochaden. Sprüche und Zusprüche.* Düsseldorf: Eremiten-Presse, 1986, ohne Seitenangabe (Sprüche VI, Nr. 12).

6. Die Letzten werden die Ersten sein. Wäre es nicht sinnvoller, die Ersten würden die Letzten? (1987)

Nikolaus Cybinski, *Die Unfreiheit hassen wir nun. Wann fangen wir an, die Freiheit zu lieben? Aphorismen.* Freiburg: Klaus Isele, 1987, S. 54.

7. In der Sackgasse: die Letzten werden die Ersten sein! (vor 1989)

Wolfgang Mocker; in Gabriele Berthel (Hrsg.), *Kurz und mündig. Aphorismen.* Rudolstadt: Greifenverlag, 1989, S. 206.

8. Wenn ich den Bibel-Psalm »Die Letzten werden die Ersten sein« auf unser irdisches Dasein beziehe, so verstehe ich ihn in der realen Bedeutung des Wortes: Die Letzten sind die Ersten, die die Übel des Lebens zu spüren bekommen. Im übrigen können wir nur auf die Gerechtigkeit Gottes hoffen, und die wird uns erst im jenseitigen Leben zuteil werden. (1992)

Wolfgang Meyer, *Sprüche und Gedichte. Aphorismen.* Berlin: Frieling, 1997, S. 37.

9. Die Stadt wurde von Christen bombardiert – sie nehmen, wie jeder weiß, das Leben in Schutz – und zwar so gründlich, daß die ersten Stockwerke die letzten waren, die letzten aber die ersten. (1993)

Arthur Feldmann, *Kurznachrichten aus der Mördergrube oder Die große Modeschau der nackten Könige.* München: edition scaneg, 1993, S. 70.

10. Die Sonne ist hier nur ein Schein.
    Zeit ist es zu verreisen.
    Die letzten werden die ersten sein,
    die die Hunde beißen. (1997)

    Klaus D. Koch, *Klitzekleine Stolpersteine. Epigramme und lose Sprüche*. Bremen: Edition Temmen, 1997, S. 58. Die beiden letzten Zeilen für sich auch in Klaus D. Koch, *Verhexte Texte – verzauberte Worte. Gedichte und Aphorismen*. Bremen: Edition Temmen, 2001, ohne Seitenangabe.

11. Die letzten Worte können auch die ersten sein, oft ist das Ende ein Beginn. (2002)

    Joachim Grünhagen, »Aphorismen.« *Wegwarten*, 40, Heft 155 (2002), S. 18.

12. Die ersten werden die letzten sein.
    Was in ist, ist bereits out. (2005)

    Alexander Eilers, *Aber-Witz. Ausgewählte Aphorismen*. Kaarst: exposé-eBooks, 2005, S. 23.

13. Die Ersten werden die Letzten sein und die Letzten die Letzten bleiben. (2006)

    Michael Richter, *Widersprüche. 1000 neue Aphorismen*. Halle: Mitteldeutscher Verlag, 2006, S. 74.

14. »Die Letzten werden die Ersten sein!«
    Bei gleicher Qualifikation werden Frauen bevorzugt. (2010)

    Hermann Rosenkranz, *Keine Zeile ohne meinen Anwalt. Sprüche, nichts als Sprüche*. Bochum: Norbert Brockmeyer, 2010, S. 40.

15. Die Schlauen werden die Ersten sein. (1980)

Werbung für Schwäbisch Hall Bausparkasse in *Bunte*, Nr. 43 (16. Oktober 1980), S. 221.

16. Die Ersten werden die Ersten sein. (2003)

Werbung für *Financial Times Deutschland* in *Stern*, Nr. 22 (22. Mai 2003), S. 83.

X. »Liebet eure Feinde«

Ich aber sage euch: Liebet eure Feinde; segnet, die euch fluchen; tut wohl denen, die euch hassen; bittet für die, so euch beleidigen und verfolgen. (Matthäus 5,44)

Vielmehr liebet eure Feinde; tut wohl und leihet, daß ihr nichts dafür hoffet, so wird euer Lohn groß sein, und ihr werdet Kinder des Allerhöchsten sein; denn er ist gütig über die Undankbaren und Bösen. (Lukas 6,35)

1. Wir brauchen unsere Feinde noch gar nicht zu lieben, wir brauchen es nur zu glauben, dass wir sie lieben – das ist die Feinheit des Christentums, und erklärt seinen populären Erfolg. (1878)

   Friedrich Nietzsche, *Kritische Studienausgabe in 15 Bänden*, hrsg. von Giorgio Colli und Mazzino Montinari. München: Deutscher Taschenbuch Verlag, 1999, Bd. 8, S. 516.

2. Nichts ist unverständiger als eine Übertreibung an [als?] Moral hinzustellen (z.B. liebet eure Feinde): damit hat man die Vernunft aus der Moral herausgetrieben ... die Natur aus der Moral. (1887)

   Friedrich Nietzsche, *Kritische Studienausgabe in 15 Bänden*, hrsg. von Giorgio Colli und Mazzino Montinari. München: Deutscher Taschenbuch Verlag, 1999, Bd. 12, S. 346.

3. Unsre Feinde sollen wir lieben? ... O, wären wir erst so weit, daß wir unsre Freunde liebten! (1907)

   Otto Weiß, *So seid Ihr! Aphorismen*. Stuttgart: Deutsche Verlags-Anstalt, 1907, S. 96.

4. Reine Formalität.
   »Liebe deine Feinde« – das sagt uns nichts mehr. Wir sagen: »Hasse deine Feinde!«
   Mit der Liebe kommt man in den Himmel, mit dem Haß werden wir weiterkommen –

Denn wir brauchen keine himmlische Ewigkeit mehr, seit wir wissen, daß der einzelne nichts zählt – er wird erst etwas in Reih und Glied. Für uns gibts nur eine Ewigkeit: das Leben unseres Volkes. Und nur eine himmlische Pflicht: für das Leben unseres Volkes zu sterben. Alles andere ist überlebt. (1938!)

Ödön von Horváth, *Ein Kind unserer Zeit. Roman.* Frankfurt am Main: Suhrkamp, 1985, S. 23.

5. *Why should we love our enemies?* The first reason is fairly obvious. Returning hate for hate multiplies hate, adding deeper darkness to a night already devoid of stars. Darkness cannot drive out darkness; only light can do that. Hate cannot drive out hate; only love can do that. Hate multiplies hate, violence multiplies violence, and toughness multiplies toughness in a descending spiral of destruction. So when Jesus says »Love your enemies«, he is setting forth a profound and ultimately inescapable admonition. Have we not come to such an impasse in the modern world that we must love our enemies – or else? The chain reaction of evil – hate begetting hate, wars producing more wars – must be broken, or we shall be plunged into the dark abyss of annihilation. (1963)

Martin Luther King, *Strength to Love.* New York: Harper & Row, 1963, S. 37.

6. »Liebet eure Feinde!« – Niemand hat sich diesen Spruch so sehr zu Herzen genommen wie das Schaf. Mütterlich kaut es dem Wolf, der kein Gemüse mag, das Gras vor, macht daraus ein zartes Fleischgericht und trägt es dem Feind in eigener Person, als letztes Abendmahl, auf. (1993)

Arthur Feldmann, *Kurznachrichten aus der Mördergrube oder Die große Modeschau der nackten Könige.* München: edition scaneg, 1993, S. 64.

7. Liebe deine Feinde – aber posthum. (1997)

Gerhard Uhlenbruck, *Wieder Sprüche zu Widersprüchen. Satzweise sogar weise Sätze.* Köln: Ralf Reglin, 1997, S. 48.

8. Liebet eure Feinde, denn sie bringen viel Ehr'. (1999)

    Ulrich Erckenbrecht, *Divertimenti. Wortspiele, Sprachspiele, Gedankenspiele*. Göttingen: Muriverlag, 1999, S. 138. Mit Anspielung auf das Sprichwort »Viel Feind, viel Ehr«.

9. Liebet eure Feinde – vielleicht schadet es ihrem Ruf! (2000)

    Anne Grimmer (Hrsg.), *1000 coole Schülersprüche*. Bindlach: Loewe, 2000, S. 112.

10. Liebe Deine Feinde, denn sie raten Dir das Gegenteil von dem, was Du tun solltest. (2002)

    Gerhard Uhlenbruck, *Weit Verbreitetes kurz gefasst. Klartexte aus dem Trüben gefischt. Ein Kalenderbuch für 2003*. Köln: Ralf Reglin, 2002 (28. Dezember).

11. Liebe deine Feinde!
    Aber sprich darüber nicht mit deinen Gewehren! (2004)

    Werner Hauke, *Der Kopf im Zenit. Aphorismen*. Berlin: Frieling, 2004, S. 107.

XI. »An ihren Früchten sollt ihr sie erkennen«

An ihren Früchten sollt ihr sie erkennen. Kann man auch Trauben lesen von den Dornen oder Feigen von den Disteln? (Matthäus 7,16)

Also ein jeglicher guter Baum bringt gute Früchte; aber ein fauler Baum bringt arge Früchte. (Matthäus 7,17)

1. Ehemals sagte man von der Moral: »an den Früchten sollt ihr sie erkennen«; ich sage von jeder Moral: sie ist eine Frucht, an der ich den Boden erkenne, aus dem sie wuchs. (1888)

    Friedrich Nietzsche, *Kritische Studienausgabe in 15 Bänden*, hrsg. von Giorgio Colli und Mazzino Montinari. München: Deutscher Taschenbuch Verlag, 1999, Bd. 13, S. 256.

2. An ihrer Sprache sollt Ihr sie erkennen. (1938)

    Hans Jacob, »An ihrer Sprache sollt Ihr sie erkennen: Die Gleichschaltung der deutschen Sprache.« *Das Wort*, 3 (1938), S. 81.

3. Ihr werdet sie an ihren Worten erkennen, die sie verschweigen wollten. (1964)

    Stanisław Jerzy Lec, *Neue unfrisierte Gedanken. Aphorismen*. München: Carl Hanser, 1964, S. 53.

4. An ihren Superlativen sollt ihr sie erkennen. (1965)

    Erwin Chargaff, *Bemerkungen*. Stuttgart: Klett-Cotta, 1981, S. 110.

5. An ihrer Etymologie sollt ihr sie erkennen. (1965)

    Elias Canetti, *Die Blendung*. Frankfurt am Main: Fischer Taschenbuch Verlag, 1994, S. 196.

6. An ihren Früchtchen sollt ihr sie erkennen. (1977)

   Guido Hildebrandt, *Spot und Hohn. Eine Unart Aforismen.* Duisburg: Gilles & Francke, 1977, S. 32. Auch in Claudia Glismann (Hrsg.), *Lieber ein Schäferstündchen als zwei Überstunden. Sprüche, Witze und Graffiti vom Arbeitsplatz.* München: Wilhelm Heyne, 1988, ohne Seitenangabe.

7. An ihren Süchten sollt ihr sie erkennen. (1977)

   Heinrich Schröter, *Ha, welche Lust Zitat zu sein! Spruchbuch zum Fortschreiben.* München: Gauke, 1977, S. 22.

8. An ihren Ausflüchten sollt ihr sie erkennen. (1977)

   Gerhard Uhlenbruck, *Ins eigene Netz. Aphorismen.* Aachen: Stippak, 1977, S. 43.

9. »An ihren Früchten sollt ihr sie erkennen«: Ein im höchsten Grade antibürgerliches Wort.
   Der geistige Mensch mißt den Menschen an seiner Leistung; der bürgerliche an seinem Benehmen, seinem Stand (z.B. Wohlstand). – Der eine schaut auf das, was ein Mensch, alle Bedingungen einberechnet, *hervorbringt*; der andere darauf, was ein Mensch *vermeidet*. (vor 1980)

   Ludwig Hohl, *Von den hereinbrechenden Rändern. Nachnotizen,* hrsg. von Johannes Beringer und Hugo Sarbach. Frankfurt am Main: Suhrkamp, 1986, S. 427.

10. An ihren Werken werdet ihr sie erkennen – die Götter. (1985)

    Winfried Hönes, *Blitze in den heiteren Himmel. 222 Aphorismen und andere Denkzettel.* Geldern: Roje & Buer, 1985, S. 86.

11. An ihren Früchtchen werdet ihr die Eltern erkennen! (1987)

Heinz Müller-Dietz, *Recht sprechen & rechtsprechen. Neue Aphorismen und Glossen.* Heidelberg: C.F. Müller Juristischer Verlag, 1987, S. 33.

12. *Am Autoputzen sollt ihr sie erkennen!*
[...]
Zusammenfassend kann gesagt werden:
Ohne Autoputzen könnten nicht nur die Autos nicht glänzen, auch die Autoputzmittelerzeuger hätten nichts zu lachen; und was wohl am schwersten wiegt: Der Blick in die Seele des Menschen wäre verdüstert und vernebelt.
Charaktertest her, Graphologie hin, am Autoputzen sollt ihr sie erkennen! (1993)

Hans Dieter Mairinger, *Wie man Elefanten preßt. Satiren.* Linz: Landesverlag Die Furche, 1993, S. 16-18.

13. Unsere Tüchtigkeit beweist unsere Intelligenz. Unintelligente und Untüchtige möchten uns an unseren Früchten erkennen. (1994)

Feliz Renner, *Vorletzte Worte. Aphorismen.* Rorschach: Nebelspalter Verlag, 1994, S. 32.

14. »An ihren Früchten sollt ihr sie erkennen«, aber die Konfession erkennt man dabei zumeist nicht. (1997)

Gisela Maczey, *Überall: Religiöse Aphorismen.* Göttingen: Verlag Graphikum Dr. Mock, 1997, S. 3.

15. Bildung: An ihren Lesefrüchten sollt ihr sie erkennen. (1998)

Gerhard Uhlenbruck, *Denkanstöße ohne Kopfzerbrechen. Mentale Medizin gegen miese Mentalität.* Köln: Ralf Reglin, 1998, S. 77.

16. An ihren Früchten sollt ihr sie erkennen, die Ernährungsbewussten! (1999)

Gerhard Uhlenbruck, *Die Wahrheit lügt in der Mitte. Gedanken zum Bedenken.* Köln: Ralf Reglin, 1999, S. 99.

17. An ihren Schritten kannst du sie erkennen. (2004)

Michael Marie Jung, *Charakterkopf. Neue Aphorismen und Sprüche.* Norderstedt: Books on Demand, 2004, S. 296.

18. An ihren Ausreden sollt ihr sie erkennen. (2005)

Hans-Jürgen Quadbeck-Seeger, *Im Labyrinth der Gedanken. Aphorismen und Definitionen.* Norderstedt: Books on Demand, 2005, S. 17.

19. An ihren *Früchten* werdet ihr sie erkennen. Wer jemandem das *Fürchten* lehrt, muß etwas verwechselt haben. (2005)

Jean Wesselbach, *Das Wort will Wirklichkeit. Euphorismen der Reflexionszonenmassage.* Stuttgart: Ididem-Verlag, 2005, S. 97.

XII. »Geben ist seliger denn Nehmen«

Ich habe es euch alles gezeigt, daß man also so arbeiten müsse und die Schwachen aufnehmen und gedenken an das Wort des Herrn Jesu, daß er gesagt hat: »Geben ist seliger denn Nehmen«. (Apostelgeschichte 20,35)

Das Bibelsprichwort wird oft mit »als« statt »denn« zitiert.

1. Stehlen ist oft seliger als nehmen. (1883)

   Friedrich Nietzsche, *Kritische Studienausgabe in 15 Bänden*, hrsg. von Giorgio Colli und Mazzino Montinari. München: Deutscher Taschenbuch Verlag, 1999, Bd. 10, S. 395.

2. Ich kenne das Glück des Nehmenden nicht; und oft träumte mir davon, dass Stehlen noch seliger sein müsse, als Nehmen. (1883)

   Friedrich Nietzsche, *Kritische Studienausgabe in 15 Bänden*, hrsg. von Giorgio Colli und Mazzino Montinari. München: Deutscher Taschenbuch Verlag, 1999, Bd. 4, S. 136.

3. Ich pflege nicht zu nehmen, sondern zu geben. Ich bin kein Konsument von Güte – ich produziere Gut. (c. 1925)

   Georg Kaiser, *Werke*, hrsg. von Walther Huder. Frankfurt am Main: Propyläen Verlag, 1971, Bd. 4, S. 634.

4. Geben können ist seliger als annehmen müssen. (1938)

   Charles Tschopp, *Aphorismen*. Zürich: Schweizer Spiegel Verlag, 1938, S. 27.

5. *Geben und Nehmen*
   Ein Mensch, der, um vergnügt zu leben
   Sein Geld verschwendrisch ausgegeben

Hat dabei außerdem erfahren
Wie freundlich alle Leute waren.
Nun hofft er, mittels geistiger Waffen
Sich wieder welches zu beschaffen
Wobei den Eindruck er gewinnt,
Daß alle Leute scheußlich sind.
Er muß zur Wahrheit sich bequemen,
Daß Geben seliger macht denn Nehmen (c. 1960)`

Eugen Roth, *Das neue Eugen Roth Buch*. München: Carl Hanser, 1970, S. 63.

6. *Sprichwörtlich*
   Geben ist seliger denn nehmen
   sprach der Unternehmer
   und gab
   seinen Arbeitern
   den Rest. (c. 1975)

Harald Kruse; in Manfred Bosch (Hrsg.), *Epigramme Volksausgabe. Politische Kurzgedichte*. Lollar: Achenbach, 1975, S. 78.

7. Arbeit geben. Das ist nun *wirklich* seliger, denn nehmen. (1978)

Wolfdietrich Schnurre, *Der Schattenfotograf. Aufzeichnungen*. München: List, 1978, S. 141.

8. Geben ist seliger als Nehmen, sagte sich der Kirchenvorsteher und verteilte Steuerbescheide unter das Volk. (1978)

Oskar Cöster, »Schüsse aus der Wortkanone.« *Stern*, Nr. 9 (23. Februar 1978), S. 132.

9. Hehlen ist seliger denn Stehlen. (1979)

Werner Mitsch, *Fische, die bellen, beißen nicht. Sprüche. Nichts als Sprüche*. Stuttgart: Heinz und Margarete Letsch, 1979, S. 96.

10. Geben ist seliger denn Nehmen.
    Aber woher nehmen und nicht stehlen? (1980)

    Werner Mitsch, *Pferde, die arbeiten, nennt man Esel. Sprüche. Nichts als Sprüche.* Stuttgart: Heinz und Margarete Letsch, 1980, S. 75.

11. *Gastarbeiter (Apg. 20,35)*
    Mit ihnen sollten wir uns nicht nur abgeben,
    wir müssen uns ihrer annehmen;
    also kann nehmen seliger
    denn geben sein. (1981)

    Ron Kritzfeld, *Kleines Universal Flexikon*. Essen: Selbstverlag des Verfassers, 1981, Bd. 8, S. 10.

12. Geben ist seliger denn nehmen! Man hat keinen Ärger mit dem Umtausch. (1982)

    Anonymer Spruch in *Hörzu*, Nr. 51 (17. Dezember 1982), S. 3.

13. *Verdienste*
    Arbeit
    GEBEN
    IST
    hab
    SELIGER
    ALS
    Arbeit
    NEHMEN. (1982)

    Burckhard Garbe; in Burckhard Garbe und Gisela Garbe, *Status quo. Ansichten zur Lage. Visuelle Texte und Collagen 1972-1982*. Göttingen: Edition Herodot, 1982, S. 34. Vgl. Nr. 23.

14. Geben ist seliger als Angeben. (1982)

    Werner Mitsch, *Bienen, die nur wohnen, heißen Drohnen. Sprüche. Nichts als Sprüche.* Stuttgart: Heinz und Margarete Letsch, 1982, S. 57.

15. Geben ist seliger denn nehmen. Diese Maxime bringt den Banken viel Zins ein. (1983)

Werner Ehrenforth, *Neue Sitzbeschwerden. Aphorismen.* Berlin: Eulenspiegel Verlag, 1983, S. 34.

16. *[Geben ist seliger denn Nehmen]*
Geben ist seliger denn Nehmen, so heißt es in der Apostelgeschichte des Lukas. Ich finde ja, ehrlich gesagt, daß das Gegenteil der Fall ist, aber es hängt natürlich davon ab, wie man das Wort *selig* zu deuten beliebt. Wenn es soviel wie *glücklich* bedeutet, so kann ich für mich selbst nur sagen, daß ich seliger wäre, eine Million zu nehmen als sie zu geben, was mich überdies wahrscheinlich in größere Schulden stürzen würde, so daß ich gezwungen wäre, bei der Bank einen langfristigen Kredit aufzunehmen, der mit einer achtprozentigen Hypothek, gestützt durch kurzfristige Anleihen, und, da der Zinsabbau bei der Aktienbörse, der nach dem Dow-Jones-Index bei fünfzehn Prozent auf neunhunderteinundneunzig Punkte ansteigen würde, nicht eben freundlich ist, durch einige mündelsichere Pfandbriefe garantiert werden müßte. [...]
Bedeutet das Wort *selig* aber *seligmachend* im religiösen Sinne, so muß ich mich über die krasse Unmoral dieser Behauptung wundern. Denn indem ich gebe, mache ich den, dem ich gebe, zum Nehmer und beraube ihn damit seiner Seligkeit, zumindest auf dem Gebiet der Besitzverhältnisse und damit natürlich der Liquidität – ob er den Verlust auf andere Arten wettmachen kann, weiß ich nicht, dazu kenne ich ihn zu wenig –, ich handle also sehr egoistisch, um mir meine Seligkeit zu erkaufen, es sei denn, ich wäre sicher, daß auch der Nehmer die Behauptung im ethischen Sinne auszulegen bereit ist und die Gabe sofort weitergibt, um einen anderen, dessen strenge Prinzipien er kennt, zum Nehmer zu machen, selbstverständlich ohne Nutzen aus der Gabe zu ziehen, damit er *seiner* Seligkeit teilhaftig werde. [...] (1983)

Wolfgang Hildesheimer, *Mitteilungen an Max über den Stand der Dinge und anderes.* Frankfurt am Main: Suhrkamp, 1983, S. 14-17.

17. Geben ist seliger denn nehmen – sagen die Boxer. (1983)

Spruch von Eberhard Karasch in *Morgenpost* (25. Januar 1983), ohne Seitenangabe.

18. Geben ist seliger als Nehmen.
    Nimm's leichter, oh seliger Geber! (1983)

    Werner Mitsch, *Das Schwarze unterm Fingernagel. Sprüche. Nichts als Sprüche.* Stuttgart: Heinz und Margarete Letsch, 1983, S. 27.

19. Geben ist seliger denn Nehmen: Das Motto der Barmherzigen und der Boxer. (c. 1983)

    Harold Pinter; in Roland Michael (Hrsg.), *Treffend bemerkt. Das Buch der 1000 Aphorismen.* Gütersloh: Peter, 1983, S. 11.

20. Arbeit geben ist seliger als Arbeit nehmen. (1985)

    Richard Mahlkorn (Hrsg.), *Büro-Sprüche.* München: Wilhem Heyne, 1985, ohne Seitenangabe.

21. In allen Debatten gilt: Geben ist seliger als nehmen. (1986)

    Klaus von Welser; in Giulia Cantarutti und Hans Schumacher (Hrsg.), *Neuere Studien zur Aphoristik und Essayistik mit einer Handvoll zeitgenössischer Aphorismen.* Bern: Peter Lang, 1986, S. 35.

22. Erben ist seliger denn Sterben. (1987)

    Werner Mitsch, *Wer den Wal hat, hat die Qual. 800 Unsinnssprüche.* München: Wilhelm Heyne, 1987, ohne Seitenangabe.

23. Sprichwörtlich: Arbeitgeben ist habseliger als Arbeitnehmen. (1990)

    Fritz Herdi, *Mach kei Witz – scho wieder Mäntig. Sprüch und Witz.* Rorschach: Nebelspalter Verlag, 1990, S. 105. Vgl. Nr. 13.

24. Daß nehmen seliger als geben,
    denkt mancher Mensch bedauerlich

und fordert immer viel vom Leben
und reichlich wenig nur von sich. (1993)

Karl-Heinz Söhler, *Es schadet nichts, vergnügt zu sein. Heitere Standpunkte.* Berlin: Ullstein, 1993, S. 101.

25. Gewiß ist Geben
seliger denn Nehmen –
und Haben schlicht die Hölle,
gewiß. (2000)

Dietmar Beetz, *Urwaldparfüm. Haiku und andere Sprüche.* Erfurt: Edition D.B., 2000, S. 35.

26. *Human Logic*
Life is much like this:

It is better to give
than to receive
but for one to be the giver
another must be the receiver
who, in receiving, gives to the giver.

Since it is better to give
than to receive,
it is better
to receive than to give. (2000)

Raymond Fraser, *Before You're a Stranger. New & Selected Poems.* Roslin, Ontario: Lion's Head Press, 2000, S. 99.

27. RECEIVERkenntnis: Wiedergeben ist seliger als nur empfangen. (1974)

Werbung für Sony in *Schweizer Illustrierte*, Nr. 43 (21. Oktober 1974), S. 48.

28. Sometimes it's better to receive. (1976)

Werbung für Haviland Porzellan in *The New Norker* (4. Oktober 1976), S. 69.

29. Buy two: It's better to give *and* receive. (1976)

Werbung für Cutty Sark Whisky in *Time* (6. Dezember 1976), S. 49.

30. It is better to give and to receive. (1977)

Werbung für Adler Schreibmaschinen in *The New York Times Magazine* (4. Dezember 1977), S. 130.

31. Geben ist seliger denn nehmen. (1988)

Witzzeichnung aus *Dumme Sprüche für Gescheite. Wandsprüch'-Kalender.* München: W. Heye, 1988 (3.-9. Oktober).

32. Arbeit geben ist seliger als Arbeit nehmen! (1991)

Witzzeichnung in *Die Weltwoche*, Nr. 50 (12. Dezember 1991), S. 65.

33. Mehr als Geben und Nehmen (1997)

Warnfried Dettling, »Was heißt Solidarität heute? Mehr als Geben und Nehmen. Wo immer die Balance zwischen Religion, Politik und Wirtschaft verlorengeht, beginnt der Weg in die Knechtschaft.« *Die Zeit*, Nr. (3. Januar 1997), S. 1.

XIII. »Der Geist ist willig, aber das Fleisch ist schwach«

Wachet und betet, daß ihr nicht in Anfechtung fallet! Der Geist ist willig; aber das Fleisch ist schwach. (Matthäus 26,41)

1. *Wie oft! Wie unverhofft!*
   Wie viele verheirathete Männer haben den Morgen erlebt. wo es ihnen tagte, dass ihre junge Gattin langweilig ist und das Gegentheil glaubt! Gar nicht zu reden von jenen Weibern, deren Fleisch willig und deren Geist schwach ist! (1881)

   Friedrich Nietzsche, *Kritische Studienausgabe in 15 Bänden*, hrsg. von Giorgio Colli und Mazzino Montinari. München: Deutscher Taschenbuch Verlag, 1999, Bd. 3, S. 215.

2. »Der Geist ist willig, aber das Fleisch ist schwach.« Ja, freilich! Aber du könntest auch sagen: »Das Fleisch ist willig, aber der Geist ist schwach«. Denn nicht dein Geist ist es, der sich sehnt; dein Fleisch sehnt sich. Der Geist ist schwach zu helfen. (c. 1930)

   Rudolf Alexander Schröder, *Aphorismen und Reflexionen*, hrsg. von Richard Exner. Frankfurt am Main: Suhrkamp, 1977, S. 47.

3. *Friedensfest*
   Der Geist ist willig, das Fleisch ist schwach, der Herr Hauptmann wird ein Einsehen haben, sagt der Soldat, der vom Niedermachen müd ist und den letzten Feind laufen läßt. (1966)

   Hermann Schweppenhäuser, *Verbotene Frucht. Aphorismen und Fragmente*. Frankfurt am Main: Suhrkamp, 1966, S. 97.

4. Nicht immer ist der Geist willig und das Fleisch schwach; es gibt Frauen, bei denen ist der Geist schwach, doch das Fleisch durchaus willig. (1972)

   Anonymer Spruch in *Schweizer Illustrierte*, Nr. 37 (11. September 1972), S. 71.

5. Was kann das Fernsehen dafür, daß der Geist so willig ist und das Fleisch so selten schwach. (1974)

Albert Wendt; in André Brie et al. (Hrsg.), *Der Weisheit letzter Schluß. Aphorismen.* Berlin: Eulenspiegel Verlag, 1980, S. 140.

6. Das Fleisch ist willig – aber der Koch ist schwach. (1975)

Anonymer Spruch in *Stern*, Nr. 39 (18. September 1975), S. 91. Auch in Angelika Franz (Hrsg.), *Das endgültige Buch der Sprüche & Graffiti.* München: Wilhelm Heyne, 1987, S. 238. Vgl. Nr. 40.

7. Der Fleiß ist willig, doch der Geist ist schwach. (1977)

Gerhard Uhlenbruck, *Ins eigene Netz. Aphorismen.* Aachen: Stippak, 1977, S. 16. Vgl. Nr. 43.

8. Der Geist ist unwillig, denn das Fleisch ist stark. (1979)

Gerhard Uhlenbruck, *Einfach gesimpelt. Aphorismen.* Aachen: Stippak, 1979, S. 36.

9. Sexualität: Der Geist ist schwach, aber das Fleisch ist willig. (1980)

Gerhard Uhlenbruck, *Frust-Rationen. Aphorismen.* Aachen: Stippak, 1980, S. 117.

10. *Alter*
    Das Fleisch wird wellig,
    doch der Geist bleibt wach. (1981)

Ron Kritzfeld, *Kleines Universal Flexikon.* Essen: Selbstverlag des Verfassers, 1981, Bd. 8, S. 3.

11. Der revolutionäre Geist ist willig, aber das revolutionäre Fleisch ist schwach. (1981)

   Žarko Petan, *Himmel in Quadraten. Aphorismen und kleine Prosa*. Graz: Styria, 1981, S. 14.

12. Der Geist ist Willy, aber das Fleisch ist teuer. (1981)

   Winfried Thomson, *Radikalauer*. Frankfurt am Main: Eichborn, 1981, ohne Seitenangabe.

13. Korpulenz. Das Fleisch ißt willig, aber der Geist ist schwach. (1983)

   Werner Mitsch, *Das Schwarze unterm Fingernagel. Sprüche. Nichts als Sprüche*. Stuttgart: Heinz und Margarete Letsch, 1983, S. 117.

14. Der Geist ist willig, das Fleisch erst recht. (1983)

   Eduard Moriz (Hrsg.), *Nimm's leicht, nimm mich. Sponti-Sprüche No. 3*. Frankfurt am Main: Eichborn, 1983, ohne Seitenangabe.

15. Der Geist ist billig, aber das Fleisch ist teuer. (1983)

   Klaus Sochatzy (Hrsg.), *Auf die Dauer hilft nur Power. Sprüche aus dem Frankfurter Uni-Turm. Graffiti als Ausdruck studentischen Bewußtseins. Materialien 2*. Frankfurt am Main: Rita G. Fischer, 1983, S. 79. Vgl. Nr. 39.

16. Der Greis ist willig, aber das Fleisch ist schwach. (1984)

   Iris Blaschzok (Hrsg.), *Die zehnte Muse heißt Pampel. Geistesblitze unter der Bank*. Münster: Coppenrath, 1984, S. 9.

17. Der Geist ist willig, und das Fleisch wird schwach. (1984)

    Ralf Bülow, *Liebe ist heilbar. Sprüche aller Art.* Frankfurt am Main: Michler, 1984, ohne Seitenangabe.

18. Das Fleisch war willig, aber das Gras war naß. (1984)

    Claudia Glismann (Hrsg.), *Edel sei der Mensch, Zwieback und gut. Szene-Sprüche.* München: Wilhelm Heyne, 1984, ohne Seitenangabe. Vgl. Nr. 41.

19. Der Geist ist willig, aber das Fleisch ist teuer. (1984)

    Claudia Glismann (Hrsg.), *Ich denke, also spinn ich. Schüler-Sprüche.* München: Wilhelm Heyne, 1984, ohne Seitenangabe.

20. Der Geist ist willig, aber das Fleisch ist zu teuer. (1984)

    Claudia Glismann (Hrsg.), *Edel sei der Mensch, Zwieback und gut. Szene-Sprüche.* München: Wilhelm Heyne, 1984, ohne Seitenangabe.

21. Der Geist ist willig. Und an den Autorenhonoraren gemessen – sogar billig. (1984)

    Werner Mitsch, *»Grund- & Boden-Sätze«. Sprüche. Nichts als Sprüche.* Stuttgart: Heinz und Margarete Letsch, 1984, S. 67.

22. Der Satz »Der Geist ist willig, aber das Fleisch ist schwach«, steht in der Bibel und hat direkt wirklich nichts mit Politikberatung durch Wissenschaftler zu tun, die dort als Gutachter fungieren. (1984)

    Klaus Sochatzy, *Widerworte nach der »Wende«. Aphorismen.* Frankfurt am Main: Rita G. Fischer, 1984, S. 30.

23. Liebe: Das Fleisch ist willig, aber der Geist ist schwach. (1984)

Klaus Sochatzy, *Widerworte nach der »Wende«. Aphorismen.* Frankfurt am Main: Rita G. Fischer, 1984, S. 75.

24. Der Geist ist willig, doch das Fleisch nicht billig. (1985)

Ralf Bülow (Hrsg.), *Graffiti 3. Phantasie an deutschen Wänden.* München: Wilhelm Heyne, 1985, ohne Seitenangabe.

25. Der Geist ist willig, aber schwach. (1985)

Hermann Funke, *Worte und Widerworte. Aphorismen.* Sigmaringen: Thorbecke, 1985, S. 52.

26. Der Geist ist willig, aber das Fleisch schmeckt so gut. (1985)

Spruch von Anke Lehner in *Bild-Zeitung* (25. Oktober 1985), S. 2.

27. Der Geist ist willig, aber das Sitzfleisch ist schwach. (1985)

Gerhard Uhlenbruck, *Eigenliebe macht blind. Hirnrissige Gedankensprünge und Aphorismen.* Aachen: Stippak, 1985, S. 9.

28. Der Geist ist willig, aber das Fleisch ist knapp. (1986)

Eduard Moriz (Hrsg.), *Lieber sauweich als eberhard. Sponti-Sprüche No. 6.* Frankfurt am Main: Eichborn, 1986, ohne Seitenangabe.

29. Mein Geist ist willig, und mein Fleisch ist wach. (1987)

Andreas Bender, *Kleine Socken jucken auch. Sprichwörter, Redensarten und Zitate – verdreht.* Frankfurt am Main: Eichborn, 1987, ohne Seitenangabe.

30. Ist mein Fleisch willig, kann sein Geist noch so schwach sein. (1987)

Angelika Franz (Hrsg.), *Das endgültige Buch der Sprüche & Graffiti*. München: Wilhelm Heyne, 1987, S. 189.

31. Der Geist ist willig, vom Fleisch ganz zu schweigen. (1987)

Angelika Franz (Hrsg.), *Das endgültige Buch der Sprüche & Graffiti*. München: Wilhelm Heyne, 1987, S. 233.

32. Der Geist ist willig, das Fleisch will auch. (1991)

Ulla Gast, *Der Geist ist willig, das Fleisch will auch. Ausreden für die Liebe – davor, dabei, danach*. Frankfurt am Main: Eichborn, 1991.

33. Das Fleisch ist willig, und der Geist gibt nach. (1992)

Beate Kuckertz (Hrsg.), *Das große Buch der Büro-Sprüche*. München: Wilhelm Heyne, 1992, ohne Seitenangabe.

34. Der Fleiß ist billig, doch der Geist ist schwach. (1992)

Beate Kuckertz (Hrsg.), *Das große Buch der Büro-Sprüche*. München: Wilhelm Heyne, 1992, ohne Seitenangabe.

35. Der Geist war willig, nur das Fleisch war schwach?
Da zeigt doch manchem Mann der Ehekrach,
wie umgekehrt es häufig ist – denn ach,
sein Fleisch war willig, bloß sein Geist war schwach! (1993)

Karl-Heinz Söhler, *Es schadet nichts, vergnügt zu sein. Heitere Standpunkte*. Berlin: Ullstein, S. 71.

36. Der Geist ist willig, doch das Sitzfleisch ist schwach – diese Schwäche ist manchmal des Geistes Stärke. (1994)

Gerhard Uhlenbruck, *Medizinische Aphorismen*. Neckarsulm: Natura Med Verlagsgesellschaft, 1994, S. 15.

37. Die Weisheit manches Spruches ist zu billig,
denn wirklich müsste es doch heißen: Ach,
das Fleisch ist willig,
nur der Geist ist schwach. (2009)

Kurt F. Svatek, *Spruch-Reif. Dem Alltag auf die Finger gesehen*. Gelnhausen: Triga Verlag, 2009, S. 59.

38. Bewegungsmangel: Der Geist ist willig, doch unser Sitzfleisch ist schwach: Zu schwach sich zu erheben. (2013)

Gerhard Uhlenbruck, *Denk-an-Sätze. Wieder sinnige Sprüche und aphoristische Heil- und Selbstpflege-Sätze*. Bochum: Norbert Brockmeyer, 2013, S. 21.

39. Der Geist ist billig, aber das Fleisch ist teuer. (1921)

Olaf Gulbransson, *Heiteres und Weiteres*. München: Langen & Müller, 1973, S. 129. Vgl. Nr. 15.

»Der Geist ist billig, aber das Fleisch ist teuer.«

40. Das Fleisch ist willig, aber der Koch ist schwach! (1989)

   Witzzeichnung in *Die Weltwoche*, Nr. 46 (16. November 1989), S. 73. Vgl. Nr. 6.

41. Das Fleisch war willig, aber das Gras war nass! (1996)

Witzzeichnung in *Die Weltwoche*, Nr. 36 (5. September 1996), S. 57. Vgl. Nr. 18.

42. Der Geist wäre willig, doch das Sofa ist so weich. (1997)

Martin Furrer, »Der Geist wäre willig, aber das Sofa ist so weich. Träume sind Schäume: Tausende von Schweizern wollen Jahr für Jahr auswandern – doch viel zu wenige wagen den Schritt.« *Die Weltwoche*, Nr. 14 (3. April 1997), S. 38.

43. Der Fleiss ist willig, doch der Geist ist schwach! (1998)

Witzzeichnung in *Die Weltwoche*, Nr. 13 (26. März 1998), S. 56. Vgl. Nr. 7.

XIV. »Der Glaube kann Berge versetzen«

Und wenn ich weissagen könnte und wüßte alle Geschehnisse und alle Erkenntnis und hätte allen Glauben, also daß ich Berge versetzte, und hätte der Liebe nicht, so wäre ich nichts. (1. Korinther 13,2)

Die beiden Sprichwortvarianten »Der Glaube kann Berge versetzen« und »Der Glaube versetzt Berge« sind volkssprachliche Verkürzungen des Bibelspruchs.

1. Glaube versetzt Berge. – Ein interessanter Aberglaube ist es, dass der Glaube Berge versetzen könne, dass ein gewisser hoher Grad von Fürwahrhalten die Dinge gemäss diesem Glauben umgestaltet, dass der Irrthum zur Wahrheit wird, wenn nur kein Gran Zweifel dabei ist: d.h. die Stärke des Glaubens ergänzt die Mängel des Erkennens; die Welt wird so, wie wir sie uns vorstellen . (1877)

   Friedrich Nietzsche, *Kritische Studienausgabe in 15 Bänden*, hrsg. von Giorgio Colli und Mazzino Montinari. München: Deutscher Taschenbuch Verlag, 1999, Bd. 8, S. 470.

2. Berge versetzt der Glaube. Jawohl! Die schweren Probleme löset der Glaube nicht auf, sondern verschiebet sie nur. (vor 1872)

   Ludwig Feuerbach; in Helmut Wolle (Hrsg.), *Von der Weisheit der Sprüche. Aphorismen, Zitate, Sprichwörter*. Berlin: Neues Leben, 1981, S. 192.

3. *Der Glaube versetzt Berge* – wenn seine geographischen Kenntnisse mangelhaft sind. (1879)

   Anonym, »Sprüchwörter mit Nachsatz.« *Fliegende Blätter*, 71 (1879) , S. 7.

4. Wenn es einen Glauben gibt, der Berge versetzen kann, so ist es der Glaube an die eigene Kraft. (1880)

   Marie von Ebner-Eschenbach, *Gesammelte Werke,* hrsg. von Edgar Groß. München: Nymphenburger Verlagsanstalt, 1961, Bd. 9, S. 10.

5. Der Glaube ist bedauernswert. Er kann Berge versetzen. Aber wer leiht ihm 'was darauf? (1904)

   Julius Stettenheim, *Nase- und andere Weisheiten*. Berlin: F. Fontane, 1904, S. 109.

6. Der Glaube kann Berge versetzen. Aber wer kauft ihm den Pfandschein ab? (1904)

   Julius Stettenheim, *Nase- und andere Weisheiten*. Berlin: F. Fontane, 1904, S. 139.

7. Mancher Leichtgläubige hat so viel Gläubiger, dass er Berge versetzen möchte. (1906)

   Georg von Oertzen, *Aus den Papieren eines Grüblers*. Freiburg: Bielefelds, 1906, S. 128.

8. *Die Bergversetzer*
   Daß der Glaube Berge versetze,
   An diesem Faktum ist nicht zu rütteln.
   Man korrigierte Naturgesetze
   Schon immer mit transzendentalen Mitteln.

   Wir möchten ja den Gotteskindern
   Nicht gerne ihre Gefühle verletzen. –
   Aber schließlich muß man sich doch verbitten,
   Daß sie ihre Berge immer dahin versetzen,
   Wo sie entweder den Verkehr verhindern
   Oder die schönsten Plantagen verschütten. (1923)

   Erich Weinert, *Gedichte 1919-1925*, hrsg. von Edith Zenker. Berlin: Aufbau-Verlag, 1970, Bd. l, S. 83.

9. Die Berge, die du nicht versetzen kannst, mußt du ersteigen. Da hilft dir niemand. (c. 1935)

Rudolf Alexander Schröder, *Aphorismen and Reflexionen,* hrsg. von Richard Exner. Frankfurt am Main: Suhrkamp, 1977, S. 97.

10. Wißt ihr, warum der Glaube »in Wirklichkeit« keine Berge versetzt? Weil der Glaube, der in sich die Möglichkeit oder die Lust zu einem solchen Experiment in sich empfände, schon nicht mehr der Glaube wäre, dem dies Experiment gelingen könnte. (c. 1935)

Rudolf Alexander Schröder, *Aphorismen and Reflexionen,* hrsg. von Richard Exner. Frankfurt am Main: Suhrkamp, 1977, S. 91.

11. Der Glaube versetzt Berge, − wenigstens eingebildete! (Heimliches Motto eines erfolgreichen Kurpfuschers.) (1947)

Charles Tschopp, *Neue Aphorismen.* Zürich: Schweizer Spiegel Verlag, 1947, S. 56.

12. *Werte.* − Wollte der Glaube seine Berge im Pfandhaus versetzen, es würde ihm schwerlich viel darauf geliehen. (1966)

Hermann Schweppenhäuser, *Verbotene Frucht. Aphorismen und Fragmente.* Frankfurt am Main: Suhrkamp, 1966, S. 11.

13. »Glaube soll Berge versetzen« − ich habe nie Berge versetzt gesehen durch Glauben, wohl aber Berge durchbohrt von dem Verstande. (1967)

Max J. Friedländer, *Erinnerungen und Aufzeichnungen,* hrsg. von Rudolf M. Heilbrunn. Mainz: Kipferberg, 1967, S. 23.

14. Wenn der Glaube stark ist, kann er Berge versetzen. Aber ist er auch noch blind, dann begräbt er das Beste darunter. (vor 1970)

Karl Heinrich Waggerl, *Sämtliche Werke.* Salzburg: Müller, 1970, Bd. 2, S. 641.

15. Der Glaube versetzt Berge, der Zweifel erklettert sie. (vor 1970)

Karl Heinrich Waggerl, *Sämtliche Werke*. Salzburg: Müller, 1970, Bd. 2, S. 651.

16. Der Glaube versetzt Berge, aber die Weisheit muß sie wieder einlösen. (1970)

    Erwin Chargaff, *Bemerkungen*. Stuttgart: Klett-Cotta, 1981, S. 126.

17. Des Mannes Glaube will Berge versetzen, die der Glaube der Frau umgehen möchte. (1970)

    Hans Kudszus, *Jaworte, Neinworte. Aphorismen*. Frankfurt am Main: Suhrkamp, 1970, S. 27.

18. Der Glaube versetzt Berge. Entsetzlicher Satz in den Ohren des Drückebergers. Albtraum, der ans Unglaubliche grenzt. (1971)

    Hans Peter Keller, *Kauderwelsch*. Wiesbaden: Limes, 1971, S. 29.

19. Früher versetzte der Glaube die Berge. Heute besorgt es die Wissenschaft. (1972)

    Heinrich Wiesner, *Die Kehrseite der Medaille. Neue lakonische Zeilen*. München: Piper, 1972, S. 25.

20. Zuerst hat der Glaube Berge versetzt. Dann die Gläubigen. (1977)

    Oliver Hassencamp, *Klipp & klar. Gute und böse Gedanken*. München: Langen & Müller, 1977, S. 55.

21. Der Glaube bewegt Särge. (1977)

    Heinrich Schröter, *Ha, welche Lust Zitat zu sein! Spruchbuch zum Fortschreiben*. München: Gauke, 1977, S. 40.

22. Die Liebe kann nicht nur Berge, sondern auch eine Familie versetzen. (1977)

Gerhard Uhlenbruck, *Ins eigene Netz. Aphorismen.* Aachen: Stippak, 1977, S. 1.

23. Der Glaube versetzt keine Berge mehr. Er befördert sie. (1978)

Ulli Harth, *Wörtliche Un-Taten. Aphorismen.* Frankfurt am Main: Federfuchs, 1978, S. 3.

24. Der Glaube versetzt Berge. Aber keine Talsohlen. (1978)

Werner Mitsch, *Spinnen, die nicht spinnen, spinnen. Sprüche. Nichts als Sprüche.* Stuttgart: Heinz und Margarete Letsch, 1978, S. 79. Vgl. Nr. 59.

25. Sie versetzten Berge. Ohne Glauben. (1979)

Nikolaus Cybinski, *Werden wir je so klug sein, den Schaden zu beheben, durch den wir es wurden? Aphorismen.* Lörrach: Lutz, 1979, S. 47.

26. glaube versetzt berge.
    wohin jetzt damit? (1979)

Volker Erhardt, »*Auch der Kannibale schätzt den Menschen am höchsten*«. *Aphorismen.* Köln: Satire Verlag, 1979, S. 6.

27. Ein Drückeberger schiebt die Berge vor sich hin, ohne sie zu versetzenn. (1979)

Gerhard Uhlenbruck, *Einfach gesimpelt. Aphorismen.* Aachen: Stippak, 1979, S. 37.

28. Die Liebe, welche Berge versetzt, schafft auch Abgründe. (1979)

Gerhard Uhlenbruck, *Einfach gesimpelt. Aphorismen.* Aachen: Stippak, 1979, S. 82.

29. Der Glaube versetzt Berge und der Wohlstand Knöpfe. (1980)

Werner Mitsch, *Pferde, die arbeiten, nennt man Esel. Sprüche. Nichts als Sprüche.* Stuttgart: Heinz und Margarete Letsch, 1980, S. 73.

30. Noch jeder totalitäre Glaube hat schliesslich Berge versetzt: Leichenberge. (1980)

Felix Renner, *Aphoristische Schwalben.* Oberwil b. Zug: Kugler, 1980, S. 35.

31. »Der Glaube versetzt Berge ...« Und der ganze Horizont ist zugestellt mit einem Gebirge solcher vom Glauben versetzter Berge. (1980)

Rudolf Rolfs, *Fragen Sie August Pi! Ein Circus d'esprit mit 1444 Widersprüchen.* Frankfurt am Main: Die Schmiere, 1980, S. 45.

32. Der Glaube kann Berge versetzen – sogar die, die an ihrer Stelle bleiben sollten. (1981)

Aleksander Kumor; in Klaus Sochatzy; in Klaus Sochatzy und Aleksander Kumor, *Ost-West-Monologe. Aphorismen.* Frankfurt am Main: Rita G. Fischer, 1981, S. 91.

33. Gipfeltreffen: Der Berg, der den Glauben versetzt. (1981)

Gerhard Uhlenbruck, *Keiner läßt seine Masche fallen. Aphorismen.* Aachen: Stippak, 1981, S. 48.

34. Der Glaube an den Frühling versetzt Schneeberge. (1981)

Gerhard Uhlenbruck, *Keiner läßt seine Masche fallen. Aphorismen.* Aachen: Stippak, 1981, S. 49.

35. Der Glaube versetzt Berge.
    Wer's glaubt, wird selig. (1982)

Anonym, »Sprichwörtliche Einsichten.« *Nebelspalter*, Nr. 18 (4. Mai 1982), S. 43.

36. Theorie: Der Glaube ersetzt Werke. (1982)

Werner Mitsch, *Bienen, die nur wohnen, heißen Drohnen. Sprüche. Nichts als Sprüche*. Stuttgart: Heinz und Margarte Letsch, 1982, S. 108.

37. Zu den mühen der ebenen gesellen sich neue berge, die blinder glaube versetzt hat. (1982)

Wolfgang Mocker, »Euphorismen.« *Neue deutsche Literatur*, 30 (1982), S. 171.

38. Der Glaube an die Wissenschaft versetzt Berge ...
    ... von Menschen unter die Erde. (1982)

Albert A. Schmude (Hrsg.), *Freiheit für Grönland / weg mit dem Packeis! 200 Sprüche von den Wänden der Frankfurter Universität*. Frankfurt am Main: Rita G. Fischer, 1982, S. 55.

39. Der Glaube versetzt Berge: die goldenen Berge, die er verspricht, versetzt er ins Irreale. (1983)

Ulrich Erckenbrecht, *Ein Körnchen Lüge. Aphorismen und Geschichten*. Göttingen: Muriverlag, 1983, S. 47.

40. glaube
    versetzt berge
    deshalb
    sollen planierraupen
    durch gläubige ersetzt werden. (1983)

Manfred Hausin, *Hausinaden, der Epigramme zweiter Band*. Göttingen: Davids Drucke, 1983, S. 66.

41. Der Glaube versetzt Berge. Vorsichtshalber wird aber auch weiterhin mit Dynamit abgetragen. (1983)

    Werner Mitsch, *Das Schwarze unterm Fingernagel. Sprüche. Nichts als Sprüche.* Stuttgart: Heinz und Margarete Letsch, 1983, S. 26.

42. Wir haben den Glauben verloren, weil wir Berge versetzen können. (1984)

    Erwin Chargaff, »Nachträgliche Bemerkungen,« in Erwin Chargaff, *Über das Lebendige. Ausgewählte Essays.* Stuttgart: Klett-Cotta, 1993, S. 318.

43. »Berge versetzen, ja«, sprach der Prophet.
    »Aber keine Steinchen«. (1984)

    Hans Leopold Davi, *Neue Distel- und Mistelworte.* Zürich: Pendo-Verlag, 1984, S. 59.

44. Glaube versetzt Berge – was sollte auch sonst Berge versetzen?! (1984)

    Albert Keller, *Wer zuletzt denkt, lacht am besten! Witziges gegen unchristliche Humorlosigkeit.* Regensburg: Pustet, 1984, S. 138.

45. Der Glaube versetzt Berge. Der Zweifel sitzt tiefer. (1984)

    Werner Mitsch, *»Grund- & Boden-Sätze«. Sprüche. Nichts als Sprüche.* Stuttgart: Heinz und Margarete Letsch, 1984, S. 48.

46. Der Glaube versetzt Berge. Aber Hände weg vom Watzmann. (1984)

    Werner Mitsch, *»Grund- & Boden-Sätze«. Sprüche. Nichts als Sprüche.* Stuttgart: Heinz und Margarete Letsch, 1984, S. 68.

47. Der Glaube versetzt Berge – von kritischen Einwänden. (1984)

    Gerhard Uhlenbruck, *»Mensch ärgere mich nicht«. Wieder Sprüche und Widersprüche.* Köln: Deutscher Ärzte-Verlag, 1984, S. 18.

48. *wie man berge versetzt*
   wie man berge versetzt
   weiß ich nicht
   aber wie man sich verletzt
   weiß ich genau.
   es ist mir oft genug passiert.
   einmal vielleicht sogar beim versuch
   einen berg zu versetzen.
   manche leute versuchen sogar
   zwerge zu versetzen!
   die sind meist ganz schön bissig ... (vor 1985)

   Ernst Jandl, *Gesammelte Werke*, hrsg. von Klaus Siblewski. Darmstadt: Luchterhand, 1985, Bd. 2, S. 837.

49. Glaube versetzt Berge. Wissen rückt sie wieder an ihren Platz. (1985)

   Wolfgang Mocker, »Sentenzliteratur.« *Neue deutsche Literatur*, 33 (1985), S. 167. Vgl. Nr. 52.

50. Auch blinder Glaube versetzt Berge.
   Aber er sieht nicht, wohin. (1986)

   Wolfgang Mocker, »Aphorismen.« *Neue deutsche Literatur*, 34 (1986), S. 169. Vgl. Nr. 54.

51. Am Arm Gottes Adam Smith's unsichtbare Hand? Um das fürwahrzuhalten, muß der Glaube erst Berge versetzen. (1987)

   Nikolaus Cybinski, *Die Unfreiheit hassen wir nun. Wann fangen wir an, die Freiheit zu lieben? Aphorismen*. Freiburg: Klaus Isele, 1987, S. 58.

52. Glaube versetzt Berge. Und Wissen rückt sie wieder an ihren Platz. (1987). Vgl. Nr. 49.

   Wolfgang Mocker, *Gedankengänge nach Canossa. Euphorismen und andere Anderthalbwahrheiten*. Berlin: Eulenspiegel Verlag, 1987, S. 34.

53. Glaube versetzt leider nur Berge – keine Engpässe. (1987)

   Wolfgang Mocker, *Gedankengänge nach Canossa. Euphorismen und andere Anderthalbwahrheiten.* Berlin: Eulenspiegel Verlag, 1987, S. 72.

54. Nur blinder Glaube versetzt wirklich Berge. Aber er sieht nicht – wohin. (1987)

   Wolfgang Mocker, *Gedankengänge nach Canossa. Euphorismen und andere Anderthalbwahrheiten.* Berlin: Eulenspiegel Verlag, 1987, S. 86. Vgl. Nr. 50.

55. Der Glaube versetzt bekanntlich Berge. Die Wissenschaft ist für die Abgründe zuständig. (1987)

   Günter Radtke, *Gedanken zum Selbermachen. Aphorismen und Geschichten.* Gerlingen: Bleicher, 1987, S. 89.

56. Sein Glaube war so stark, dass es ihm gelang, Bergen von Vorurteilen das Bleiben beizubringen. (1987)

   Felix Renner, *Vorwiegend Unversöhnliches an kurzer Leine. Aphorismen.* Basel: Cornfeld, 1987, S. 22.

57. Der Glaube an einen Propheten kann einen Berg versetzen. (1987)

   Gerhard Uhlenbruck, *Kaffeesätze. Gedankensprünge in den Sand des Getriebes.* Erkrath: Spiridon, 1987, S. 101.

58. Der Glaube, der Berge versetzt, stolpert über den Maulwurfshügel. (1988)

   Hans-Dieter Schütt, *Diesseits der eigenen Haustür. Aphorismen.* Berlin: Eulenspiegel Verlag, 1988, S. 48.

59. Der Glaube versetzt Berge. Leider keine Talsohlen. (1988)

Hans-Dieter Schütt, *Diesseits der eigenen Haustür. Aphorismen.* Berlin: Eulenspiegel Verlag, 1988, S. 88. Vgl. Nr. 24.

60. Der Glaube an den Klüngel versetzt Berge von Geld. (1988)

Gerhard Uhlenbruck, *Kölner Klüngel Kalender.* Pulheim: Rhein-Eifel-Mosel-Verlag, 1988 (4. Juni).

61. Der Glaube versetzt Berge. Das Wissen macht sie bezwingbar. (1989)

Thomas Spanier; in Gabriele Berthel (Hrsg.), *Kurz und mündig. Aphorismen.* Rudolstadt: Greifenverlag, 1989, S. 33.

62. Der Glaube versetzt nur Berge, wenn man auch zur Schippe greift. (1989)

Manfred Strahl, *Ausleg-Ware. Aphorismen.* Berlin: Eulenspiegel Verlag, 1989, S. 62.

63. Die Mühen der Gebirge liegen hinter uns. Der Glaube daran hat die Berge versetzt. Ohne sie geht's zwar vorwärts, aber nicht aufwärts. (1990)

Werner Ehrenforth, *Alte Sitzbeschwerden. Aphorismen.* Berlin: Eulenspiegel Verlag, 1989, S. 66.

64. Wenn du deinen Glauben
in einen Satz fasst
sitzt du auf dem Berg
den du versetzen willst. (1992)

Rudolf Stauch, *Aufgehobene Augenblicke. Aphorismen und Sinngedichte.* Berlin: Frieling, 1992, S. 22.

65. Der Glaube kann durchaus Berge versetzen, bloß nicht immer an die gewünschte Stelle. (1992)

Manfred Strahl, *Hiebe auf den ersten Blick. Aphorismen.* Berlin: Edition q, 1992, S. 54.

66. Der Bauer konnte die Berge – die krönte sein einziger, steiniger Acker – mit seinem Glauben zwar nicht versetzen, sie gebaren ihm aber, wie eigene Söhne, Maus um Maus. (1993)

Arthur Feldmann, *Kurznachrichten aus der Mördergrube oder Die große Modeschau der nackten Könige.* München: edition scaneg, 1993, S. 48.

67. Nichts gegen Leute, die Berge versetzen.
Hauptsache, sie räumen anschließend wieder auf. (1993)

Michael Richter, *Wortbruch. Aphorismen.* Berlin: Verbum Verlag, 1993, S. 29.

68. Berge an Müll können den Glauben versetzen – den Glauben an die Ökologie. (1994)

Gerhard Uhlenbruck, *Medizinische Aphorismen.* Neckarsulm: Natura Med Verlagsgesellschaft, 1994, S. 85.

69. Wenn der Glaube Berge versetzt, dann sehen wir die aufgehende Sonne der Hoffnung. (1994)

Gerhard Uhlenbruck, *Das darf doch wahr sein! Aphoristische Gedanken.* Hilden: Ahland, 1994, S. 33.

70. Der Glaube versetzt Berge.
Noch öfter versetzt er die Gläubigen. (1995)

Hans Ulrich Bänziger, *Der Kopf sitzt uns im Nacken. Kurztexte und Aphorismen.* Zürich: Wolfbach Verlag, 1995, S. 37.

71. Der Glaube kann Berge versetzen, aber keinen Schüler mit schlechten Noten. (1995)

    Ernst Dittrich, *Die Axt im Haus erspart das Argument*. Overath: Andrea Schmitz, 1995, S. 29.

72. Vom Glauben versetzte Berge, die sich aus Rache für ihre Versetzung den Gläubigen um den Hals falten. (1996)

    Richard Anders, *Fußspuren eines Nichtaufgetretenen*. Warmbronn: Ulrich Keicher, 1996, S. 10.

73. Der Glaube kann Berge versetzen – außer Berge bürokratischer Akten! (1996)

    Gerhard Uhlenbruck, *Nichtzutreffendes bitte streichen. Aphoristische Gedankengangarten*. Köln: Ralf Reglin, 1996, S. 15.

74. *Sichtbares Schaf*
    Willenskraft, kann Berge vers
    etzen, muß das auch: denn das, was ist,
    bleibt, bleibt stehen, liegt herum. Wirds
    unsichtbar? Sichtbares aber schafft die
    Wissenschaft: ins Tal, im Pfandhaus vers
    etzte, übern Berg gebrachte Berge, wie
    sie steigen, in Fahrt kommen, die aus un
    sterblichen Autoreifen sich erzeugenden
    Gipfel, idyllisch, ein tätiges Müllmassiv. (1997)

    Dieter M. Gräf, *Treibender Kopf. Gedichte*. Frankfurt am Main: Suhrkamp, 1997, S. 22.

75. Der Glaube versetzt Berge, der Aberglaube versetzt eine ganze Fata morgana von Bergen. (1997)

    Gerhard Uhlenbruck, *Wieder Sprüche zu Widersprüchen. Satzweise sogar weise Sätze*. Köln: Ralf Reglin, 1997, S. 65.

76. Der Glaube versetzt Zwerge. (1998)

    Karlheinz Deschner, *Nur Lebendiges schwimmt gegen den Strom. Aphorismen.* Basel: Lenos Verlag, 1998, S. 87.

77. Der Glaube versetzt Berge – in Gedanken. (1998)

    Gerhard Uhlenbruck, »Spagat mit Sprüchen: Mentale Medizin gegen miese Mentalität,« in *Almanach deutschsprachiger Schriftsteller-Ärzte 98*, hrsg. von Jürgen Schwalm. Marquartstein: Manstedt, 1998, S. 428.

78. Der Glaube versetzt Berge – und damit kommt man über den Berg. (1998)

    Gerhard Uhlenbruck, *Denkanstöße ohne Kopfzerbrechen. Mentale Medizin gegen miese Mentalität.* Köln: Ralf Reglin, 1998, S. 33.

79. Causa finita. – Wenn ein Glaube zur Staatsreligion geworden ist, braucht er keine Berge mehr zu versetzen. Er begnügt sich damit, die Geographen zu verbannen. (2000)

    Rainer Kohlmayer, »Vorsicht bissiger Mund! Alphabetische Aphorismen.« *Die Schnake: Zeitschrift für Sprachkritik, Satire, Literatur*, 15-16 (2000), S. 5.

80. Flurbereinigung. – Der Glaube versetzt Berge. Und hinterlässt Krater. (2000)

    Rainer Kohlmayer, »Vorsicht bissiger Mund! Alphabetische Aphorismen.« *Die Schnake: Zeitschrift für Sprachkritik, Satire, Literatur*, 15-16 (2000), S. 17.

81. Ein vom Glauben versetzter Berg wird immer kleiner. (2001)

    Elazar Benyoëtz, *Allerwegsdahin. Mein Weg als Jude und Israeli ins Deutsche.* Zürich: Arche, 2001, S. 55.

82. Ein Stein des Anstoßes ist mehr als ein vom Glauben versetzter Berg. (2001)

Elazar Benyoëtz, *Allerwegsdahin. Mein Weg als Jude und Israeli ins Deutsche.* Zürich: Arche, 2001, S. 170.

83. Der Glaube kann Berge versetzen.
    Nur die Jammertäler bleiben. (2001)

Klaus D. Koch, *Verhexte Texte – verzauberte Worte. Gedichte und Aphorismen.* Bremen: Edition Temmen, 2001, ohne Setienanagbe.

84. Als Kranker kann man auch über den Berg kommen, wenn der Glaube an die Genesung Berge versetzt. (2001)

Gerhard Uhlenbruck, *Worthülsenfrüchte oder Ein Körnchen Wahrheit für alle Tage. Ein Kalenderbuch für 2002.* Köln: Ralf Reglin, 2001 (20. Dezember).

85. Denken – die Berge besteigen, die der Glaube versetzte. (2002)

Elazar Benyoëtz, *Der Mensch besteht von Fall zu Fall. Aphorismen.* Leipzig: Reclam, 2002, S. 182.

86. Der Glaube versetzt Berge – wobei er manchmal ein blühendes Tal verschüttet. (2002)

Vytautas Karalius, *Endspurt der Schnecken. Aphorismen, Paradoxa, ironische Anspielungen.* Vilnius: Egalda, 2002, S. 91.

87. Der Glaube versetzt Berge. Was soll ein fanatischer gebirgsloser Staat tun? Ins Nachbarland einmarschieren und dort fremde Berge versetzen? (2002)

Vytautas Karalius, *Endspurt der Schnecken. Aphorismen, Paradoxa, ironische Anspielungen.* Vilnius: Egalda, 2002, S. 118.

88. Der Glaube versetzt Berge. Aber verliert ein versetzter Berg nicht alle Eigenschaften eines Berges? (2002)

Vytautas Karalius, *Endspurt der Schnecken. Aphorismen, Paradoxa, ironische Anspielungen.* Vilnius: Egalda, 2002, S. 131.

89. Der glaube kann berge versetzen – der unglaube erforscht sie. (2002)

Heinz Stein, »Aphorismen.« *Wegwarten,* 42, Heft 155 (2002), S. 13.

90. Auch der Aberglaube kann Berge versetzen, ausgenommen die, an die er fest glaubt. (2002)

Gerhard Uhlenbruck, *Weit Verbreitetes kurz gefasst. Klartexte aus dem Trüben gefischt. Ein Kalenderbuch für 2003.* Köln: Ralf Reglin, 2002 (3. Juli).

91. Sein Glaube hatte alle Berge versetzt. Nun stand er im Flachland seiner Frömmigkeit und suchte verzweifelt, wohin er seine Augen aufheben könnte. (2003)

Nikolaus Cybinski, *Der vorletzte Stand der Dinge. Aphorismen.* Lörrach: Waldemar Lutz, 2003, S. 53.

92. Die Bauern im Gebirge können von Glück sagen, dass ihnen der Glaube nicht die Berge, sondern die Fremden in die Berge versetzt ... (2003)

Arthur Feldmann, *Spiegelungen oder Nachdenkliche Betrachtungen eines Herbstblatts über das bunte Treiben der Welt. Gesammelte Mikroprosa.* Köln: Tatjana Lehmann, 2003, S. 81.

93. Die Bauern konnten das Gebirge, das ihre steinigen Felder als Trophäe in beachtliche Höhe hielt, mit ihrem Glauben nicht versetzen ... (2003)

Arthur Feldmann, *Spiegelungen oder Nachdenkliche Betrachtungen eines Herbstblatts über das bunte Treiben der Welt. Gesammelte Mikroprosa.* Köln: Tatjana Lehmann, 2003, S. 81.

94. Der glaube versetzt berge aus ihrer wirklichkeit in ihre unwirklichkeit. (2003)

Rudolf Pannwitz, *Sprüche und Ansprüche. Aphorismen*, hrsg. von Gabriella Rovagnati. Nürnberg: Hans Carl, 2003, S. 185.

95. Daß der Glaube Berge versetzt, können Alpinisten nicht bestätigen. (2003)

Harald Wiesendanger, *Auf weiter Flur. Noch mehr Aphorismen, Anekdoten, Analysen, Anarchismen über Gott und die Welt*. Schönbrunn: Lea Verlag, 2003, S. 90.

96. Wer Berge versetzen will, muss mit Versetzung rechnen. (2004)

Erhard H. Bellermann, *Gedankenreich. Aphorismen, Sprüche und Gedichte*. Leipzig: Engelsdorfer Verlag, 2004, S. 98.

97. *Verzicht ist eine Gabe*
Ich kann beten,
Verzicht tun
und sagen:
Sein Wille geschehe,
gelobt sei Er,
der mein Gebet erhört,
meinen Wunsch versteht,
meinetwegen Wunder bewirkt
und meinen Glauben
Berge versetzen läßt.
Sein Wille geschehe;
meiner bleibe bei mir. (2004)

Elazar Benyoëtz, *Finden macht das Suchen leichter*. München: Carl Hanser, 2004, S. 24.

98. Der Glaube
versetzt keinen Berg,
der nicht
des Glaubens ist. (2004)

Elazar Benyoëtz, *Finden macht das Suchen leichter.* München: Carl Hanser, 2004, S. 105.

99. Der Glaube ist
    selbst ein
    versetzter Berg. (2004)

    Elazar Benyoëtz, *Finden macht das Suchen leichter.* München: Carl Hanser, 2004, S. 188.

100. Meist glauben Glaubenszwerge, schon ein bisschen Glaube versetze Riesengebirge. (2004)

    Michael Marie Jung, *Charakterkopf. Neue Aphorismen und Sprüche.* Norderstedt: Books on Demand, 2004, S. 228.

101. Der Glaube kann einen Berg von Zweifeln versetzen. (2004)

    Anton Kolb, *Lebensweisheit / Kritik am Zeitgeist. Aphorismen und Gedichte.* Münster: Lit Verlag, 2004, S. 78.

102. Der Glaube versetzt Berge. Die Theologie Fußtritte. (2004)

    Wendel Schäfer, *Grillensang. Aphorismen.* Rostock: Verlag Büro und Service, 2004, S. 42.

103. Der Glaube an Heilung kann Berge von Medikamenten versetzen. (2004)

    Gerhard Uhlenbruck, *Spitze Spritzen – spritzige Spitzen. Diagnosen, die gerade noch gefehlt haben.* Köln: Ralf Reglin, 2004, S. 62.

104. Der religiöse Glaube versetzt Berge ängstlicher Stressfaktoren und ist insofern auch gesund. (2004)

    Gerhard Uhlenbruck, *Spitze Spritzen – spritzige Spitzen. Diagnosen, die gerade noch gefehlt haben.* Köln: Ralf Reglin, 2004, S. 75.

105. *Berge versetzen*
Globalisierung,
Ökonomisierung,
Digitalisierung und
Indvidualisierung
geben den Ton an.
Wir sind nicht hilflos,
wenn wir mitgestalten
und beeinflussen wollen.
Wir sollten
voller Zuversicht
daran festhalten,
dass unsere Ideale und Initiativen
Berge an Hindernissen
versetzen können. (2005)

Karl Brunner, *Mehr oder weniger ist nicht egal. Gedankensplitter – Lebensimpulse.* Friesach: Ploder, 2005, S. 64.

106. Der Glaube kann Berge versetzen. Sind deswegen die Menschen im Gebirge gläubiger als sonst wo? (2005)

Ernst Ferstl, *Wegweiser. Neue Aphorismen.* Ottersberg: Asaro, 2005, S. 9.

107. Wer da meint, Glaube kann Berge versetzen, der glaubt an seine eigene Kraft. (2005)

Wilhelm Junge, *200 Seiten mit Aphorismen, Weisheiten und Witzen.* Leipzig: Engelsdorfer Verlag, 2005, S. 186.

108. Mentale Imagination besitzt die Abilität, durch Kontinentaldrift kausierte Gesteinsformationen in ihrer lokalen Position zu transferieren; bedeutet: Der Glaube kann Berge versetzen. (2005)

Heinrich Manruhf (Hrsg.), *Mänätschment zum Schmunzeln.* Wien: Tosa Verlag, 2005, S. 118.

109. Die Gläubigen sind felsenfest davon überzeugt, dass der Glaube Berge versetzt. (2005)

Hans-Jürgen Quadbeck-Seeger, *Im Labyrinth der Gedanken. Aphorismen und Definitionen.* Norderstedt: Books on Demand, 2005, S. 71.

110. Glaube versetzt Berge von Zweifeln. (2005)

Hans-Jürgen Quadbeck-Seeger, *Im Labyrinth der Gedanken. Aphorismen und Definitionen.* Norderstedt: Books on Demand, 2005, S. 71.

111. Der Glaube soll Berge versetzen, aber geade in Rom stehen alle sieben Hügel unverändert an ihren alten Stellen. (2005)

Hans-Jürgen Quadbeck-Seeger, *Im Labyrinth der Gedanken. Aphorismen und Definitionen.* Norderstedt: Books on Demand, 2005, S. 150.

112. Glaube versetzt Berge. Wieso benützen wir so viele Hilfsmittel, diese zu verschieben? (2006)

Chris Keller-Schwarzenbach, *Störe ich? 811 Gedankensplitter.* Frankfurt am Main: Cornelia Goethe Literaturverlag, 2006, S. 8.

113. Berge des Zweifels versetzt der Glaube nicht. (2007)

Elazar Benyoëtz, *Die Rede geht im Schweigen vor Anker. Aphorismen und Briefe*, hrsg. von Friedemann Spicker. Bochum: Norbert Brockmeyer, 2007, S. 24.

114. Der vom Glauben versetzte Berg wird nicht mehr bestiegen. (2007)

Elazar Benyoëtz, *Die Eselin Bileams und Kohelets Hund.* München: Carl Hanser, 2007, S. 35.

115. Der Glaube soll Berge versetzen, aber das ist völlig unnötig, denn kein Berg der Erde braucht versetzt zu werden. (2007)

Ulrich Erckenbrecht, *Grubenfunde. Lyrik und Prosa.* Göttingen: Muriverlag, 2007, S. 159.

116. Sein Glaube versetzte Leichenberge. (2008)

Alexander Eilers, *Kätzereien. Aphorismen.* Fernwald: Litblockin, 2008, S. 23.

117. Der Glaube, der Berge versetzt, ist keine Metapher mehr. Unsere tonangebenden Politiker glauben nach wie vor, die Luft ertrage beliebig viel CO_2 – und schon donnern ganze Bergflanken ins Tal. (2008)

Felix Renner, *Zeit-Zeichen. Aphorismen.* Zürich: Littera Autoren Verlag, 2008, S. 116.

118. Viele würden sich in ihrem Glauben bestätigt fühlen, wenn er die Berge auf die Felder des Nachbarn versetzte. (2009)

Arthur Feldmann, *Siamesische Zwillinge. Gesammelte Miniprosa.* Köln: Tatjana Lehmann, 2009, S. 42.

119. Der Glaube kann nicht nur Berge versetzen, sogar auch die Vernunft. (2009)

Siegbert Hahn, *Windblüten. Aphorismen.* Köln: Edition Alectri, 2009, S. 42.

120. Liebe versetzt Berge. Daher die Abgründe. (2009)

Eva Schwarz; in Petra Kamburg, Friedemann Spicker und Jürgen Wilbert (Hrsg.), *Gedanke, Bild und Witz. Aphorismen, Fachbeiträge, Illustrationen.* Bochum: Norbert Brockmeyer, 2009, S. 109.

121. Ich habe nicht die Absicht, Berge zu versetzen. Was soll mir dann der Glaube? (2010)

Hermann Rosenkranz, *Keine Zeile ohne meinen Anwalt. Sprüche, nichts als Sprüche.* Bochum: Norbert Brockmeyer, 2010, S. 82.

122. Dass ein starker Glaube Berge versetzen kann, lässt sich nicht verbergen. (2011)

Ernst Ferstl, *Eindrücke. Aphorismen.* Bochum: Norbert Brockmeyer, 2011, S. 100.

123. Der Glaube versetzt keine Berge; er rückt Maulwurfshügel zurecht. (2011)

Hermann Rosenkranz, *Die Lakonik des Mondes. Lauter nutzlose Notate.* Bochum: Norbert Brockmeyer, 2011, S. 30.

124. Ein vom Glauben versetzter Berg ist nur noch ein Stein des Anstoßes. (2012)

Elazar Benyoëtz, *Sandkronen. Eine Lesung.* Wien: Braunmüller, 2012, S. 34.

125. Der Zweifel sieht die Berge nicht, die der Glaube versetzen musste. (2012)

Elazar Benyoëtz, *Sandkronen. Eine Lesung.* Wien: Braunmüller, 2012, S. 157.

126. Der Glaube versetzt Berge, der Zweifel bringt sie spielend hinter sich. (2012)

Elazar Benyoëtz, *Sandkronen. Eine Lesung.* Wien: Braunmüller, 2012, S. 165.

127. Der Glaube versetzt Berge, den Ölberg ausgenommen. (2012)

Elazar Benyoëtz, *Sandkronen. Eine Lesung.* Wien: Braunmüller, 2012, S. 216.

128. Der Glaube versetzt Berge, die Berge dürfen davon aber nichts wissen. (2012)

Elazar Benyoëtz, *Sandkronen. Eine Lesung.* Wien: Braunmüller, 2012, S. 301.

129. Ist der Berg versetzt, liegt der Glaube flach. (2012)

Elazar Benyoëtz, *Sandkronen. Eine Lesung.* Wien: Braunmüller, 2012, S. 325.

130. Eigentlich kann nur der Maulwurf Berge versetzen, aber ihm fehlt der Glaube. (2012)

Gerhard Uhlenbruck, *Kopfnüsse – nichts für weiche Birnen.* Köln: Ralf Reglin, 2012, S. 77.

131. Glaube versetzt Berge, Wissen lehrt, sie zu überwinden. (2013)

Hans-Jürgen Quadbeck-Seeger, *Aphorismen & Zitate über Natur und Wissenschaft.* Weinheim: Wiley-VCH, 2013, S. 266.

132. Der Glaube vermag Berge zu versetzen, aber die Wissenschaft vermisst diese nicht. (2013)

Hans-Jürgen Quadbeck-Seeger, *Aphorismen & Zitate über Natur und Wissenschaft.* Weinheim: Wiley-VCH, 2013, S. 267.

133. Wissen kann Brücken versetzen. (1980)

Werbung für Westdeutsche Landesbank in *Der Spiegel*, Nr. 23 (2. Juni 1980), S. 230.

134. Der Glaube soll Berge versetzen. (1981)

Wolfgang Hoffmann, »Der Glaube soll Berge versetzen. Das deutsch-brasilianische Atomprojekt verzögert sich.« *Die Zeit*, Nr. 16 (17. April 1981), S. 14.

135. Der Glaube (an Sonderprämien) kann Berge versetzen. (1981)

Witzbild in *Dumme Sprüche für Gescheite. Wandsprüch'-Kalender.* München: W. Heye, 1981 (2.-8. November).

136. Scholtz: Es gibt nur wenige Berge, die wir nicht versetzen können! (1982)

Werbung für Scholtz Förder-Technik in *Der Spiegel*, Nr. 38 (20. September 1982), S. 44.

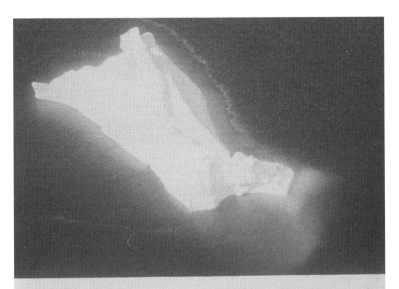

137. Faith can move mountains but a kind word will move people. (2007)

Werbung für Hilton Hotels in *Fortune* (1. Oktober 2007), S. 85.

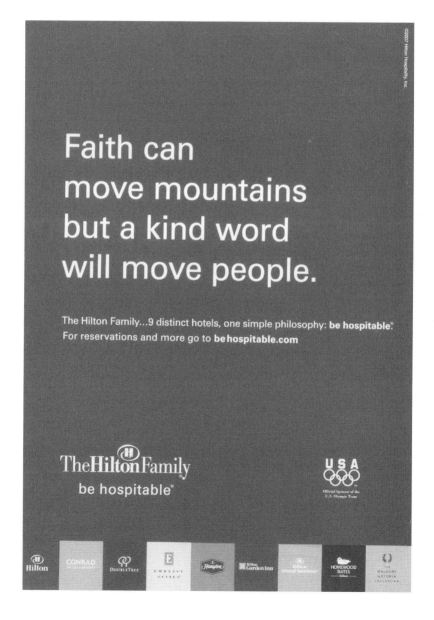

XV. »Glaube, Hoffnung, Liebe«

Nun aber bleibt Glaube, Hoffnung, Liebe, – diese drei; aber die Liebe ist die größte unter ihnen. (1. Korinter 13,13)

Und denken an euer Werk im Glauben und an eure Arbeit in der Liebe und an eure Geduld in der Hoffnung, welche ist unser Herr Jesus Christus, vor Gott und unserm Vater. (1. Thessalonicher 1,3)

Wir aber, die wir des Tages sind, sollen nüchtern sein, angetan mit dem Panzer des Glaubens und der Liebe und mit dem Helm der Hoffnung zur Seligkeit. (1. Thessalonicher 5,8)

Die biblische Triade wird in den Varianten »Glaube, Hoffnung, Liebe« und »Glaube, Liebe, Hoffnung« zitiert.

1. Glaube, Liebe, Hoffnung fühlten einst in ruhiger, geselliger Stunde einen plastischen Trieb in ihrer Natur; sie befleißigten sich zusammen und schufen ein liebliches Gebild, eine Pandora im höchsten Sinne: die Geduld. (c. 1825)

   Johann Wolfgang von Goethe, *Sprüche in Prosa. Sämtliche Maximen und Reflexionen*, hrsg. von Harald Fricke. Frankfurt am Main: Insel, 2005, S. 90.

2. Glaube, Liebe, Hoffnung, diese drei sind eine und die selbe Sache. Sie sind gleichnisweise nur die drei Dimensionen gut geratener Seelen. (1918)

   Ernst Hohenemser, *Aphorismen*. München: Walther Hirth, 1918, S. 28.

3. *Glaube, Hoffnung, Liebe*
   Der *Glaube* wird dir nicht gegeben
   Du mußt zu ihm dich hoch erheben.
   Gott ist in Dir noch nicht gelungen
   Eh nicht dein Wille ihn erschwungen.

   Drum halte dich zuerst ans *Hoffen*
   Steht nicht dem Geist die Hoffnung offen

Daß nicht das Nichts in erster Stunde
Dem All konnt' liegen je zu Grunde.

Auf dieser Hoffnung starken Spuren
Nah dich dem Aug' der Kreaturen
In Blicken, die traumlächelnd schweifen
Wir dich der Blitz des Weltsinns streifen.

Von diesem Blitze tief getroffen
Ward zur Gewißheit dann dein Hoffen,
Bis du, unfaßbar fortgetrieben,
Zusammenschrickst im ersten *Lieben*.

Die Liebe hast du nun als Waffe
Daß sie den Glauben dir erraffe
Den Glauben, der als wahr gewahrte,
Als offenbar das Offenbarte. (1928)

Franz Werfel, *Das lyrische Werk*, hrsg. von Adolf D. Klarmann. Frankfurt am Main: S. Fischer, 1967, S. 605-606.

4. Liebe, Glaube, Hoffnung,
aber die Liebe ist die Größte unter ihnen. (1983)

Stefan Knorr und Rainer Witt (Hrsg.), *Das Lexikon der Vorurteile*. Frankfurt: Eichborn, 1983, S. 65.

5. Kommunismus ist die Hoffnung, Glauben und Liebe aus der Welt schaffen zu können. Christenmtum ist der Glaube, Hoffnung und Liebe in der Welt schaffen zu können. (1984)

Jeannine Luczak, *Schweigegeld als Landeswährung. Aphorismen*. Olten: Walter, 1984, S. 24.

6. *Glaube, Liebe und Hoffnung*
Glaubwürdig?
Ja

Liebenswürdig?
Auch das noch

Hoffnungswürdig
Ach
wissen Sie
meine Großmutter
hat immer gesagt:
»Solange man lebt
ist noch Hoffnung«

(Sie wurde
als ganz alte Frau
in ein Vernichtungslager
abtransportiert
und vergast)

Aber mußte sie dort ganz zuletzt nicht
doch noch sehen ...?

Sie mußte gar nichts mehr sehen
denn sie war blind. (1985)

Erich Fried, *Gesammelte Gedichte*. Berlin: Klaus Wagenbach, 1993, Bd. 3, S. 226-227.

7. *Wünschenswertes Curriculum*
Im Mittelpunkt
des Religionsunterrichts
stünde
die Lehre
von
Glaube
Hoffnung
Liebe. (1987)

Susanna Martinez, *Mich menschenkundig machen. Sprachspäne*. Mannheim: Feuerbaum-Verlag, 1991, S. 82.

8. Glaube: eine Liebe, die sich Hoffnungen macht. (1993)

   Jacques Wirion, *Saetzlinge. 333 Stücke. Aphorismen.* Echternach/Luxemburg: Editions Phi, 1993, S. 66.

9. Glaube, Liebe, Aircondition. (1994)

   Aysel Özakin, *Glaube, Liebe, Aircondition. Eine türkische Kindheit.* München: Goldmann, 1994.

10. Glaube, Hoffnung und Liebe. Last, Verzweiflung und Leid. (2004)

    Anton Kolb, *Lebensweisheit/Kritik am Zeitgeist. Aphorismen und Gedichte.* Münster: Lit Verlag, 2004, S. 110.

11. Das, was man hat, wird einem erst bewusst, wenn es fehlt: Geld, Liebe, Hoffnung ... (2004)

    Helmut Peters; in Helmut Peters und Helga Schäferling, *Denken zwischen Gedanken – nicht ohne Hintergedanken.* Oberhausen: Athena, 2004, S. 57.

12. *Torheit*
    Ich möchte gern Worte gebrauchen wie *ewig*
    Und *Glaube* und *Liebe* und *Hoffnung* die *drei.*
    Und ich wünschte, die Welt wäre so nicht im Wandel.
    Und ich wüßt, was das heißt, wenn man sagt, man ist *treu.*
    Ich bin immer versucht, in die Ferne zu laufen.
    Fort von Tod und Torheit, sich weise zu stelln.
    Auch das Alter nimmt mir nicht die Gier auf das Leben.
    (Ob auch *alte* Hunde den Mond anbelln?) (c. 2007)

    Eva Strittmatter, *Auf einmal war es schon das Leben. Gedichte, Essays, Briefe,* hrsg. von Almut Giesecke. Berlin: Aufbau-Verlag, 2011, S. 136.

13. Ein Leben in Fülle ist eine geglückte Mischung aus Glauben, Hoffen und Lieben. (2007)

Ernst Ferstl, *Lebensspuren. Aphorismen*. Sprakensehl-Hagen: Asaro, 2007, S. 33.

14. Liebe, Glaube, Hoffnung
    stehen jedem Gottesbeweis im Wege. (2012)

    Elazar Benyoëtz, *Sandkronen. Eine Lesung*. Wien: Braunmüller, 2012, S. 130.

15. Ob Glaube, ob Hoffnung, ob Liebe,
    alles im Menschen ist Warten,
    das sucht, in Erwartung zu treten
    und dem Warten entgegen
    sehen zu können. (2012)

    Elazar Benyoëtz, *Sandkronen. Eine Lesung*. Wien: Braunmüller, 2012, S. 215.

16. Glaube, Liebe, Mafia. (2013)

    Mark Zak, *Glaube, Liebe, Mafia. Ein Fall für Josif Bondar*. Köln: Kiepenheuer & Witsch, 2013.

17. Glaube, Liebe, Auspuff. (1999)

Hanno Rauterberg, »Glaube, Liebe, Auspuff. Der VW-Konzern baut sich eine eigene Stadt – und verklärt den Autokult zur Religion.« *Die Zeit*, Nr. 36 (2. September 1999), S. 37.

18. Glaube, Liebe, Hoffnung. (2010)

Thomas Assheuer, »Glaube, Liebe, Hoffnung. Ein Romantiker der Vernunft: Zum Tod des großen französischen Filmregisseurs Eric Rohmer.« *Die Zeit*, Nr. 3 (14. Januar 2010), S. 39.

XVI. »Wer's glaubt, wird selig«

Wer da glaubet und getauft wird, der wird selig werden; wer aber nicht glaubet, der wird verdammt werden. (Markus 16,16)

Aus diesem Bibelspruch sind gleich zwei Sprichwörter hervorgangen, nämlich »Der Glaube macht selig« und »Wer's glaubt, wir selig«, wobei die zweite populärere Fassung oft ironisch oder scherzhaft benutzt wird. Da Friedrich Nietzsche sich wiederholt mit dem ersten Text auseinandergesetzt hat, seien hier drei seiner Kurzprosatexte zitiert. Die weiteren Belege behandeln das volkstümlicher gewordene Sprichwort.

1. Der Glaube macht selig. – Die Tugend giebt nur Denen Glück und eine Art Seligkeit, welche den guten Glauben an ihre Tugend haben: – nicht aber jenen feineren Seelen, deren Tugend im tiefen Misstrauen gegen sich und alle Tugenden besteht. Zuletzt macht also auch hier »der Glaube selig!« – und wohlgemerkt, nicht die Tugend! (1882)

    Friedrich Nietzsche, *Kritische Studienausgabe in 15 Bänden*, hrsg. von Giorgio Colli und Mazzino Montinari. München: Deutscher Taschenbuch Verlag, 1999, Bd. 3, S. 508.

2. »Der Glaube macht selig«: gut! Bisweilen wenigstens! Aber der Glaube macht unter Umständen dumm, selbst in dem seltneren Falle, daß er es nicht ist, daß er von vornherein ein kluger Glaube ist. Jeder lange Glaube wird endlich dumm. (1886)

    Friedrich Nietzsche, *Kritische Studienausgabe in 15 Bänden*, hrsg. von Giorgio Colli und Mazzino Montinari. München: Deutscher Taschenbuch Verlag, 1999, Bd. 12, S. 181.

3. Ein Glaube der behauptet »selig« zu machen, nachdem er krank machte. Ein Glaube, der sich auf Bücher beruft, – ein Glaube, der eine Offenbarung für sich in Anspruch nimmt – ein Glaube, der den Zweifel an sich als »Sünde« betrachtet, ein Glaube, der sich durch Märtyrertode beweist – – – (1888)

Friedrich Nietzsche, *Kritische Studienausgabe in 15 Bänden*, hrsg. von Giorgio Colli und Mazzino Montinari. München: Deutscher Taschenbuch Verlag, 1999, Bd. 13, S. 246.

4. Wer glaubt wird selig. Nein! – Wer glaubt *ist* selig. (c. 1935)

Rudolf Alexander Schröder, *Aphorismen and Reflexionen,* hrsg. von Richard Exner. Frankfurt am Main: Suhrkamp, 1977, S. 91.

5. Wer es glaubt, wird selig, und wer da mahlt, wird mehlig. (1955)

Erwin Strittmatter, *Tinko. Roman*. Berlin: Aufbau-Verlag, 1971, S. 380.

6. Wer nicht glaubt der wird nicht selig wer nicht mahlt wird nicht mehlig. (1967)

Johannes Bobrowski, *Litauische Claviere. Roman*. München: Deutscher Taschenbuch Verlag, 1972, S. 34 und S. 122.

7. Die Leiden dieser Zeit sind nicht zu vergleichen mit der künftigen Seligkeit. Wer's glaubt, wird selig. (1968)

Robert Meßmer, *Einwürfe. Erlebtes – Erdachtes – Plagiiertes über Gott und die Welt*. Feldafing/Obb.: Friedl Brehm, 1968, S. 19.

8. *Bekenntnis zur Verwurzelung in der*
freiheitlich-demokratischen Gesellschaft
Ich glaube
an die freiheitlich-demokratische Gesellschaft

Glaube
an die freiheitlich-demokratische Gesellschaft!

Der Glaube an die freiheitlich-demokratische Gesellschaft
macht selig

Der Glaube an die selige Gesellschaft
macht freiheitlich-demokratisch

Der Glaube an die selige Demokratie
macht die freiheitliche Gesellschaft

Der Glaube an die Seele der Gesellschaft
macht die Demokratie frei

Der Glaube an die Freiheit der Demokratie
macht die Gesellschaft gesellig

Die Freiheit der demokratischen Seele
macht die Gesellschaft gläubig

Wers glaubt wird selig
Wers nicht glaubt wird noch schneller selig. (1969)

Erich Fried, *Gesammelte Werke. Gedichte.* Berlin: Klaus Wagenbach, 1993, Bd, 1, S. 613.

9. Ich bin der Herr, dein Gott.
   Wer's glaubt, wird selig. (1973)

   Kay Hoff; in Dieter Hülsmanns und Friedrich Reske (Hrsg.), *Aller Lüste Anfang. Das 7. Buch der Werbung.* Reinbek: Rowohlt, 1973, ohne Seitenangabe. Auch in Michael Hallstatt (Hrsg.), *Innen war das Trojanische Pferd ein Wohnmobil. Neue Stilblüten aus deutschen Klassenzimmern.* München: Wilhelm Heyne, 1991, S. 106.

10. Wer nicht glaubt, wird auch nicht selig. (1977)

    Gerhard Uhlenbruck, *Ins eigene Netz. Aphorismen.* Aachen: Stippak, 1977, S. 93.

11. Selig sind, die sehen. Und nicht glauben. (1979)

    Nikolaus Cybinski, *Werden wir je so klug sein, den Schaden zu beheben, durch den wir es wurden? Aphorismen.* Lörrach: Lutz, 1979, S. 33.

12. »Wer da glaubt, der wird selig werden.«
    »Wer's glaubt, wird selig.« (1979)

    Volker Erhardt, »*Auch der Kannibale schätzt den Menschen am höchsten*«. *Aphorismen*. Köln: Satire Verlag, 1979, S. 6.

13. Der Glaube macht selig aber nicht satt. (1979

    Volker Erhardt, »*Auch der Kannibale schätzt den Menschen am höchsten*«. *Aphorismen*. Köln: Satire Verlag, 1979, S. 7.

14. Wer als Wissenschaftler glaubt, wird nicht selig. (1979)

    Gerhard Uhlenbruck, *Einfach gesimpelt. Aphorismen*. Aachen: Stippak, 1979, S. 86.

15. Wer glaubt wird unselig – in der Wissenschaft. (1980)

    Gerhard Uhlenbruck, *Frust-Rationen. Aphorismen*. Aachen: Stippak, 1980, S. 77.

16. Wer's glaubt, wird selig. Wer's nicht glaubt, wird Professor. (1984)

    Werner Mitsch, »*Grund- & Boden-Sätze*«. *Sprüche. Nichts als Sprüche*. Stuttgart: Heinz und Margarete Letsch, 1984, S. 12.

17. Wer's glaubt, wird selig.
    Wer's nicht glaubt, wird verhaftet. (1985)

    Bruno Lamprecht, *Silberzwiebeln. Aphorismen, Scherze, Denkanstöße*. Freiburg (Schweiz): Imba, 1985, S. 36.

18. Wer's klaubt, wird selig. (1987)

    Andreas Bender, *Kleine Socken jucken auch. Sprichwörter, Redensarten und Zitate – verdreht*. Frankfurt am Main: Eichborn, 1987, ohne Seitenangabe.

19. Kapitalismus: Wer an ihn glaubt, wird habselig. (1987)

    Gerhard Uhlenbruck, *Kaffeesätze. Gedankensprünge in den Sand des Getriebes*. Erkrath: Spiridon, 1987, S. 62.

20. Wer's glaubt, wird selig. (2000)

    Ephraim Kishon, *Wer's glaubt, wird selig. Politische Satiren*. München: Langen Müller, 2000.

21. Wer selig ist, der glaubt auch. (2001)

    Gerhard Uhlenbruck, *Worthülsenfrüchte oder Ein Körnchen Wahrheit für alle Tage. Ein Kalenderbuch für 2002*. Köln: Ralf Reglin, 2001 (8. Oktober).

22. Wer es glaubt wird selig, so sagt man. Wer aber etwas weiß, ist besser dran. (2005)

    Wilhelm Junge, *200 Seiten mit Aphorismen, Weisheiten und Witzen*. Leipzig: Engelsdorfer Verlag, 2005, S. 71.

23. Wer's glaubt, wird selig. (2010)

    Marlies Kalbhenn, *Wer's glaubt, wird selig. Schubladengeschichten*. Espelkamp: Kalbhenn, 2010.

24. Wer Liebeserklärungen glaubt, wird selig, wenn er keine Beweise fordert. (2011)

    Gerhard Uhlenbruck, *Sprüche. Gedankensprünge von Mensch zu Mensch*. Bochum: Norbert Brockmeyer, 2011, S. 129.

25. Wer es glaubt, wird selig, das besagt das Wort vertrauensselig. (2011)

    Gerhard Uhlenbruck, *Sprüche. Gedankensprünge von Mensch zu Mensch*. Bochum: Norbert Brockmeyer, 2011, S. 130.

26. Wer glaubt, wird selig: wer nur an sich glaubt auch. (2013)

   Gerhard Uhlenbruck, *Denk-an-Sätze. Wieder sinnige Sprüche und aphoristische Heil- und Selbstpflege-Sätze*. Bochum: Norbert Brockmeyer, 2013, S. 31.

27. Wer's glaubt, wird auch nicht selig. (1978)

Anonym, »Wer's glaubt, wird auch nicht selig. Die Engländerin Philippa Waring hat ein Buch über 'Omen und Aberglauben' geschrieben. Die Zauberei hat bisher nur ihr geholfen. Das Honorar war gut.« *Quick*, Nr. 39 (21. September 1978), S. 42.

Wer's glaubt, wird auch nicht selig

Die Engländerin Philippa Waring hat ein Buch über „Omen und Aberglauben" geschrieben. Die Zauberei hat bisher nur ihr geholfen: Das Honorar war gut

Krimineller Schinken: Er hilft gegen die Verstopfung

Wer steinalt werden möchte, tut sich – so weiß es zumindest laut Philippa Warings Buch ein alter Aberglauben – hierzulande leicht. Er muß nur immer eine Eichel mit sich tragen. Der Zauber wirkt am besten bei Frauen, und ganz besonders, wenn sie die Eichel in ihre Handtasche legen.

Gegen Fieber und auch Verstopfung hilft eine angenehme, viel zuwenig bekannte Kur: Statt Tabletten muß man tüchtig Schinken essen. Ein kleiner Haken ist allerdings dabei: Der Schinken hilft nur, wenn er gestohlen wurde.

In Nordamerika werden, wenn es stimmt, die stärksten Liebesmittel aus dem Kaugummifabriken hergestellt. Und so wirkt es: Ein Junge, der in ein Mädchen verliebt ist, sollte über einem Stück Kaugummi die heiße Bitte aussprechen, das Mädchen möge in Liebe zu ihm fallen. Dann gibt er dem Mädchen den Gummi, das Mädchen kaut ihn – und kann der Liebesbezeugung nicht widerstehen.

Frauen, die mit einem so starken Trinker verheiratet sind, erwächst aus dem Aberglauben-Buch starker Trost: Wenn sie dem Saufbold heimlich ein Eulenei in den geliebten Alkohol mixen, läßt er das Weitertrinken sein. Es sei denn, er hat das Buch auch gelesen und eine geröstete Schweinslunge gegessen: Sie macht ihn nüchtern, weitere 24 Stunden zu bechern, ohne daß er aus dem Sessel kippt.

Glatzköpfe können zu neuem Haupthaar kommen, wenn sie die kahlen Stellen reich-

Spucke auf den Kopf: beschert Babys großes Glück

lich mit Ziegendreck einreiben. Damit es gar nicht so weit kommt, sollte man niemals die Haare bei abnehmendem Mond schneiden. Sie werden sonst, wie der Mond, immer dünner und sind eines Tages nicht mehr zu sehen.

Achtung, Mütter: Wenn Sie eine Wiege schaukeln, ohne daß das Kind in ihr liegt, stirbt das Baby früh. Auch wenn ein Kind in den Spiegel schaut, bevor es sechs Monate zählt, ist es tot, bevor es ein Jahr alt ist. Dagegen bringt es, so glauben die Iren, dem Kleinen Glück, wenn man ihm auf den Kopf spuckt. Nach einer freundlicheren Variante genügt es, den Kopf des Babys mit Honig einzuschmieren.

Von Schwindsucht – was immer das heute sein mag – wird man geheilt, wenn man vor dem Frühstück ein paar junge Frösche schluckt. Gegen hartnäckigen Husten helfen drei Schnecken in Gerstenschleim, den man dem Huster zu trinken gibt. Es ist wichtig, sagt das Rezept, daß der Patient nicht weiß, was er da trinkt.

Eine Überfülle Salat im Garten verhindert, daß die Frau allen Bemühungen zum Trotz schwanger wird. Ganz Mißtrauische nehmen zusätzlich noch die Pille.

Baseballspieler haben vieles zu beachten. Es ist sehr schlecht für sie, wenn ein Hund über die Spielfläche rennt oder eine schielende Frau auf der Tri-

büne sitzt. Dagegen man, der Spieler, der im Publikum eine Rothaarige sieht, viel Glück. Vor allem, wenn er sie überreden kann, ihm eins ihrer roten Haare zu schenken.

Wenn ein Mann seinen Körper überall wäscht, fürchten die Walliser, dann wäscht er sein Glück ab. In Wales lassen die Bergleute ihre Hintern schwarz. Wenn sie sie säubern, so fürchten sie, fallen sie in den Schacht.

Früher glaubte man, die Zichorienpflanze könne einen Menschen unsichtbar machen. Heute ist man bescheidener geworden und glaubt nur noch, daß die Zichorie Unheil abwendet und Schlösser öffnen hilft. Aber das sollte man den Dieben besser nicht sagen.

Ein Mensch, dessen Augenbrauen über der Nase zusammengewachsen sind, hat nie Ärger mit den immer glücklich, glaubt man in vielen Ländern Europas. In anderen europäischen Gegenden ist so ein Mensch allerdings unwahrhaft oder gar ein Werwolf oder ein Vampir.

Eine Frau, der plötzlich die Schürze heruntergleitet, muß großes Pech erwarten. Nach einer

Gegen kahle Häupter: Ziegendreck läßt Haare wachsen

anderen Version wird sie im Lauf eines Jahres ein Kind erwarten – und auch das ist für so manches Fräulein ein großes Pech. Wenn ein Mädchen verlobt ist, sollte sie ihrem Zukünftigen nicht seine Schürze tragen lassen. Das gibt Streit. Zumindest macht es ihren Auserwählten mißtrauisch.

Einer Frau, welcher ihr Busen weh tut, kann – so glauben zumindest die Engländer – leicht geholfen werden. Sie muß nur um Mitternacht in die Kirche gehen, dort etwas Blei aus dem Schmuckfenster nehmen, das Blei zu einem Herz formen und dieses an einer Kette um den Hals tragen. So einfach ist das.

Rezept für Hagestolze: Ameiseneier, mit Honig vermischt gegessen, sind das beste Gegenmittel gegen Liebe.

Das sicherste Mittel, schön zu werden und zu bleiben, ist ein Vollbad in Tau, den man am 1. Mai gesammelt hat. Diesen Effekt hat auch, glauben die Ungarn, ein Bad in frischem Blut. Die Deutschen sind bescheidener und sagen, daß kalter Kaffee sie schön macht.

Es bringt einem Autor Unglück, in der letzten Rubrik seines Buches die Buchstaben XYZ zu verwenden: Er wird dann nie wieder ein Buch schreiben. Vielleicht war gerade das der Grund, weshalb Philippa Waring das XYZ in ihrem Aberglauben-Buch nicht ausließ.

Schwarzer Hintern: Wenn man ihn wäscht, stürzt man ab

28. Wer's glaubt, isst selig. (2006)

Christiane Grefe, »Wer's glaubt, isst selig. Lebensmittel sollen gesund machen: Mit Functional Food wollen Konzerne wie Nestlé ihre Gewinne steigern.« *Die Zeit*, Nr. 46 (9. September 2006), S. 48.

XVII. »Wer andern eine Grube gräbt, fällt selbst hinein«

Wer eine Grube macht, der wird hineinfallen; und wer einen Stein wälzt, auf den wird er zurückkommen. (Sprüche 26,27)

Er hat eine Grube gegraben und ausgehöhlt und ist in die Grube gefallen, die er gemacht hat. (Psalm 7,16)

Sie stellen meinem Gange Netze und drücken meine Seele nieder; sie graben vor mir eine Grube und fallen selbst hinein. (Psalm 57,7)

Aber wer eine Grube macht, der wird selbst hineinfallen; und wer den Zaun zerreißt, den wird eine Schlange stechen. (Prediger 10,8)

Aus diesen Bibelsprüchen ist das bekannte Volkssprichwort »Wer andern eine Grube gräbt, fällt selbst hinein« entstanden. Vgl. Wolfgang Mieder, »'Wer andern eine Grube gräbt, fällt selbst hinein': Vom Bibelzitat über das Sprichwort zum Antisprichwort,« in *Phraseologie und Text. Materialien der XXXVIII. internationalen wissenschaftlich-methodischen Konferenz*, hrsg. von A. Savchenko, Valerii M. Mokienko und Harry Walter (Greifswald: Ernst-Moritz-Arndt Universität Greifswald, Institut für Fremdsprachliche Philologien – Slawistik, 2010), S. 103-133.

1. *Grabschrift eines Totengräbers*
   Der Mann hat achtzig Jahr gelebt,
   und scharrte manchen ein;
   Wer andern Gruben gräbt,
   Fällt endlich selbst hinein. (c. 1800)

   Peter Wilhelm Hensler; in Otto A. Böhmer (Hrsg.), *Leben ist immer – lebensgefährlich. Heitere Sinngedichte aus fünf Jahrhunderten*. München: Deutscher Taschenbuch Verlag, 1990, S. 115.

2. »Wer andern eine Grube gräbt« –
   Dies Wort mag trefflich sein;
   Doch wer sie aus der Grube hebt,
   Auch der fällt meist hinein. (c. 1840)

Ernst Freiherr von Feuchtersleben, *Sämtliche Werke*, hrsg. von Friedrich Hebbel. Wien: Gerold, 1851, Bd. 2, S. 195.

3. Wenn Jeder, der »Andern eine Grube gräbt, selber hineinfiele«, was für ein Gepurzel müßte man dann täglich erblicken! Aber die Sache ist durchaus nicht so; diejenigen, welche die Gruben für ehrliche Leute graben, sehen es sich gemüthlich an, wie ihre Opfer hineinfallen, geben ihnen auch wohl mitunter noch einen Fußtritt zur Beschleunigung des Falles, worauf sie vielleicht das allgemeine Ehrenzeichen oder eine ähnliche Belohnung empfangen. (c. 1860)

Karl Friedrich Wilhelm Wander, *Politisches Sprichwörterbrevier*. Leipzig: Wigand, 1872; Nachdruck hrsg. von Wolfgang Mieder. Bern: Peter Lang, 1990, S. 221.

4. *Vom Grubengraben*
Wir haben es ja oft erlebt:
Wer andern eine Grube gräbt,
Fällt selbst hinein. So geht es allen,
Die Gruben graben! Aber ach,
Wie viel sind schon mit großem Krach
Ganz ohne Grube hineingefallen! (1904)

Julius Stettenheim, *Nase- und andere Weisheiten*. Berlin: F. Fontane, 1904, S. 149.

5. Wer andern keine Grube gräbt, fällt selbst hinein. (1909)

Karl Kraus, *Beim Wort genommen*, hrsg. von Heinrich Fischer. Köln: Kösel, 1955, S. 57. Auch in Bernd Thomsen (Hrsg.), *Lieber die dunkelste Kneipe als den hellsten Arbeitsplatz. Neue-Büro Sprüche*. München: Wilhelm Heyne, 1986, ohne Seitenangabe.

6. Wer andern eine Grube gräbt, krümmt sich beizeiten. (1931)

Richard von Schaukal, *Gedanken*. München: Georg Müller, 1931, S. 66.

7. *Ausnahme*
   Ein Mensch fällt jäh in eine Grube,
   Die ihm gegraben so ein Bube.
   Wie? denkt der Mensch, das kann nicht sein:
   Wer Gruben gräbt, fällt selbst hinein! –
   Das mag vielleicht als Regel gelten:
   Ausnahmen aber sind nicht selten. (1948)

   Eugen Roth, *Sämtliche Menschen*. München: Carl Hanser, 1983, S. 176.

8. *Wer andern eine Grube gräbt*
   Man sagt, daß dem, der danach strebt,
   Daß er für andre Gruben gräbt,
   In vielen, ungezählten Fällen
   Die Freude jäh es tät vergällen,
   Glaubt er das Opfer schon zu haben,
   Und er saust selbst dann in den Graben.
   Doch bei wie vielen dunklen Dingen
   Mag wohl der Anschlag doch gelingen? (1949)

   Helmut Zech, *Bosheiten und Sticheleien. Heitere Verse*. Göppingen: Globus Verlag, 1949, S. 87.

9. Wer andern eine Grube gräbt, kennt zumindest die Maße seines eigenen Loches. (1957)

   Erwin Chargaff, *Bemerkungen*. Stuttgart: Klett-Cotta, 1981, S. 69.

10. *Hymne auf Bundesebene*
    Wer dem andern gräbt die Grube,
    der fällt meistens selbst hinein;
    aber sie sich selbst zu graben,
    dürfte idiotisch sein.
    Zwar man konnte schon in Gruben
    manche Kriege überstehn;
    aber bei dem nächsten Kriege
    dürfte dieses nicht mehr gehn. (c. 1960)

Anonymes Gedicht in Hans Reinhard Schatter (Hrsg.), *Scharf geschossen. Die deutschsprachige Parodie von 1900 bis zur Gegenwart*. München: Scherz, 1968, S. 254-255.

11. Andern keine Grube graben! Die meisten Leute sind die Schaufelei nicht wert. (1962)

    Hans Kasper, *Abel, gib acht. Aktuelle Aphorismen*. Düsseldorf: Econ, 1962, S. 121.

12. Wer mag alte Wunden aufreißen, wenn das Wundeaufreißen Lust bereitet? Oder dem anderen eine Grube graben, damit er Dir später heraushilft? (1963)

    Günter Grass, *Hundejahre*. Neuwied: Luchterhand, 1963, S. 466.

13. Wer andern Leuten eine gräbt,
    fällt selber in die Grube.
    Was schützt gegen fremde Unmanier?
    Die eigne Kinderstube. (vor 1968)

    Mascha Kaléko, *Das himmelgraue Poesie-Album*. Berlin: Arani-Verlag, 1983, S. 79.

14. *Fallen-Gefallen*
    Einer fällt oft in die Grube, aber immer auf die Füße, oft jemandem in die Hände, aber nie einem zur Last, oft auf die Nase, nie auf die Knie, allen in die Rede, keinem auf die Nerven, gern mit der Tür ins Haus. Immer wieder aus allen Wolken, immer wieder in Gottes Schoß. (1970)

    Marie Luise Kaschnitz, *Steht noch dahin. Neue Prosa*. Frankfurt am Main: Insel, 1970, S. 72.

15. weiters grub ich anderen eine grube und fiel selbst hinein. ich lobte den tag vor dem abend. ich schaute einem geschenkten gaul ins maul. ich kam vom hundertsten ins tausendste. ich fügte einem andern zu, was ich nicht

wollte, daß man mir tu. ich setzte alles auf eine karte. ich warf die flinte ins korn. ich brachte meine schäfchen ins trockene. ich lebte wie gott in frankreich. ich war feucht hinter den ohren. ich klopfte auf holz. ich besaß lieber den spatz in der hand, als die taube auf dem dach. es ging mir wie dem fuchs mit den trauben. hoch klang das lied vom braven mann. (1972)

Gerhard Roth, *Die Autobiographie des Albert Einstein. Fünf Kurzromane*. Frankfurt am Main: Fischer, 1982, S. 62.

16. Grube um Grube,
    die ich anderen grub:
    nie fiel ich hinein. (1977)

Guido Hildebrandt, *Spot und Hohn. Eine Unart Aforismen*. Duisburg: Gilles & Francke, 1977, S. 29.

17. Wer dem andern eine Grube gräbt, muß sehen, daß er wieder herauskommt. (1977)

Gerhard Uhlenbruck, *Ins eigene Netz. Aphorismen*. Aachen: Stippak, 1977, S. 18.

18. Wer aus seinem Herzen eine Mördergrube macht, muß damit rechnen, daß er selbst hineinfallen kann. (1977)

Gerhard Uhlenbruck, *Ins eigene Netz. Aphorismen*. Aachen: Stippak, 1977, S. 49.

19. Als Wissenschaftler grabe ich anderen eine Fundgrube. (1977)

Gerhard Uhlenbruck, *Ins eigene Netz. Aphorismen*. Aachen: Stippak, 1977, S. 148.

20. Wer anderen eine Grube gräbt, ist Grubengräber. (1978)

Udo Bracht (Hrsg.), *Bilder von der Schulbank. Kritzeleien aus deutschen Schulen*. München: Carl Hanser, 1978, S. 106.

21. Wer andre in die Grube schickt, fällt selbst nicht rein. (1978)

   Oskar Cöster, »Schüsse aus der Wortkanone.« *Stern*, Nr. 9 (23. Februar 1978), S. 132.

22. Wer andern eine Grube gräbt, darf kein Mitleid für seine Schwielen erwarten. (1978)

   Gerd W. Heyse, *Der Hund des Nachbarn bellt immer viel lauter. Aphorismen.* Berlin: Eulenspiegel Verlag, 1978, S. 62.

23. Sein Leben lang gräbt der Totengräber anderen eine Grube. Drum fällt er schließlich selbst hinein. (1978)

   Hanns-Hermann Kersten, *Euphorismen & rosa Reime.* Stuttgart: Deutsche Verlags-Anstalt, 1978, S. 66.

24. Wer andern eine Grube gräbt, kommt leicht ins Grübeln. (1978)

   Werner Mitsch, *Spinnen, die nicht spinnen, spinnen. Sprüche. Nichts als Sprüche.* Stuttgart: Heinz und Margarete Letsch, 1978, S. 95. Auch in Anne Grimmer (Hrsg.), *1000 coole Schülersprüche.* Bindlach: Loewe, 2000, S. 224.

25. Annern e Grub grawe un selver net reinfalle des is de Rechel. (1978)

   Kurt Sigel, *Gegenreden – Quergebabbel. Hessische Mundartsprüche, Gedichte und Redensarten.* Düsseldorf: Claassen, 1978, S. 44.

26. Auch wer andern eine grube gräbt, wird nach tarif bezahlt. (1979)

   Volker Erhardt, »*Auch der Kannibale schätzt den Menschen am höchsten*«. *Aphorismen.* Köln: Satire Verlag, 1979, S. 103.

27. Wer andern eine Grube gräbt, wird nach Leistung bezahlt. (1979)

   Žarko Petan, *Mit leerem Kopf nickt es sich leichter. Satirische Aphorismen.* Graz: Styria, 1979, S. 31.

28. Wer seine Grube selber gräbt, weiß wenigstens, wo sie liegt. (1979)

   Axel Schulze, »Aphoristisches.« *Neue deutsche Literatur*, 27 (1979), S. 169.

29. »Wer anderen eine Grube gräbt, fällt selbst hinein«, sagte der Mitarbeiter, als der Kollege von der Bildfläche verschwunden war, dem er die Nützlichkeit jener Grube so zwingend verdeutlicht hatte. (1979)

   Klaus Sochatzy, *Adnotationen. Gegenreden gegen Reden und Gerede. Aphorismen.* Frankfurt am Main: Rita G. Fischer, 1978, S. 55.

30. Nicht jeder, der anderen eine Grube gräbt, ist Tiefbauer. (1980)

   Jupp Müller, *Pfennigwahrheiten und Groschensprüche.* Berlin: Eulenspiegel Verlag, 1980, S. 62.

31. Wer aus seinem Herzen keine Mödergrube macht, gräbt sich selbst sein Grab. (1981)

   Gerhard Uhlenbruck, *Keiner läßt seine Masche fallen. Aphorismen.* Aachen: Stippak, 1981, S. 27.

32. Wer andern eine Grube gräbt, ist Bauarbeiter. (1982)

   Willi Hau (Hrsg.), *Es wird Zeit, dass wir lieben. Sponti-Sprüche No. 2.* Frankfurt am Main: Eichborn, 1982, ohne Seitenangabe.

33. Wer andern eine Grube gräbt, wird selber Chef! (1982)

   René Hildbrand, *Arbeit macht Spaß! Sprüche, Verse und Reime.* Bern: Benteli, 1982, S. 13.

34. Wer andern eine Grube gräbt, läßt sich das gut bezahlen. (1982)

Klaus Möckel, *Kopfstand der Farben. Verkehrte Gedichte.* Berlin: Eulenspiegel Verlag, 1982, S. 84.

35. Nicht jeder, der eine Grube gräbt, möchte sich ein Haus bauen. (1983)

Anonymer Spruch in *Nebelspalter*, Nr. 11 (15. März 1983), S. 25.

36. wer andern eine grube gräbt
fällt selbst hinein
deshalb
mein mitleid mit
den totengräbern. (1983)

Manfred Hausin, *Hausinaden, der Epigramme zweiter Band.* Göttingen: Davids Drucke, 1983, S. 57.

37. Wer andern eine Grube gräbt, ist noch lange kein Tiefbau-Ingenieur. (1983)

Spruch von Hans und Gerda Lübke in *Morgenpost* (5. Januar 1983), ohne Seitenangabe.

38. Wer andre in die Grube schubst, fällt selbst nicht 'rein. (1983)

Eduard Moriz (Hrsg.), *Nimm's leicht, nimm mich. Sponti-Sprüche No. 3.* Frankfurt am Main: Eichborn, 1983, ohne Seitenangabe.

39. Wer andern eine Grube gräbt, vergesse die Leiter nicht, die ihm nach getaner Arbeit heraushilft. (1983)

Peter Oprei, *Bedenkliches – Unbedenkliches. Aphorismen.* St. Michael: J.G. Bläschke, 1983, S. 7.

40. Wer anderen eine Grube gräbt, läßt sich ausnutzen. (1984)

   Ralf Bülow, *Liebe ist heilbar. Sprüche aller Art.* Frankfurt am Main: Michler, 1984, ohne Seitenangabe.

41. Wer andern eine Grube gräbt –
   hat selbstverständlich Anspruch
   auf tarifgemäße Bezahlung.
   Und sollte er dabei hineinfallen,
   auch auf Schadenersatz. (1984)

   Siegfried Gloose, *Einfälle – Ausfälle. Aphorismen und verbogene Sprüche.* St. Michael: J.G. Bläschke, 1984, S. 61.

42. Wer andern eine Grube gräbt ist selbst ein Schwein. (1984)

   Günter Hesse, *Die Wände im Knast ... Und sie reden doch. Graffiti aus deutschen Gefängnissen.* Bremen: Skarabäus, 1984, Bd. 1, S. 114.

43. Wer Panthern eine Grube gräbt, kriegt Ärger mit dem Zoll. (1984)

   Werner Mitsch, *»Grund- & Boden-Sätze«. Sprüche. Nichts als Sprüche.* Stuttgart: Heinz und Margarete Letsch, 1984, S. 35.

44. Wer dem anderen eine Grube gräbt, möchte ihn auch hereinlegen. (1984)

   Gerhard Uhlenbruck, *»Mensch ärgere mich nicht«. Wieder Sprüche und Widersprüche.* Köln: Deutscher Ärzte-Verlag, 1984, S. 18.

45. Wer anderen eine Grube gräbt, muß dafür nach dem Tarif der IG Bau, Steine, Erden bezahlt werden. (1985)

   Richard Mahkorn (Hrsg.), *Büro-Sprüche.* München: Wilhelm Heyne, 1985, ohne Seitenangabe.

46. Wer andern eine Grube gräbt
    fällt selbst hinein?
    dann müßte jeder
    der vom Schützengraben lebt
    schon reingefallen sein. (1985)

Lieslotte Rauner, *Kein Grund zur Sorge. Gedichte, Epigramme, Songs*. Oberhausen: Asso, 1985, S. 107.

47. Wer andern eine Grube gräbt, ist hilfsbereit. (1985)

Christian Roman (Hrsg.), *Reden ist Silber, Schweigen ist fünf. Schüler-Sprüche No. 2*. Frankfurt am Main: Eichborn, 1985, ohne Seitenangabe.

48. Infarkt: Wer aus seinem Herzen eine Mördergrube macht, fällt eines Tages selbst hinein. (1985)

Gerhard Uhlenbruck, *Eigenliebe macht blind. Hirnrissige Gedankensprünge und Aphorismen*. Aachen: Stippak, 1985, S. 8.

49. Wer anderen eine Grube gräbt, will ihnen auch das Wasser abgraben. (1985)

Gerhard Uhlenbruck, *Eigenliebe macht blind. Hirnrissige Gedankensprünge und Aphorismen*. Aachen: Stippak, 1985, S. 12.

50. Wer andern eine Grube gräbt, fällt selbst nicht rein. (1986)

Christian Roman (Hrsg.), *Big Mäc is watching you! Schüler-Sprüche No. 3*. Frankfurt am Main: Eichborn, 1986, ohne Seitenangabe.

51. Wer andern eine Grube gräbt, ist selbst dran schuld. (1986)

Eduard Moriz (Hrsg.), *Lieber sauweich als eberhard. Sponti-Sprüche No. 6*. Frankfurt am Main: Eichborn, 1986, ohne Seitenangabe.

52. Wer andern eine Grube gräbt, bekommt selten Lohn für diese Arbeit. (1986)

Ehrfried Siewers, »Alte Sprüche – etwas aufgefrischt.« *Südwest Presse* (14. Juni 1986), ohne Seitenangabe.

53. Wer anderen eine Grube gräbt, ist Bauarbeiter oder Totengräber. (1987)

Andreas Bender, *Kleine Socken jucken auch. Sprichwörter, Redensarten und Zitate – verdreht*. Frankfurt am Main: Eichborn, 1987, ohne Seitenangabe.

54. Wer andern eine Grube gräbt, gräbt nie allein. (1987)

Hans Gamber (Hrsg.), *Freche Sprüche für jeden Tag*. Rastatt: Moewig, 1987, S. 63.

55. Wer anderen eine Grube gräbt, kann sich begraben lassen. (1987)

Gerhard Uhlenbruck, *Kaffeesätze. Gedankensprünge in den Sand des Getriebes*. Erkrath: Spiridon, 1987, S. 74.

56. Die Grube, die wir anderen graben, ist das Grab – unseres Charakters. (1987)

Gerhard Uhlenbruck, *Kaffeesätze. Gedankensprünge in den Sand des Getriebes*. Erkrath: Spiridon, 1987, S. 109.

57. Wer andern eine Grube gräbt, hat viel zu tun. (1988)

Spruch von Karlheinz Criwisz in *Bild-Zeitung* (19. September 1988), S. 2.

58. Wer andern eine Grube gräbt, der geht auch über Leichen. (1988)

Werner Mitsch, *Neue Hin- und Widersprüche*. Rosenheim: Förg, 1988, S. 65.

59. Wenn man beim Klüngeln anderen eine Grube gräbt, so kann sie auch zum Grab unseres Charakters werden. (1988)

Gerhard Uhlenbruck, *Kölner Klüngel Kalender*. Pulheim: Rhein-Eifel-Mosel-Verlag, 1988 (5. November).

60. Wer andern eine Grube gräbt, fällt selbst hinauf. (vor 1989)

Gudrun Piotrowski; in Gabriele Berthel (Hrsg.), *Kurz und mündig. Aphorismen*. Rudolstadt: Greifenverlag, 1989, S. 182.

61 Wer *40 Jahre* Gruben gräbt, fällt selbst hinein. (1990)

Ewald Lang (Hrsg.), *Wendehals und Stasi-Laus. Demo-Sprüche aus der DDR*. München: Wilhelm Heyne, 1990, S. 74.

62. Wer anderen eine Fundgrube gräbt, fällt auf sich selbst herein – auf die eigene Dummheit. (1990)

Gerhard Uhlenbruck, *Darum geht's nicht ...? Aphorismen*. Hilden: Ahland, 1990, S. 54.

63. Wer anderen eine Grube gräbt, möchte nicht, daß sie Oberwasser bekommen. (1990)

Gerhard Uhlenbruck, »Einschlägige Geistesblitze.« *Ärzte Almanach 1990*. Marquartstein: Dreit, 1990, S. 226.

64. Wer andern eine Grube gräbt, fällt selten rein. (1993)

Johannes Gross, *Für- und Gegenwitz*. Stuttgart: Engelhorn, 1993, S. 11.

65. Wer anderen seine Grübchen zeigt, fällt manchmal selbst herein. (1994)

Gerhard Uhlenbruck, *Medizinische Aphorismen*. Neckarsulm: Natura Med Verlagsgesellschaft, 1994, S. 30.

66. Moral heute: Wer anderen keine Grube gräbt, kann sich begraben lassen.

Gerhard Uhlenbruck, *Medizinische Aphorismen*. Neckarsulm: Natura Med Verlagsgesellschaft, 1994, S. 79.

67. Wer andern Menschen Gruben baut:
Wie mir vor solchen Buben graut! (vor 1995)

Karl Leberecht Emil Nickel (Hrsg.), *Schüttelsprüche. Eine Anthologie*. Hildesheim: Lax, 1995, S. 4.

68. Wer anderen ein Grübchen gräbt, grabscht selbst hinein. (1995)

Ulrich Erckenbrecht, *Katzenköppe. Aphorismen/Epigramme*. Göttingen: Muriverlag, 1995, S. 16.

69. Wer anderen eine Goldgrube gräbt, fällt mit dem eigenen Geld herein. (1996)

Gerhard Uhlenbruck, »Giftpfeile aus dem Sprachrohr: Aphoristische Ketzereien,« in Bundesverband Deutscher Schriftsteller-Ärzte (Hrsg.), *Die Welt so groß und weit. Anthologie*. Frankfurt am Main: Haag + Herchen, 1996, S. 169.

70. Wer andern eine Grube gräbt, muß springen können. (1997)

Jan Brauers, *Mehr Rat als Schläge. Weisheiten und Ratschläge*. Baden-Baden: Baden-Badener Verlag, 1997, S. 75.

71. Wenn jeder dem anderen eine Grube gräbt, dann braucht man sich über Grabenkämpfe nicht zu wundern! (1997)

Gerhard Uhlenbruck, »Aphorismen: Quersumme eines Querdenkers,« in Jürgen Schwalm (Hrsg.), *Almanach deutscher Schriftsteller-Ärzte 1998*. Marquartstein: Manstedt, 1997, S. 538.

72. Ich falle immer auf andere herein, die mir selbst eine Grube graben. (1998)

    Gerhard Uhlenbruck, *Denkanstöße ohne Kopfzerbrechen. Mentale Medizin gegen miese Mentalität.* Köln: Ralf Reglin, 1998, S. 35.

73. Wer anderen eine Grube gräbt, möchte, daß er in der Versenkung verschwindet. (1998)

    Gerhard Uhlenbruck, *Denkanstöße ohne Kopfzerbrechen. Mentale Medizin gegen miese Mentalität.* Köln: Ralf Reglin, 1998, S. 45.

74. Wer anderen eine Grube gräbt, läßt ihn auch wie eine heiße Kartoffel fallen. (1998)

    Gerhard Uhlenbruck, *Denkanstöße ohne Kopfzerbrechen. Mentale Medizin gegen miese Mentalität.* Köln: Ralf Reglin, 1998, S. 74.

75. Schadenfreude ist, wenn man anderen eine Grube gräbt und sie dann fallen läßt. (1998)

    Gerhard Uhlenbruck, *Denkanstöße ohne Kopfzerbrechen. Mentale Medizin gegen miese Mentalität.* Köln: Ralf Reglin, 1998, S. 88.

76. Wer anderen eine Grube gräbt, sollte sich selbst das Wasser dabei nicht abgraben. (1998)

    Gerhard Uhlenbruck, *Denkanstöße ohne Kopfzerbrechen. Mentale Medizin gegen miese Mentalität.* Köln: Ralf Reglin, 1998, S. 97.

77. Wenn man anderen eine Grube gräbt, nimmt man dessen Schwächen auf die Schippe. (1998)

    Gerhard Uhlenbruck, »Spagat mit Sprüchen: Mentale Medizin gegen miese Mentalität,« in *Almanach deutschsprachiger Schriftsteller-Ärzte 98*, hrsg. von Jürgen Schwalm. Marquartstein: Manstedt, 1998, S. 425.

78. Wer anderen eine Grube gräbt, will ihnen das Wasser abgraben, um es auf seine Mühle zu leiten. (1998)

   Gerhard Uhlenbruck, »Spagat mit Sprüchen: Mentale Medizin gegen miese Mentalität,« in *Almanach deutschsprachiger Schriftsteller-Ärzte 98*, hrsg. von Jürgen Schwalm. Marquartstein: Manstedt, 1998, S. 425.

79. Wer anderen eine Grube gräbt, tut es meist heimlich, sozusagen in Schwarzarbeit. (1999)

   Gerhard Uhlenbruck, *Die Wahrheit lügt in der Mitte. Gedanken zum Bedenken.* Köln: Ralf Reglin, 1999, S. 150.

80. Man kann dem anderen auch durch Anbaggern eine Grube graben. (1999)

   Gerhard Uhlenbruck, *Die Wahrheit lügt in der Mitte. Gedanken zum Bedenken.* Köln: Ralf Reglin, 1999, S. 152.

81. Wer anderen eine Goldgrube gräbt, fällt selten mit herein. (2000)

   Gerhard Uhlenbruck, *Alles kein Thema! Ein Thema für alle ...* Köln: Ralf Reglin, 2000, S. 11.

82. Wer anderen eine Grube gräbt, ist auch Totengräber seines eigenen Charakters. (2000)

   Gerhard Uhlenbruck, *Alles kein Thema! Ein Thema für alle ...* Köln: Ralf Reglin, 2000, S. 63.

83. *Wer-Wolf*
   Wer andern eine Grube gräbt,
   hat allen Grund zum Grübeln.
   Wer Toten keine Rente zahlt ...
   Wer wollte das verübeln?
   Wer wehrt sich ohne jeden Grund,
   und sei der noch so nichtig!

Im aufgeblähten Weltenrund
ist selbst ein Gott noch wichtig. (vor 2001)

Gynter Mödder; in Axel Kutsch (Hrsg.), *Blitzlicht. Deutschsprachige Kurzlyrik aus 1100 Jahren*. Weilerswist: Landpresse, 2001, S. 149.

84. Wer anderen eine Grube gräbt, der baggert dann auch dessen Frau an. (2001)

Gerhard Uhlenbruck, *Worthülsenfrüchte oder Ein Körnchen Wahrheit für alle Tage. Ein Kalenderbuch für 2002*. Köln: Ralf Reglin, 2001 (18. August).

85. *Vorsicht*
Besonnen sein, Rainer, besonnen sein,
wer gräbt dir eine Grube?
Wer sie dir gräbt, du weißt es nicht,
du gehst, du fährst mit grünem Licht,
liegst nachts in deiner Stube –
Wer sie dir gräbt, fällt selbst hinein,
schreib auf: du mußt besonnen sein. (vor 2003)

Rainer Brambach, *Gesammelte Gedichte*. Zürich: Diogenes, 2003, S. 33.

86. Wer eine Grube ist, sollte sie nicht derart bedecken, dass er andern ein lehrreiches Hineinfallen erspart. (2003)

Felix Renner, *Keine Kompromisse. Aphorismen*. Zürich: Nimrod, 2003, S. 40.

87. Wer anderen eine Grube gräbt, sollte sich vorher vergewissern, ob er sich nicht auf deren Baugrund abmüht. (2003)

Harald Wiesendanger, *Auf weiter Flur. Noch mehr Aphorismen, Anekdoten, Analysen, Anarchismen über Gott und die Welt*. Schönbrunn: Lea Verlag, 2003, S. 15.

88. Wenn Sie sich eine Grube graben, dann fallen Sie auch hinein. (2004)

   Reinhard Habeck (Hrsg.), *Saublöd ... Witzige Sprüche für alle Fälle. Sprüche, Verse und Reime*. Wien: Tosa Verlag, 2004, S. 22.

89. Unverdientes Glück ist, wenn man dem Anderen eine Grube gräbt und dabei auf eine Goldader stößt. (2004)

   Gerhard Uhlenbruck, *Spitze Spritzen – spritzige Spitzen. Diagnosen, die gerade noch gefehlt haben*. Köln: Ralf Reglin, 2004, S. 156.

90. Wer anderen eine Grube gräbt, fällt selbst hinein. Drum tu es nicht. (2005)

   Wilhelm Junge, *200 Seiten mit Aphorismen, Weisheiten und Witzen*. Leipzig: Engelsdorfer Verlag, 2005, S. 13.

91. Wer anderen eine Grube gräbt, dem fällt nichts Besseres ein. (2005)

   Hans-Jürgen Quadbeck-Seeger, *Im Labyrinth der Gedanken. Aphorismen und Definitionen*. Norderstedt: Books on Demand, 2005, S. 74.

92. Wer andern eine Grube gräbt, braucht erst mal einen Spaten. (2005)

   Anonymer Spruch in Siegfried Röder (Hrsg.), »Deutsche (dumme?) Sprüche.« *Sprachspiegel*, 61 (2005), S. 53.

93. Die tätige Hilfsbereitschaft mancher Leute beschränkt sich darauf, anderen eine Grube zu graben. (2006)

   Ernst Ferstl, *Bemerkenswert. Neue Aphorismen*. Sprakensehl-Hagen: Asaro, 2006, S. 41.

94. Wer andern eine Grube gräbt, heiratet oft selbst. (2006)

   Herbert Granditz, *Einfach genial. Aphorismen von Prof. Herbert Granditz und anderen gescheiten Leuten*. Graz: Vehling, 2006, S. 7.

95. Im Alter gräbt man anderen keine Grube mehr aus Angst sie könnte zum eigenen Grab werden. (2006)

Gerhard Uhlenbruck, »Weiße Haare – haarige Weisheiten,« in Stephan Tobolt (Hrsg.), *Almanach deutschsprachiger Schriftsteller-Ärzte 2007*. Marquartstein: Linus Wittich, 2006, S. 207.

96. Man kann anderen auch eine Grube graben, imdem man sie in den Himmel lobt. (2007)

Ernst Ferstl, *Lebensspuren. Aphorismen*. Sprakensehl-Hagen: Asaro, 2007, S. 54.

97. Wer anderen eine Grube gräbt, dem fällt oft nichts bessres ein. (2008)

Hans-Horst Skupy, *Der Dumme weiß schon alles. Aphorismen zu Lebzeiten*. Ruhstorf/Rott.: Privatdruck, 2008, S. 11.

98. Wer anderen eine Grube gräbt, hat wenigstens eine Arbeitsstelle. (2011)

Hugo Ernst Käufer, *Kriecher stolpern nicht. Aphorismen*. Bochum: Norbert Brockmeyer, 2011, S. 36.

99. Wer Anderen eine Grube gräbt, tut es oft in Schwarzarbeit. (2012)

Gerhard Uhlenbruck, *Kopfnüsse – nichts für weiche Birnen*. Köln: Ralf Reglin, 2012, S. 37.

100. In der Regel die Ausnahme vom Gruben-Sprichwort: der Totengräber. (2013)

Rudolf Kamp, *Sprüchewirbel. Aphorismen*. Bochum: Norbert Brockmeyer, 2013, S. 50.

101. Wer anderen eine Grube gräbt, findet deren Altlasten. (2013)

Hans-Jürgen Quadbeck-Seeger, *Aphorismen & Zitate über Natur und Wissenschaft*. Weinheim: Wiley-VCH, 2013, S. 27.

102. Er grub Anderen eine Grube, damit sie in der Versenkung verschwanden. (2013)

Gerhard Uhlenbruck, *Denk-an-Sätze. Wieder sinnige Sprüche und aphoristische Heil- und Selbstpflege-Sätze*. Bochum: Norbert Brockmeyer, 2013, S. 67.

103. Wer Anderen eine Fundgrube gräbt, fällt auf seine eigene Dummheit herein. (2013)

Gerhard Uhlenbruck, *Denk-an-Sätze. Wieder sinnige Sprüche und aphoristische Heil- und Selbstpflege-Sätze*. Bochum: Norbert Brockmeyer, 2013, S. 68.

104. Wer Anderen eine Grube gräbt, hatte den Spaten dafür schon lange im Gepäck. (2013)

Gerhard Uhlenbruck, *Denk-an-Sätze. Wieder sinnige Sprüche und aphoristische Heil- und Selbstpflege-Sätze*. Bochum: Norbert Brockmeyer, 2013, S. 82.

105. Fallgrube: Wer Anderen eine Grube gräbt, der möchte ihn auch zu Fall bringen. (2013)

Gerhard Uhlenbruck, *Denk-an-Sätze. Wieder sinnige Sprüche und aphoristische Heil- und Selbstpflege-Sätze*. Bochum: Norbert Brockmeyer, 2013, S. 87.

106. Wer Anderen eine Grube gräbt, beerdigt damit auch dessen Hoffnungen. (2013)

Gerhard Uhlenbruck, *Denk-an-Sätze. Wieder sinnige Sprüche und aphoristische Heil- und Selbstpflege-Sätze*. Bochum: Norbert Brockmeyer, 2013, S. 87.

107. *He dug a pit and fell into it himself.*
A wayward youth in mischief takes delight,
A trick to put one in a sorry plight,
He deeply digs a pit; covers it all o'er,
And he thinks he'll have him in his power;
But now, while he on this way is strolling,
Into his own trap, see now he's falling. (1858)

John W. Barber, *A Hand Book of Illustrated Proverbs: Comprising also a Selection of Approved Proverbs of Various Nations and Languages, Ancient and Modern. Interspersed with Numerous Engravings and Desciptions.* New York: George F. Tuttle, 1858, S. 185.

108. Wer andern eine Grube gräbt fällt selbst hinein. (1955)

Als ich vor etlichen Jahren meine lieben Eltern in Lübeck besuchte, gab meine Mutter mir eine Mappe mit verschiedenen Schriftstücken aus meiner Schulzeit. Darunter befand sich auch dieses Blatt in schwarzer Druckschrift mit orangenen Füllungen, das ich in der fünften Klasse, also etwa als elfjähriger Schüler, angefertigt hatte. Es hängt schon seit vielen Jahren in meinem Universitätsbüro, und wer weiß, vielleicht begann mein Interesse an Sprichwörtern schon so früh in meiner Jugend. Möglicherweise sogar noch früher, denn meine Mutter übergab mir auch das Buch *Wer lacht mit? Lustiges Sprichwörterbuch* (Elmshorn: Holsteinische Margarinewerk Wagner, 1952), in das ich als Achtjähriger zahlreiche Sprichwortbilder, die als Sammelobjekt beim Kauf von Margarine verteilt wurden, fein säuberlich eingeklebt hatte.

109. Wer andern einen Graben gräbt ... (1956)

Karikatur in *Simplicissimus*, Nr. 9 (3. März 1956), S. 129.

110. Wenn Genscher eine Grube gräbt ... (1975)

Theo Sommer, »Wenn Genscher eine Grube gräbt ... Deutschlandpolitische Juristerei, zweite Auflage.« *Die Zeit*, Nr. 5 (31. Januar 1975), S. 1.

111. Auch in der Politik.
    Wer anderen eine Grube gräbt, sieht gern hinein.
    (Altdeutsches Sprichwort neu gefaßt). (1979)

Karikatur in *Frankfurter Allgemeine Zeitung* (15. Januar 1979), S. 3.

208 XVII. »Wer andern eine Grube gräbt, fällt selbst hinein«

112. He that diggeth a pit shall fall into it. *Ecclesiastes 8* (1980)

Karikatur in *Punch* (1. Oktober 1980), S. 536.

113. Wer andern keine Grube gräbt, fällt nicht hinein. (1985)

Hanspeter Born, »Wer andern keine Grube gräbt, fällt nicht hinein. Ein Rechtsprofessor aus Harvard dozierte in Davos und Zürich über das Einmaleins des Verhandelns.« *Die Weltwoche*, Nr. 7 (14. Februar 1985), S. 5.

XVIII. »Laß deine linke Hand nicht wissen, was die rechte tut«

Wenn du aber Almosen gibst, so laß deine linke Hand nicht wissen, was die rechte tut. (Matthäus 6,3)

Das Sprichwort »Laß deine linke Hand nicht wissen, was die recht tut« ist so zu verstehen, daß die rechte Hand die gebende Hand und die linke Hand die nehmende ist. Vgl. hierzu auch die Redensart »Mit der einen Hand geben, mit er anderen nehmen«.

1. *Koalition*
   Das ist der Hauptfehler von der Linken und von der Rechten, daß nix vorwärts geht. Das geschieht aber nur, um das christliche Wohltätigkeitsprinzip in doppeltem Umfang zu erfüllen. Die Linke soll nicht wissen, was die Rechte tut; es weiß aber oft auch die Rechte nicht, was die Linke tut, und das wird nämlich dadurch am sichersten erzweckt, wenn beide Teile gar nichts tun. (vor 1862)

   Johann Nestroy, *Stich- und Schlagworte*, hrsg. von Reinhard Urbach. Frankfurt am Main: Insel, 1977, S. 85.

2. Er ist so schizophren, daß seine Linke nicht weiß, was seine Linke tut. (vor 1950)

   Erwin Chargaff, *Bemerkungen*. Stuttgart: Klett-Cotta, 1981, S. 26.

3. manchmal weiß auch die linke nicht, was die linke tut. (1971)

   Bert Berkensträter, *Zungen-Schläge*. Berlin: Wolfgang Fietkau, 1971, S. 19.

4. Die Linke darf nicht wissen, was die Rechte tut. Aber beide sollen wissen, was sie tun. (1971)

   Hans Leopold Davi, *Distel- und Mistelworte*. Zürich: Pendo, 1971, ohne Seitenangabe.

5. Die Linke weiß, was die Rechte will, die Rechte weiß, was die Linke will. Nur sich selbst zu erkennen ist schwer. (1979)

   Gabriel Laub, *Das Recht, recht zu haben. Aphorismen*. München: Carl Hanser, 1979, S. 17.

6. Koexistenz: Bei ihm weiß die rechte Hand nie, was die linke tut. (1988)

   Hans Norbert Janowski, *Das Wichtigste in Kürze. Aphorismen, Sprüche, Sentenzen*. Stuttgart: Radius Verlag, 1988, S. 64.

7. Im Kölner Klüngel arbeitet man sich gegenseitig in die Tasche, wobei die Rechte nicht weiß, was die Linke tut. (1988)

   Gerhard Uhlenbruck, *Kölner Klüngel Kalender*. Pulheim: Rhein-Eifel-Mosel-Verlag, 1988 (20. Februar).

8. Wenn die linke Hand
   nicht weiß,
   was die rechte tut,
   dann kann man nur
   die Hände über dem Kopf
   zusammenschlagen. (1989)

   Hans Hunfeld, *Sprichwörtlich*. München: Klett Edition Deutsch, 1989, S. 38.

9. Wenn eine Hand die andere wäscht, weiß die linke Hand oft nicht, was die rechte tut. (1997)

   Gerhard Uhlenbruck, *Wieder Sprüche zu Widersprüchen. Satzweise sogar weise Sätze*. Köln: Ralf Reglin, 1997, S. 28.

10. Wenn eine Hand die andere wäscht, weiß die linke Hand, was die rechte tut, und nichts gerät in falsche Hände. (1998)

Gerhard Uhlenbruck, *Denkanstöße ohne Kopfzerbrechen. Mentale Medizin gegen miese Mentalität.* Köln: Ralf Reglin, 1998, S. 27.

11. Gottes Linke weiß nicht, was die Rechte tut. (2005)

Jacques Wirion, *Sporen. 400 Sphorismen* [*sic*]. Esch/Sauer, Luxemburg: Op der Lay, 2005, S. 31.

12. Große Koalition: Die Rechte weiß nicht, was die Linke tut. (2008)

Alexander Eilers, *Underdogmen. Aphorismen.* Fernwald: Litblockin, 2008, S. 44.

XIX. »Seine Hände in Unschuld waschen«

Und alle Ältesten der Stadt sollen herzutreten zu dem Erschlagenen und ihre Hände waschen über die junge Kuh, der im Grund der Hals gebrochen ist. (5. Mose 21,6)

Ich wasche meine Hände in Unschuld und halte mich, Herr, zu deinem Altar. (Psalm 26,6)

Soll es denn umsonst sein, daß mein Herz unsträflich lebt und ich meine Hände in Unschuld wasche, – und bin geplagt täglich, und meine Strafe ist alle Morgen da? (Psalm 73,13-14)

Da aber Pilatus sah, daß er nichts schaffte, sondern daß ein viel größer Getümmel ward, nahm er Wasser und wusch die Hände vor dem Volk und sprach: Ich bin unschuldig an dem Blut dieses Gerechten; sehet ihr zu! (Matthäus 27,24)

Diese zur sprichwörtlichen Redensart »Seine Hände in Unschuld waschen« gewordenen Bibelsprüche gehen zurück auf einen Brauch, die Hände als Zeichen der Unschuld in aller Öffentlichkeit zu waschen. Im Matthäus-Evangelium wäscht sich Pilatus bekanntlich die Hände vor der Verurteilung Jesu Christi die Hände und will damit seine Unschuld andeuten.

1. Dieses Händewaschen in Unschuld geschieht mit den Worten: Die Selbstmorde der Schüler haben meist noch andre Beweggründe. – Zugegeben; aber entscheidend ist fast in jedem Falle, neben allen anderen Gründen, die Prüfung, diese furchtbare Staatsfolter, die zu den Erschütterungen der Jünglingsreife hinzutritt und den Qualenbecher überlaufen läßt. Gerade weil die Jünglingsreife an sich schon eine Art ernster Krankheit ist, sollte ihre Gefahr nicht durch ein von außen kommendes Schrecknis gesteigert werden. Und da wird großwortig geredet von »pädagogischer Psychologie«! – Ganz anders steht es mit den unentbehrlichen Staatsprüfungen des reifen jungen Mannes nach der Hochschulzeit. (1925)

    Eduard Engel, *Selbstgedachtes*. Leipzig: Koehler & Amelang, 1931, S. 91.

2. Es fiel mir nur auf, daß die Haltung, mit der man etwas mißbilligt, so schrecklich der Haltung gleicht, mit der man kapituliert. Ich habe oft gele-

sen, daß die Leute, die ihre Hände in Unschuld waschen, dies in blutigen Schüsseln tun. Man sieht es den Händen danach an. (1937)

Bertolt Brecht, *Gesammelte Werke*, hrsg. von Elisabeth Hauptmann. Frankfurt am Main: Suhrkamp, 1967, Bd. 3, S. 1213 (*Die Gewehre der Frau Carrar*).

3. Der Henker wollte nach der Exekution seine Hände nicht waschen. »Bin ich etwa Pilatus?« empörte er sich standesbewußt. (vor 1966)

Stanisław Jerzy Lec, *Allerletzte unfrisierte Gedanken. Aphorismen*. München: Carl Hanser, 1996, S. 76.

4. *Immer wascht ihr eure Hände*
Immer wascht ihr eure Hände
in Unschuld
aber ihr habt tausend Hände

ich bin ein Tausendfüßler
der wäscht sich nie. (1969)

Anise Koltz, *Den Tag vergraben. Gedichte*. München: Bechtle, 1969, S. 16.

5. pilatus heute – er riebe sich die hände in unschuld. (1971)

Bert Berkensträter, *Zungen-Schläge*. Berlin: Wolfgang Fietkau, 1971, S. 29.

6. Ich wasche mir die Hände in Unschuld. Ach, wie schmutzig muss das Wasser seit der Zeit des Pilatus sein. (1971)

Hans Leopold Davi, *Distel- und Mistelworte*. Zürich: Pendo, 1971, ohne Seitenangabe.

7. *Weiße Weste*
In Unschuld wusch er sich die Hände
der große Liedrian.

Er hatte keine Planrückstände
und hatte keinen Plan.

Hansgeorg Stengel, *Stenglish for you. Epigramme.* Berlin: Eulenspiegel Verlag, 1971, S. 70.

8. Die Wasserverschmutzung hat ihren Grund darin, daß so viele Menschen ihre Hände in Unschuld waschen. (1974)

Hellmut Walters, *Wer abseits steht wird zurückgepfiffen. Aphorismen.* Landshut/Bayern: Isar Post, 1974, ohne Seitenangabe.

9. *gewässerverschmutzung*
der weiße riese
meister proper
der general
und klementine
waschen ihre hände
in unschuld. (1977)

Jürg Moser, *Randbemerkungen.* Hannoversch Münden: Chr. Gauke, 1977, S. 17.

10. Am liebsten wäscht man seine Hände in Unschuld, wenn man vorher andere eingeseift hat. (1978)

Ulli Harth, *Wörtliche Un-Taten. Aphorismen.* Frankfurt am Main: Federfuchs, 1978, S. 2. Auch in Auch in Heinrich Manruhf (Hrsg.), *Mänätschment zum Schmunzeln.* Wien: Tosa Verlag, 2005, S. 154.

11. *Pilatus*
Wusch seine Hände in Unschuld, −
warum mußte er sie eigentlich waschen? (1978)

Ron Kritzfeld, *Kleines Universal Flexikon.* Essen: Selbstverlag des Verfassers, 1978, Bd. 5, S. 21.

12. eine hand wäscht die andere in unschuld. (1979)

Volker Erhardt, »*Auch der Kannibale schätzt den Menschen am höchsten*«. *Aphorismen*. Köln: Satire Verlag, 1979, S. 54. Mit Großschreibung auch in Werner Mitsch, *Das Schwarze unterm Fingernagel. Sprüche. Nichts als Sprüche*. Stuttgart: Heinz und Margarete Letsch, 1983, S. 116. Schließlich noch in Wolfgang Mocker, *Gedankengänge nach Canossa. Euphorismen und andere Anderthalbwahrheiten*. Berlin: Eulenspiegel Verlag, 1987, S. 72.

13. Unser Wasser ist im Eimer. Und jeder wäscht seine Hände in Unschuld. (1980)

Werner Mitsch, *Pferde, die arbeiten, nennt man Esel. Sprüche. Nichts als Sprüche*. Stuttgart: Heinz und Margarete Letsch, 1980, S. 8.

14. Er wusch seine Hände in Unschuld.
Seife wäre hygienischer gewesen. (1979)

Werner Mitsch, *Pferde, die arbeiten, nennt man Esel. Sprüche. Nichts als Sprüche*. Stuttgart: Heinz und Margarete Letsch, 1980, S. 64.

15. Wir waschen unsere Hände in Mitschuld. (1980)

Werner Schneyder, *Gelächter vor dem Aus. Die besten Aphorismen und Epigramme*. München: Kindler, 1980, S. 175.

16. Bevor er sich verkrümelte, wusch er seine Hände in Unschuld. Deshalb nannten sie ihn Pontius Spekulatius. (1981)

Werner Mitsch, *Hunde, die schielen, beißen daneben. Sprüche. Nichts als Sprüche*. Stuttgart: Heinz und Margarete Letsch, 1981, S. 110.

17. Es gibt Päpste, die waschen anderer Leute Füße und ihre eigenen Hände in Unschuld. (1981)

Klaus Sochatzy; in Klaus Sochatzy und Aleksander Kumor, *Ost-West-Monologe. Aphorismen*. Frankfurt am Main: Rita G. Fischer, 1981, S. 65.

18. Er wusch seine Hände in Unschuld.
    Wir fragten uns, woher er diese Seife hatte. (1982)

    Anonymer Spruch in *Nebelspalter*, Nr. 30 (27. Juli 1982), S. 44.

19. *Die Angeklagten*
    Die Angeklagten
    am Ufer
    des uferlosen Wassers
    waschen eifrig

    Von Millionen Menschen
    angeklagt
    waschen eifrig
    am Ufer
    des uferlosen Wassers
    die Angeklagten
    ihre Hände
    in Unschuld. (1982)

    Rose Ausländer, *Wieder ein Tag aus Glut und Wind. Gedichte 1980-1982*, hrsg. von Helmut Braun. Frankfurt am Main: S. Fischer, 1986, S. 236.

20. Ich wasche meine Hände in Unschuld schuldig. (1982)

    André Brie, *Die Wahrheit lügt in der Mitte. Aphorismen*. Berlin: Eulenspiegel Verlag, 1982, S. 60.

21. Wehe, die Unschuld verlässt einmal das Wasser, in dem sich so viele Hände gewaschen haben! (1982)

    Peter Maiwald, »Neue Notizen.« *Nebelspalter*, Nr. 9 (2. März 1982), S. 36.

22. Militärische Hygiene: Sich im Blut baden und danach die Hände in Unschuld waschen. (1983)

    Sigbert Latzel, *Stichhaltiges. Aphorismen*. St. Michael: J.G. Bläschke, 1983, S. 37.

23. Er wusch seine Hände in der Unschuld anderer. (1985)

Winfried Hönes, *Blitze in den heiteren Himmel. 222 Aphorismen und andere Denkzettel.* Geldern: Roje & Buer, 1985, S. 21.

24. Die Urteile unterschrieb der Automat. Das gab ihm jedesmal die Zeit, seine Hände in Unschuld zu waschen. (1987)

Nikolaus Cybinski, *Die Unfreiheit hassen wir nun. Wann fangen wir an, die Freiheit zu lieben? Aphorismen.* Freiburg: Klaus Isele, 1987, S. 26.

25. Wer seine Hände in Unschuld wäscht, ist nur zu geizig, Seife zu kaufen. (1987)

Angelika Franz (Hrsg.), *Das endgültige Buch der Sprüche & Graffiti.* München: Wilhelm Heyne, 1987, S. 357.

26. Du kannst
    nicht einfach
    Deine Hände
    in Unschuld
    waschen.
    Das wäre ja
    allerhand. (1989)

Hans Hunfeld, *Sprichwörtlich.* München: Klett Edition Deutsch, 1989, S. 37.

27. In unserer Zeit und in unsren Wissenschaften hängt alles zusammen. Kein Pestizid-Kristall fällt auf den Boden, ohne daß ein Vogel tot zur Erde fiele; kein medizinischer Bramarbas öffnet den Mund, ohne daß hundert Kinder irgendwo stürben; kein Physiker schreibt eine Gleichung, ohne daß tausend Augen aufblitzten über die Möglichkeiten, daraus eine Todeswaffe zu schmieden. Damit will ich keineswegs einen direkten Kausalzusammenhang postulieren, sondern nur ausdrücken, daß in bösen Zeiten alles zur Schuld wird. Als Pilatus sich die Hände wusch, waren es zwei Hände; jetzt sind es viele Millionen, und uns ist die Seife ausgegangen. (1990)

Erwin Chargaff, *Zeugenschaft. Essays über Sprache und Wissenschaft.* Frankfurt am Main: Luchterhand, 1990, S. 169.

28. *Pilatus*
Bomben am Golf,
Tote in Bangladesch,
Fixer ins Nirwana gespritzt,

Die andern.

Welt kaputt,
Reiche lachen,
Arme verrecken,

Die andern.

Ich wasche meine Hände in –
Ach, schon besetzt. (vor 1991)

Ellen B. Knerr; in Axel Kutsch (Hrsg.), *Wortnetze III. Neue Gedichte deutschsprachiger Autor(inn)en.* Köln: Initiative Junger Autoren, 1991, S. 287.

29. Der *sauberste Trick*: die Hände in Unschuld waschen. (1991)

Zoltán Bezerédj, *Aphorismen-ABC. Silberne Sprüche, Gedankensplitter, Wortspiele.* Frankfurt am Main: Rita G. Fischer, 1991, S. 123.

30. Ich wasche meine Hände in Schuld. (1991)

Werner Kraft, *Sätze und Ansätze.* Bonn: Georg Heusch, 1991, S. 55.

31. *Pilatus* kann sich seit kurzem nicht ganz ohne Furcht die Hände in blutjunger Unschuld waschen. (1993)

Arthur Feldmann, *Kurznachrichten aus der Mördergrube oder Die große Modeschau der nackten Könige.* München: edition scaneg, 1993, S. 98

32. Lebte Pontius Pilate heute, so könnte er Hüter der Verfassung werden. Er würde der Basis geben, was sie verlangt, und seine Hände in Unschuld waschen. (1993)

Johannes Gross, *Für- und Gegenwitz*. Stuttgart: Engelhorn, 1993, S. 72.

33. Wenn es sich von selbst versteht, dass eine Hand die andere wäscht, versteht es sich auch von selbst, dass es in vermeintlicher Unschuld geschieht. (1994)

Felix Renner, *Vorletzte Worte. Aphorismen*. Rorschach: Nebelspalter-Verlag, 1994, S. 80.

34. Wer reines Wasser hat, braucht seine Hände nicht in Unschuld zu waschen. (1995)

Walter Richter, *Aphorismen und Zeichnungen*. Offenbach/M.: Arnim Otto, 1995, S. 49.

35. Klüngel: Eine Hand wäscht die andere in Unschuld. (1997)

Gerhard Uhlenbruck, *Wieder Sprüche zu Widersprüchen. Satzweise sogar weise Sätze*. Köln: Ralf Reglin, 1997, S. 15.

36. Wenn eine Hand die andere wäscht, wäscht man sie sich in Unschuld wieder sauber. (1999)

Gerhard Uhlenbruck, *Die Wahrheit lügt in der Mitte. Gedanken zum Bedenken*. Köln: Ralf Reglin, 1999, S. 46.

37. Ein Denunziant wäscht gerne schmutzige Wäsche und seine Hände dabei in Unschuld. (2000)

Gerhard Uhlenbruck, *Alles kein Thema! Ein Thema für alle ...* Köln: Ralf Reglin, 2000, S. 44.

38. »Ich habe alle Hände voll zu tun«, sagte der Politiker, »ich muss meine Hände in Unschuld waschen«. (2004)

Helga Schäferling; in Helmut Peters und Helga Schäferling, *Denken zwischen Gedanken – nicht ohne Hintergedanken*. Oberhausen: Athena, 2004, S. 88.

39. Politiker, die ihre Hände in Unschuld waschen, haben meistens keine reine Weste! (2004)

Helmut Peters; in Helmut Peters und Helga Schäferling, *Denken zwischen Gedanken – nicht ohne Hintergedanken*. Oberhausen: Athena, 2004, S. 89.

40. Der Beamte wäscht seine Hände in Unzuständigkeit. (2005)

Hans-Jürgen Quadbeck-Seeger, *Im Labyrinth der Gedanken. Aphorismen und Definitionen*. Norderstedt: Books on Demand, 2005, S. 22.

41. Ich bade meine Hände in Unschuld: Es war mal wieder nötig. (2006)

Michael Richter, *Widersprüche. 1000 neue Aphorismen*. Halle: Mitteldeutscher Verlag, 2006, S. 48.

42. Haushaltsdebatte. Sie wuschen ihre Hände in Schulden. (2008)

Alexander Eilers, *Underdogmen. Aphorismen*. Fernwald: Litblockin, 2008, S. 26.

43. Die Hände in Unschuld waschen – das mag den Händen bekommen, aber der Unschuld? (2008)

Ursula Richter; in Petra Kamburg, Friedemann Spicker und Jürgen Wilbert (Hrsg.), *Witz – Bild – Sinn. Facetten des zeitgenössischen Aphorismus. Beiträge zum Aphorismenwettbewerb 2008*. Bochum: Norbert Brockmeyer, 2008, S. 51.

44. Unsere Zunge wäscht sich immer ein wenig in Unschuld. (2011)

Stefan Brotbeck, *Heute wird nie gewesen sein. Aphorismen*. Basel: Futurum Verlag, 2011, S. 67.

45. Waschzwang der Korruption: erst wäscht eine Hand die andere, dann waschen sich beide in Unschuld. (2013)

Rudolf Kamp, *Sprüchewirbel. Aphorismen*. Bochum: Norbert Brockmeyer, 2013, S. 49.

46. Pilatus in Wien
   Der österreichische Schutzbund: »Ich hatte mich zwar an die Spitze der Bewegung gestellt, doch da die Sache anders auslief, als ich dachte, so wasche ich meine Hände in Unschuld!« (1927)

Karikatur in *Kladderadatsch*, Nr. 32 (7. August 1927), S. 6.

47. »Ich trage keine Verantwortung für den Stand der Abrüstungskonferenz! Ich wasche meine Hände in Unschuld!« – »Oh, Marianne – ich finde nur, du wäschst sie recht oft!« (1935)

Karikatur in *Simplicissimus*, Nr. 6 (5. Mai 1935), S. 63.

48. »Ich wasche meine Hände in Unschuld!« (1939)

Karikatur in *Kladderadatsch*. Nr. 44 (29. Oktoberr 1939), Titelseite.

49. In Unschuld. (1975)

Karikatur in *Die Zeit*, Nr. 4 (24. Januar 1975), S. 1.

50. Die größten Umweltverschmutzer waschen ihre Hände in Unschuld. Sauber währt am längsten. (1978)

Werbung für Mewa Textil-Mietservice in *Der Spiegel*, Nr. 22 (29. Mai 1978), S. 71.

51. Ich wasche meine Wäsche in Unschuld! (1980)

Karikatur in *Nebelspalter*, Nr. 18 (29. April 1980), S. 36.

52. Pilatus '82. (1982)

Karikatur in *Nebelspalter*, Nr. 46 (16. November 1982), S. 6.

53. Ich wasche meine Wäsche in Unschuld!

Witzzeichnung in *Die Weltwoche*, Nr. 40 (3. Oktober 1996), S. 71.

XX. »Wes das Herz voll ist, des geht der Mund über«

Ihr Otterngezüchte, wie könnt ihr Gutes reden, dieweil ihr böse seid? Wes das Herz voll ist, des geht der Mund über. (Matthäus 12,34)

Wie Martin Luther in seinem *Sendbrief vom Dolmetschen* (1530) darlegt, hat er für die Übersetzung dieses Bibelspruchs auf das bereits umlaufende Volkssprichwort »Wes das Herz voll ist, geht der Mund über« zurückgegriffen. In der King James Bible von 1616 hat man den lateinischen Text »Ex abundantia cordis os loquitur« wörtlich durch »Out of the abundance of the heart the mouth speaketh« übersetzt. Verständlicherweise ist diese Übertragung im Englischen nur begrenzt zum Sprichwort geworden, das heute kaum noch im Volksmund umläuft. Dagegen ist der deutsche Text weiterhin ein beliebtes Sprichwort. Vgl. hierzu William Kurrelmeyer, »'Wes das Herz voll ist, des gehet der Mund über',« *Modern Language Notes*, 50 (1935), S. 380-382; John G. Kunstmann, »And Yet Again: 'Wes das Herz voll ist, des gehet der Mund über',« *Concordia Theological Monthly*, 23 (1952), S. 509-527; Heinz Bluhm, »'Wes das Herz voll ist',« in H. Bluhm, *Martin Luther. Creative Translator* (St. Louis, Missouri: Concordia Publishing House, 1965), S. 138-151; Wolfgang Mieder. »Martin Luther und die Geschichte des Sprichwortes 'Wes das Herz voll ist, des gehet der Mund über',« *Sprachspiegel*, 39 (1983), S. 66-74; auch in W. Mieder, *Sprichwörtliches und Geflügeltes. Sprachstudien von Martin Luther bis Karl Marx* (Bochum: Norbert Brockmeyer, 1995). S. 13-22; Timothy C. Nelson, »'Ex abundantia cordis os loquitur': Ein Beitrag zur Rezeptionsgeschichte eines umstrittenen Sprichworts,« *Proverbium*, 3 (1986), S. 101-123; und Wolfgang Mieder, »'Es ist gut pflugen, wenn der acker gereinigt ist': Sprichwörtliche Argumentation in Luthers *Sendbrief vom Dolmetschen* (1530),« in *Wörter-Verbindungen: Festschrift für Jarmo Korhonen*, hrsg. von Ulrich Breuer und Irma Hyvärinen (Frankfurt am Main: Peter Lang, 2006), S. 431-446.

1. Als wenn Christus spricht: Ex abundantia cordis os loquitur. Wenn ich den Eseln sol folgen, die werden mir die buchstaben furlegen, und also dolmetzschen: Auß dem uberflus des hertzen redet der mund. Sage mir, ist das deutsch geredt? Welcher deutscher verstehet solchs? Was ist uberflus des hertzen fur ein ding? Das kan kein deutscher sagen, Er wolt denn sagen, es sey das einer allzu ein gros hertz habe oder zu viel hertzes habe, wie wol das auch noch nicht recht ist: denn uberflus des hertzen ist kein deutsch, so wenig, als das deutsch ist, Uberflus des hauses, uberflus des

kacheloffens, uberflus der banck, sondern also redet die mutter ym haus und der gemeine man: *Wes das hertz vol ist, des gehet der mund uber.* das heist gut deutsch geredt, des ich mich geflissen, und leider nicht allwege erreicht noch troffen habe. Denn die lateinischen buchstaben hindern aus der massen, seer gut deutsch zu reden. (1530)

Martin Luther, »Sendbrief vom Dolmetschen,« in Martin Luther, *Werke. Kritische Gesamtausgabe*, hrsg. von F. Hermann und O. Brenner. Weimar: Herman Böhlau, 1909, Bd. 30, S. 637.

2. Wes das Herz voll ist, davon – schweige der Mund! (c. 1860)

Karl Gutzkow, *Werke*, hrsg. von Reinhold Gensel. Berlin: Bong, 1912, Teil 12, Bd. 4, S. 96.

3. Wahrlich, ihr nehmt den Mund voll mit edlen Worten: und wir sollen glauben, dass euch das Herz übergehe, ihr Lügenbolde? (1883)

Friedrich Nietzsche, *Kritische Studienausgabe in 15 Bänden*, hrsg. von Giorgio Colli und Mazzino Montinari. München: Deutscher Taschenbuch Verlag, 1999, Bd. 4, S. 158.

4. Wes das Herz leer ist, des gehet der Mund über. (1909)

Karl Kraus, *Beim Wort genommen*, hrsg. von Heinrich Fischer. Köln: Kösel, 1955, S. 156.

5. »Wes das Herz voll ist, des läuft der Mund über«, heißt es. Da nützt auch alle Vorsicht nichts. (1931)

Oskar Maria Graf, *Die Ehe des Herrn Bolwieser. Roman*. München: Süddeutscher Verlag, 1976, S. 165.

6. Was man nicht ausdrücken kann, davon geht einem der Mund über. (1971)

Eugen Gürster, *Narrheiten & Wahrheiten. Aphorismen*. München: Anton Pustet, 1971, S. 13.

7. Wes der Kopf leer ist, dem geht der Mund über. (1971)

Karl Hoche, *Schreibmaschinentypen und andere Parodien*. München: Deutscher Taschenbuch Verlag, 1971, S. 63.

8. Wem das Hirn voll ist, fließt der Mund über. (1980)

Gerhard Uhlenbruck, *Frust-Rationen. Aphorismen*. Aachen: Stippak, 1980, S. 100.

9. Schriftsteller sind ungewöhnliche Menschen. Ihnen geht der Mund über, wenn das Herz leer ist. (1982)

Nikolaus Cybinski, *In diesem Lande ist das Leben lustig! Wohin du schaust: Lachende Dritte. Aphorismen*. Lörrach: Lutz, 1982, S. 92.

10. Wem der Mund voll ist, wann läuft dem schon das Herz über? (1982)

Klaus Möckel, *Kopfstand der Farben. Verkehrte Gedichte*. Berlin: Eulenspiegel Verlag, 1982, S. 12.

11. wes das herz voll ist
    dem gehet der mund über
    deshalb
    fahre ich gern
    zur see. (1983)

Manfred Hausin, *Hausinaden, der Epigramme zweiter Band*. Göttingen: Davids Drucke, 1983, S. 57.

12. Wes der Mund voll ist, dem geht das Herz über, seien wir also froh, daß der Magen nicht mitkommt. (1983)

Wolfgang Hildesheimer, *Mitteilungen an Max über den Stand der Dinge und anderes*. Frankfurt am Main: Suhrkamp, 1983, S. 64.

13. *Reden*
    Wovon man am wenigsten versteht, davon läßt sich am meisten reden, und wes das Herz leer ist, des quillt der Mund am liebsten über. (1985)

    Fritz Arcus, *Lieber ein Seedieb als ein Teesieb! 260mal Merk-würdiges zum Nachschlagen.* Frankfurt am Main: Rita G. Fischer, 1985, S. 37.

14. *Schweigen lernen*
    Wes das *Hirn* voll ist, des läuft der Mund über. Schweigen muß gelernt werden, vielleicht in Form von systematischem Training, in einer Gruppe. Schweigen als Ausdruck nicht von Verachtung des anderen, sondern als Austausch von Gesten, die mit dem Erwerb und Gebrauch der Sprache vielleicht verlernt werden. Schweigen, um neu sprechen zu lernen: Wes das *Herz* voll ist, des geht der Mund über. (1985)

    Fritz Arcus, *Lieber ein Seedieb als ein Teesieb! 260mal Merk-würdiges zum Nachschlagen.* Frankfurt am Main: Rita G. Fischer, 1985, S. 39.

15. Wer den Bauch voll hat, dem läuft der Mund über. (1987)

    Andreas Bender, *Kleine Socken jucken auch. Sprichwörter, Redensarten und Zitate – verdreht.* Frankfurt am Main: Eichborn, 1987, ohne Seitenangabe.

16. Wenn das Herz voll ist,
    überschlägt sich die Zunge. (1992)

    Gerda Stange, *Und die Sehnsucht bleibt mir doch. Gedichte.* Frankfurt am Main: Rita G. Fischer, 1992, S. 42.

17. Wem das Herz voll ist, dem läuft der Mund über: Dann ist Schweigen mehr als Gold wert. (1999)

    Gerhard Uhlenbruck, *Die Wahrheit lügt in der Mitte. Gedanken zum Bedenken.* Köln: Ralf Reglin, 1999, S. 132.

18. Von Zeit zu Zeit ist mein Herz voll und der Mund geht mir über. Das sind jedes Mal die rhetorischen Gnadenmomente meines frömmelnden Unglaubens. (2003)

Nikolaus Cybinski, *Der vorletzte Stand der Dinge. Aphorismen.* Lörrach: Waldemar Lutz, 2003, S. 37.

19. Wenn der Mond voll ist, fliesst das Herz über! (1998)

Witzzeichnung in *Die Weltwoche*, Nr. 46 (12. November 1998), S. 59.

XXI. »Hochmut kommt vor dem Fall«

Wer zu Grunde gehen soll, der wird zuvor stolz; und Hochmut kommt vor dem Fall. (Sprüche 16,18)

1. »Hochmuth kommt vor'm Falle«, doch bei Suschen kam seit Graf Derival sie zur Freundin nahm, Hochmuth nach dem Fall. (c. 1860)

    Karl Friedrich Wilhelm Wander, *Politisches Sprichwörterbrevier*. Leipzig: Wigand, 1872; Nachdruck hrsg. von Wolfgang Mieder. Bern: Peter Lang, 1990, S. 164.

2. Eine je stärkere Persönlichkeit die Frau ist, um so leichter trägt sie die Bürde ihrer Erlebnisse. Hochmut kommt nach dem Fall. (1909)

    Karl Kraus, *Beim Wort genommen*, hrsg. von Heinrich Fischer. Köln: Kösel, 1955, S. 16.

3. Probieren kommt vor dem Fall. (1931)

    Richard von Schaukal, *Gedanken*. München: Georg Müller, 1931, S. 55.

4. Hochstapelei kommt nach dem Fall. (1931)

    Richard von Schaukal, *Gedanken*. München: Georg Müller, 1931, S. 75.

5. *Vom Hochmut*
    Der Hochmut, der sich gern beruft auf Ahnen,
    auf Zugehörigkeit zu Cliquen, Fahnen
    und zu Parteien, schmettert leeren Schall.
    Es steht geschrieben: Hochmut kommt zu Fall.

    Der Hochmut ist nach kalten Räuschen lüstern,
    er zieht die Brauen hoch und bläht die Nüstern;
    er kränkt in jeder Kreatur das All.
    Es steht geschrieben: Hochmut kommt zu Fall.

Der Hochmut steift dem rechten Mann den Rücken,
ist schlecht sein Rock auch, geht er auch mit Krücken,
find't, was er kündet, keinen Widerhall.
Der Hochmut solcher Art bewahrt vorm Fall. (1956)

Theodor Kramer, *Gesammelte Gedichte*, hrsg. von Erwin Chvojka. Wien: Europaverlag, 1987, Bd. 2, S. 457.

6. Hochsprung kommt vor dem Fall. (1966)

Anonymer Spruch in Robert Gernhardt, F.W. Bernstein und F.K. Waechter (Hrsg.), *Welt im Spiegel, 1964-1976*. Frankfurt am Main: Zweitausendeins, 1979, S. 67.

7. *Fälle*
Hochmut kommt vor dem Fall.
Kommentar: Das stimmt. Niobe stürzte. Aber Mut kommt auch vor dem Fall. Caesar stürzte auch. Und Frau Caesar stürzte auch. Kleinmut kommt auch vor dem Fall. (1967)

Ludwig Marcuse, *Argumente und Rezepte. Ein Wörterbuch für Zeitgenossen*. Zürich: Diogenes, 1973, S. 38.

8. *Hochmut*
»Hochmut kommt vor dem Fall.«
Nicht so sehr vor dem Fall – wie vor dem Erfolg. (1967)

Ludwig Marcuse, *Argumente und Rezepte. Ein Wörterbuch für Zeitgenossen*. Zürich: Diogenes, 1973, S. 55.

9. Literatur. – Hochmut kommt nach dem Einfall. (1969)

Arthur Hafink (Pseud. Arthur Hermann Fink), *Hergebrachtes. Aphorismen*. Wuppertal: Schlegel, 1969, S. 85.

10. Hochmut ist oft nur die Weigerung, sich unter sein eigenes Niveau hinabdrücken zu lassen. Dann gilt: Hochmut schützt vor dem Fall. (1970)

   Hans Kudszus, *Jaworte, Neinworte. Aphorismen*. Frankfurt am Main: Suhrkamp, 1970, S. 53.

11. Hochmut kommt vor dem Fall – Einsicht meist erst kurz vor dem Schlaganfall. (1973)

   Gottfried Edel, *Mehr Tierliebe für die Menschen. Aphorismen*. München: Eilers, 1973, S. 79.

12. Der bessere Hochmut kommt oft erst nach dem Fall. (1976)

   Joachim Günther, *Findlinge*. Heidelberg: Schneider, 1976, S. 11.

13. *Pius XII*
   Hochhuth kam nach dem Fall. (1977)

   Ron Kritzfeld, *Kleines Universal Flexikon*. Essen: Selbstverlag des Verfassers, 1977, Bd. 4, S. 22. Mit Bezug auf Rolf Hochhuths Drama *Der Stellvertreter. Ein christliches Trauerspiel* (1963).

14. Hochmut kommt nach dem Fall – des anderen. (1977)

   Gerhard Uhlenbruck, *Ins eigene Netz. Aphorismen*. Aachen: Stippak, 1977, S. 51.

15. Hochdruck kommt vor dem (Schlagan-)Fall. (1979)

   Gerhard Uhlenbruck, *Einfach gesimpelt. Aphorismen*. Aachen: Stippak, 1979, S. 30.

16. Hochhuth kommt vor dem Fall? (1979)

   Gerhard Uhlenbruck, *Einfach gesimpelt. Aphorismen*. Aachen: Stippak, 1979, S. 35.

17. Bescheidenheit schützt vor dem Fall. 1979)

   Gerhard Uhlenbruck, *Einfach gesimpelt. Aphorismen*. Aachen: Stippak, 1979, S. 48.

18. Der Fall kommt vor dem Hochmut. (1981)

   Hans-Horst Skupy; in Gerhard Uhlenbruck, Hans-Horst Skupy und Hanns-Hermann Kersten, *Ein gebildeter Kranker. Trost- und Trutz-Sprüche für und gegen Ängste und Ärzte*. Stuttgart: Fischer, 1981, S. 97.

19. Kleinmut kommt vor dem Fall. (c. 1982)

   Gabriele Berthel; in Eckart Krumbholz (Hrsg.), *Kein Blatt vorm Mund. Aphorismen und Epigramme*. Berlin: Tribüne, 1982, S. 58.

20. Hochmut kommt vor dem Fall und nach dem Beifall. (1982)

   André Brie, *Die Wahrheit lügt in der Mitte. Aphorismen*. Berlin: Eulenspiegel Verlag, 1982, S. 65.

21. hochmut kommt
    vor dem fall
    deshalb
    sind seiltänzer
    bescheiden. (1983)

   Manfred Hausin, *Hausinaden, der Epigramme zweiter Band*. Göttingen: Davids Drucke, 1983, S. 58.

22. Das Wort »Hochmut kommt vor dem Fall« findet bei Frauen seine vollwertige Analogie: Erst wollen sie gefallen, bevor sie fallen. (1983)

   Peter Oprei, *Bedenkliches – Unbedenkliches. Aphorismen*. St. Michael: J.G. Bläscke, 1983, S. 34.

23. Hochmut kommt vor dem Fall-out. (1984)

    Claudia Glismann (Hrsg.), *Edel sei der Mensch, Zwieback und gut. Szene-Sprüche*. München: Wilhelm Heyne, 1984, ohne Seitenangabe.

24. Trübsinn kommt vor dem Fallbeil. (1984)

    Claudia Glismann (Hrsg.), *Edel sei der Mensch, Zwieback und gut. Szene-Sprüche*. München: Wilhelm Heyne, 1984, ohne Seitenangabe.

25. Examen: Kleinmut kommt vor dem Durchfall. (1985)

    Gerhard Uhlenbruck, *Eigenliebe macht blind. Hirnrissige Gedankensprünge und Aphorismen*. Aachen: Stippak, 1985, S. 2.

26. Hochzeit kommt vor dem Fall. (1986)

    Dorothy Sayers, *Hochzeit kommt vor dem Fall. Kriminalroman*. Reinbek: Rowohlt, 1986.

27. Pershings kommen vor dem Knall. (1986)

    Bernd Thomsen (Hrsg.), *Ihr geht mit der Welt um als hättet ihr noch eine zweite im Keller. Polit-Graffiti & Demo-Sprüche*. München: Wihelm Heyne, ohne Seitenangabe.

28. Hochmut kommt nach dem Fall des Konkurrenten. (1986)

    Bernd Thomsen (Hrsg.), *Lieber die dunkelste Kneipe als den hellsten Arbeitsplatz. Neue-Büro Sprüche*. München: Wilhelm Heyne, 1986, ohne Seitenangabe.

29. Hochhuth kommt vor dem Durchfall.
    (Klo des Germanistischen Seminars, Bonn)

    Bernd Thomsen (Hrsg.), *Pissen ist Macht. Neue Klo-Sprüche*. München: Wilhelm Heyne, 1986, ohne Seitenangabe.

30. Torheit kommt vor dem Knall. (1987)

    Anonymer Spruch in *Die Weltwoche*, Nr. 5 (29. Januar 1987), S. 2.

31. Hochdruck kommt vor dem Fall. (1987)

    Andreas Bender, *Kleine Socken jucken auch. Sprichwörter, Redensarten und Zitate – verdreht*. Frankfurt am Main: Eichborn, 1987, ohne Seitenangabe.

32. *Hochmut*
    Der Hochmut kommt, bevor man fällt.
    Und kommt er einmal hinterher,
    hat man auch ihm ein Bein gestellt. (1990)

    Wolfgang Funke, *Der Wendehals und andere Mitmenschen. Satirische Epigramme und Kurzgeschichten*. Berlin: Ullstein, 1990, S. 121.

33. Hochmut kommt vor dem Fall, Kleinmut danach. (1997)

    Gerhard Uhlenbruck, »Aphorismen: Quersumme eines Querdenkers,« in Jürgen Schwalm (Hrsg.), *Almanach deutscher Schriftsteller-Ärzte 1998*. Marquartstein: Manstedt, 1997, S. 545.

34. Hochmut kommt nach dem Aufstieg. (1998)

    Walter Ludin, *Einfach ins Blaue. Aphorismen*. Kriens (Schweiz): Brunner, 1998, S. 62.

35. Nach dem Fall kommt erst recht Hochmut. Aus zwei Gründen: Er war seltenst schön. Und: Demut wäre anachronistisch. (2000)

    Friedemann Spicker, »Über und über Aphorismen. Ganz beiderseits. Ein Aphorismen-Essay.« *Berliner LeseZeichen*, 8, Hefte 8-9 (2000), S. 36.

36. Hochmut ist
    Mut auf dem
    Hochseil. (2003)

    Dietmar Beetz, *Humani-tätärätä. Haiku und andere freche Sprüche.* Erfurt: Edition D.B., 2003, S. 43.

37. Hochmut kommt vor dem Fall, Demut danach. (2004)

    Gerhard Uhlenbruck, *Spitze Spritzen – spritzige Spitzen. Diagnosen, die gerade noch gefehlt haben.* Köln: Ralf Reglin, 2004, S. 161.

38. Hochdruck kommt vor dem Fall – durch Schlaganfall. (2006)

    Gerhard Uhlenbruck, »Weiße Haare – haarige Weisheiten,« in Stephan Tobolt (Hrsg.), *Almanach deutschsprachiger Schriftsteller-Ärzte 2007.* Marquartstein: Linus Wittich, 2006, S. 211.

39. Hochmut kommt vor der Gefallsucht. (2009)

    Tobias Grüterich, *Harte Kerne. Aphorismen und Notate.* Dresden: Edition Azur, 2009, S. 83.

40. *Hochmut kommt ...*
    Vergiss in keinem Falle,
    wenn alles dir gelingt,
    auch alles geht mal alle,
    von nichts umringt. (2011)

    Helmut Cordes, *Ausblicke, Einsichten. Epigramme, Gereimtes und sonstig Gemeintes.* Weinstadt: Kuppinger Druck und Verlag, 2011, S. 11.

41. Hochdruck kommt vor dem Schlaganfall. (2012)

    Gerhard Uhlenbruck, »Was dem Geh-Hirn Beine macht: Gedanken über das Schreiben von Gedanken,« in *Almanach deutschsprachiger Schriftsteller-*

Ärzte 2013, hrsg. von Dietrich Weller. Filderstadt: W.W. Weinmann, 2012, S. 563.

42. Wenn Hochmut vor dem Fall kommt, was kommt dann nach der Demut? (2013)

    Rudolf Kamp, *Sprüchewirbel. Aphorismen*. Bochum: Norbert Brockmeyer, 2013, S. 28.

43. Hochmut kommt vor dem Fall, Demut nicht immer danach. (2013)

    Gerhard Uhlenbruck, *Denk-an-Sätze. Wieder sinnige Sprüche und aphoristische Heil- und Selbstpflege-Sätze*. Bochum: Norbert Brockmeyer, 2013, S. 78.

44. Übermut kommt vor dem (tödlichen) Fall. (1982)

Anonym, »Übermut kommt vor dem (tödlichen) Fall. Immer öfter stürzen Privatflugzeuge vom Himmel. Häufig sind Selbstüberschätzung oder waghalsige Manöver die Ursache.« *Bunte*, Nr. 30 (22. Juli 1982), S. 98.

45. Taktik kommt vor dem Fall. (1982)

Karl-Heinz Janßen, »Taktik kommt vor dem Fall. Die Liberalen in den vier Regierungskrisen 1956-1982.« *Die Zeit*, Nr. 39 (1. Oktober 1982), S. 6.

46. Hochsprung kommt vor dem Fall! (1988)

Witzzeichnung in *Die Weltwoche*, Nr. 19 (12. Mai 1988), S. 71.

47. Hochmut kam vor dem Fall. (2009)

Johannes Voswinkel, »Hochmut kam vor dem Fall. Der lange Boom ließ in Russland Blütenträume reifen. Der Staat machte die Wirtschaft nicht krisenfest. Das rächt sich.« *Die Zeit*, Nr. 8 (12. Februar 2009), S. 27.

XXII. »Tanz um das goldene Kalb«

Aaron sprach zu ihnen: Reißet ab die goldenen Ohrenringe an den Ohren eurer Weiber, eurer Söhne und eurer Töchter und bringet sie zu mir. (2. Mose 32,2)

Da riß alles Volk seine goldenen Ohrenringe von ihren Ohren, und brachten sie zu Aaron. (2. Mose 32,3)

Und er nahm sie von ihren Händen und entwarf's mit einem Griffel und machte ein gegossenes Kalb. Und sie sprachen: Das sind deine Götter, Israel, die dich aus Ägyptenland geführt haben. (2. Mose 32,4)

Da das Aaron sah, baute er einen Altar vor ihm und ließ sich ausrufen und sprach: Morgen ist des Herrn Fest. (2. Mose, 32,5)

Und sie standen des Morgens früh auf und opferten Brandopfer und brachten dazu Dankopfer. Darnach setzte sich das Volk, zu essen und zu trinken, und standen auf, zu spielen. (2. Mose 32,6)

Obwohl in der Bibel lediglich von einem »gegossenen Kalb« die Rede ist, haben sich aus diesen Sprüchen die beiden sprichwörtlichen Redensarten »Tanz um das goldene Kalb« und »Das goldene Kalb anbeten« gebildet, womit das Verlangen nach Reichtum bzw. die abgöttische Liebe zu Geld und überhaupt Materialismus angeprangert werden.

1. Viele studieren jahrelang die Zoologie und wissen schließlich doch nur – vom »goldenen Kalbe« zu sprechen. (1900)

   Phia Rilke, *Ephemeriden*, hrsg. von Wolfgang Schneditz. Graz: Jos. A. Kienreich, 1949, S. 35. Es dreht sich um die Mutter Rainer Maria Rilkes.

2. In Amerika wird jetzt nicht mehr um das goldene Kalb, sondern um den goldenen Ochsen getanzt. (1904)

   Julius Stettenheim, *Nase- und andere Weisheiten*. Berlin: F. Fontane, 1904, S. 10.

3. Wo um das goldene Kalb getanzt wird, gibt's auch Metzger darunter. (c. 1960)

Stanisław Jerzy Lec, *Spätlese unfrisierter Gedanken. Aphorismen.* München: Carl Hanser, 1976, S. 47.

4. Das goldene Kalb wird, wenn es nicht angebetet wird, sofort zu Blei. (1961)

Erwin Chargaff, *Bemerkungen.* Stuttgart: Klett-Cotta, 1981, S. 92.

5. Vielleicht haben die Argonauten unter dem goldenen Vlies das goldene Kalb vermutet? (vor 1966)

Stanisław Jerzy Lec, *Allerletzte unfrisierte Gedanken. Aphorismen.* München: Carl Hanser, 1996, S. 31.

6. Der Tanz ums Goldene Kalb ist das älteste Ballett der Menschheit, dessen letzte Figur am Vorabend des Jüngsten Tages getanzt wird. (1971)

Eugen Gürster, *Narrheiten & Wahrheiten. Aphorismen.* München: Anton Pustet, 1971, S. 18.

7. Rindviecher sind's, die ums Goldene Kalb tanzen. (1977)

Hans-Horst Skupy, *Aphorismen. Abgeleitete Geistesblitze. Ein »Aber-Glaubensbekenntnis« in Aphorismen, Metaphern, Parabeln.* München: Ring, 1977, S. 110.

8. Der Tanz um das goldene Kalb führt zum Tanz um den eisernen Metzger. (1983)

Ulrich Erckenbrecht, *Ein Körnchen Lüge. Aphorismen und Geschichten.* Göttingen: Muriverlag, 1983, S. 48.

9. *Damenschmuck*
Medaillon vom goldenen Kalb. (1984)

Ron Kritzfeld, *Kleines Universal Flexikon*. Essen: Selbstverlag des Verfassers, 1984, Bd. 9, S. 7.

10. Kommunismus und Kapitalismus heißen zwei Schritte beim Tanz um das goldene Kalb. (1984)

Jeannine Luczak, *Schweigegeld als Landeswährung. Aphorismen*. Olten: Walter, 1984, S. 21.

11. Das Goldene Kalb: die heilige Kuh der Industrienationen? (1988)

Werner Mitsch, *Neue Hin- und Widersprüche*. Rosenheim: Förg, 1988, S. 33.

12. *Ubi bene – ibi patria*
Ein neuer Hymnus geht im Lande um.
Die Bundesbank druckt zu dem Lied die Noten.
Ein Volkstanz. Um das goldne Kalb herum.
Wir deutsche sind famose Patrioten. (1990)

Wolfgang Funke, *Der Wendehals und andere Mitmenschen. Satirische Epigramme und Kurzgeschichten*. Berlin: Ullstein, 1990, S. 16.

13. Auch das angebetete Goldene Kalb wird eines Tages ein altes Rindvieh. (1990)

Wolfgang Funke, *Der Wendehals und andere Mitmenschen. Satirische Epigramme und Kurzgeschichten*. Berlin: Ullstein, 1990, S. 133.

14. Das Kind hüpft auf der Wiese und steckt die Sonne an, die als goldenes Kalb mithüpft. (1993)

Arthur Feldmann, *Kurznachrichten aus der Mördergrube oder Die große Modeschau der nackten Könige*. München: edition scaneg, 1993, S. 107.

15. Mein sozialer Traum: Das Goldene Kalb windet sich in Krämpfen und krepiert. Leider gibt es überall Ochsen. (1993)

    Werner Kleinhardt, *Das Lachen der Satten. Fabeln, Gedichte und Aphorismen.* Freiburg: Echo, 1993, S. 150.

16. Der Tanz um das Goldene Kalb – das in Ekstase geratene ästhetische Verlangen nach Gott. (1997)

    Elazar Benyoëtz, *Variation über ein verlorenes Thema.* München: Carl Hanser, 1997, S. 130.

17. »Ich bin ein anspruchsvoller Gott«, spricht das Goldene Kalb: »Wer um mich herumtanzt, muss selbst schon ein goldenes Kälbchen sein.« (2001)

    Felix Renner, *Irritationen. (Entsprechend kurz angebunden).* Zürich: Nimrod, 2001, S. 79.

18. Der Tanz ums Goldene Kalb sei ausser Kontrolle geraten, und als die Musik stoppte, habe es niemand gemerkt, hiess es unlängst. Als habe es beim Endlostanz um den einflussreichsten aller menschlichen Götzen je so etwas wie eine auf einer ausgeklügelten Choreographie beruhende Ballettdisziplin gegeben! (2003)

    Felix Renner, *Keine Kompromisse. Aphorismen.* Zürich: Nimrod, 2003, S. 99.

19. Beim Tanz um das Goldene Kalb macht das Geld die Musik. (2004)

    Ernst Ferstl, *Durchblicke. Aphorismen.* Gallneukirchen: Freya, 2004, S. 32.

20. Das Gedränge um den gebratenen Ochsen ist eine Weiterentwicklung des Tanzes um das Goldene Kalb. (2004)

    Rupert Schützbach, *Weltanschauung. Aphorismen & Definitionen & Sprüche aus zwanzig Jahren.* Tiefenbach: Edition Töpfl, 2004, S. 63.

21. Der Tanz um das Goldene Kalb ist ein Spiel. Und wer nicht mitspielt, dem wird mitgespielt. (2005)

    Ernst Ferstl, *Wegweiser. Neue Aporismen*. Ottersberg: Asaro, 2005, S. 74.

22. Die moderne Zivilisation tanzt nicht mehr um das Goldene Kalb, sondern um den Ölgötzen. (2005)

    Hans-Jürgen Quadbeck-Seeger, *Im Labyrinth der Gedanken. Aphorismen und Definitionen*. Norderstedt: Books on Demand, 2005, S. 199.

23. die autohäuser kathedralen,
    drinnen das Goldene Kalb
    auf vier rädern
    time is money. (2006)

    Martin Fröhlich, *Noch immer unterwegs. Gedichte und Aphorismen*. Norderstedt: Books on Demand, 2006, S. 79.

24. Statt seine mutter zu ehren, schafft sich der mensch eine gottheit nach seinem ebenbild oder ein goldenes kalb. (2011)

    Albert Brennink, *Aphorismen*. Lengerich: Chroma, 2011, S. 59.

25. Der Tanz um das Goldene Kalb, die Banker laden ein zum Schlachtfest. (2011)

    Hugo Ernst Käufer, *Kriecher stolpern nicht. Aphorismen*. Bochum: Norbert Brockmeyer, 2011, S. 54.

26. Das Goldene Kalb treibt der Schlächter auf den Markt, nicht der Goldschmied. (2012)

    Hans-Horst Skupy, *Aphorismen – Trojanische Worte*. Tiefenbach: Edition Töpfl, 2012, S. 26.

27. Der Tanz ums Goldene Kalb: Würde man ihn einstellen, wenn man wüsste, dass er nur eine dumme Kuh ist? (2013)

Gerhard Uhlenbruck, *Denk-an-Sätze. Wieder sinnige Sprüche und aphoristische Heil- und Selbstpflege-Sätze*. Bochum: Norbert Brockmeyer, 2013, S. 102.

28. Der Tanz um das goldene Kalb.
    – – – und sie merkten nicht, daß es aus Papier war. (1919)

Karikatur in *Simplicissimus*, Nr. 36 (3. Dezember 1919), S. 508.

29. Sparprogramm.
   »Verdammt Boys, Moses kommt.« (1977)

Karikatur in *Der Spiegel*, Nr. 33 (8. August 1977), S. 75.

30. Tanz um die 35 Stunden. (1984)

Karikatur in *Quick*, Nr. 11 (8. März 1984), S. 5.

31. Wenn das goldene Kalb bockt. (2002)

Thomas E. Schmidt, »Wenn das goldene Kalb bockt. Der Managerbetrug in Amerika erschüttert die Märkte, aber nicht den Kapitalismus. Seinen Kritikern bleiben nur ohnmächtige Gesten des Protests.« *Die Zeit*, Nr. 28 (4. Juli 2002), S. 31.

XXIII. »Es ist leichter, daß ein Kamel durch ein Nadelöhr gehe, denn daß ein Reicher ins Reich Gottes komme«

Und weiter sage ich euch: Es ist leichter, daß ein Kamel durch ein Nadelöhr gehe, denn daß ein Reicher ins Reich Gottes komme. (Matthäus 19,24)

Zu diesem paradoxen Bibelsprichwort vgl. Georg Aicher, *Kamel und Nadelöhr. Eine kritisch-exegetische Studie über Mt. 19,24 und Parallelen* (Münster: Aschendorff, 1908); Paul S. Minear, »'The Needle's Eye'. A Study in Form Criticism',« *Journal of Biblical Literature*, 61 (1942), S. 157-169; Eduard Koelwel »Kamel und Nadelöhr,« *Sprachpflege*, 6 (1957), S. 184-185; Karl Oberhuber, »Nochmals 'Kamel' und Nadelöhr,« in *Sprachwissenschaftliche Forschungen. Festschrift für Johann Knobloch*, hrsg. von Hermann M. Ölberg, Gernot Schmidt und Heinz Bothien (Innsbruck: Institut für Sprachwissenschaft der Universität Innsbruck, 1985), S. 271-275; und Jes. P. Asmussen, »'Kamel' − 'Nadelöhr'. Matth. 19:24, Mark. 10:25, Luk. 18:25,« in *Studia Grammatica Iranica. Festschrift für Helmut Humbach*, hrsg. von Rüdiger Schmitt und Prods Oktor Skjaervo (München: R. Kitzinger, 1986), S. 1-10.

1. *Die Probe*
   Zu einem seltsamen Versuch
   erstand ich mir ein Nadelbuch.
   Und zu dem Buch ein altes zwar,
   doch äußerst kühnes Dromedar.
   Ein Reicher auch daneben stand,
   zween Säcke Gold in jeder Hand.
   Der Reiche ging alsdann herfür
   und klopfte an die Himmelstür.
   Drauf Petrus sprach: »Geschrieben steht,
   daß ein Kamel weit eher geht
   durchs Nadelöhr als du, du Heid,
   durch diese Türe groß und breit!«
   Ich, glaubend fest an Gottes Wort,
   ermunterte das Tier sofort,
   ihm zeigend hinterm Nadelöhr
   ein Zuckerhörnchen als Douceur.
   Und in der Tat! Das Tier ging durch,

obzwar sich quetschend wie ein Lurch!
Der Reiche aber sah ganz stier
und sagte nichts als: »Wehe mir!« (1905)

Christian Morgenstern, *Gesammelte Werke in einem Band*, hrsg. von Margareta Morgenstern. München: Piper, 1965, S. 204-205.

2. *An jeden, den's angeht*
Ich weiß, wie der Gesellschaft Mühle klappert,
da kommt der Einkehr Geist kaum zu Gehör.
Es ward ja auch nicht nur so hin geplappert:
das Wort vom Reichen und vom Nadelöhr. (vor 1914)

Christian Morgenstern, *Gesammelte Werke in einem Band*, hrsg. von Margareta Morgenstern. München: Piper, 1965, S. 502.

3. Und ehrlich währt am kürzesten, und Lügen haben lange Beine, und wer zuerst lacht, lacht am besten, und wer zuletzt kommt, mahlt zuerst, und faule Fische, gute Fische, und vergib uns unsere Unschuld, und das Kamel geht durch das Nadelöhr. (1953)

Bertolt Brecht, *Gesammelte Werke*, hrsg. von Elisabeth Hauptmann. Frankfurt am Main: Suhrkamp, 1967, Bd. 6, S. 2612 (*Don Juan*).

4. Wir sind malariakranke Ameisen, die sich im Kreise drehn; wir sind Musterkamele, die durchs Nadelöhr gehn; wir sind weiße Experimentiermäuse in der Zwickmühle der Politik. Ach, was sind wir nicht alles! Daß wir auch Menschen sind, wagen wir kaum noch zu hoffen, nicht, weil wir's nicht wären, sondern weil jeder, der nichts weiter wäre, sich lächerlich macht. (1960)

Martin Kessel, *Gegengabe. Aphoristisches Kompendium für hellere Köpfe*. Darmstadt: Luchterhand, 1960, S. 14.

5. Nur kamele gehen durchs nadelöhr. (1971)

Bert Berkensträter, *Zungen-Schläge*. Berlin: Wolfgang Fietkau, 1971, S. 21.

6. Kein Reicher geht durchs Nadelöhr, aber es kommen viele Kamele in den Himmel. (1973)

    Gottfried Edel, *Mehr Tierliebe für die Menschen. Aphorismen*. München: Eilers, 1973, S. 35.

7. Jenseits des Nadelöhrs aber wären wir gerettet. Wie vor der Aborttür stehen wir trampelnd vor'm Nadelöhr an. Stimmt doch, oder? Wir können uns nicht vorstellen, wie wir durchkommen. Na schön. Geht anderen auch so. Vorstellungen können alles enthalten, nur nicht die Tat. (1973)

    Martin Walser, *Der Sturz. Roman*. Frankfurt am Main: Suhrkamp, 1973, S. 347.

8. Ein Fachidiot ist ein Kamel, welches durch ein Nadelöhr guckt. (1977)

    Gerhard Uhlenbruck, *Ins eigene Netz. Aphorismen*. Aachen: Stippak, 1977, S. 142.

9. Selbst als Kamel war er nicht größer als ein Nadelöhr. (1977)

    Wolfgang Eschker, *Gift und Gegengift. Aphorismen*. Stuttgart: Deutsche Verlags-Anstalt, 1977, S.57.

10. Soll ein Kamel durch ein Nadelöhr gehen, muß man das Nadelöhr vergrößern oder das Kamel kleinkriegen. (1977)

    Guido Hildebrandt, *Spot und Hohn. Eine Unart Aforismen*. Duisburg: Gilles & Francke, 1977, S. 18.

11. *Durch und durch*
    Wir sind alle
    nur für kurz hier eingefädelt,
    aber das Öhr
    hält man uns seither fern,
    uns Kamelen. (1978)

Ilse Aichinger, *Verschenkter Rat. Gedichte*. Frankfurt am Main: Fischer, 1978, S. 57.

12. Eher kommt ein Kamel durchs Nadelöhr als ein evangelischer Stotterer zu Radio Vatikan. (1978)

Werner Mitsch, *Spinnen, die nicht spinnen, spinnen. Sprüche. Nichts als Sprüche*. Stuttgart: Heinz und Margarete Letsch, 1978, S. 84.

13. Eher kommt ein Armer in die Hölle als ein Reicher in den Himmel. (1978)

Werner Mitsch, *Spinnen, die nicht spinnen, spinnen. Sprüche. Nichts als Sprüche*. Stuttgart: Heinz und Margarete Letsch, 1978, S. 85.

14. Eher kommt ein Reicher in den Himmel als eine Sexanzeige ins Katholische Sonntagsblatt. (1979)

Werner Mitsch, *Fische, die bellen, beißen nicht. Sprüche. Nichts als Sprüche*. Stuttgart: Heinz und Margarete Letsch, 1979, S. 68.

15. Eher kommt ein Jaguar durch den TÜV als ein Kamel durchs Nadelöhr. (1979)

Werner Mitsch, *Fische, die bellen, beißen nicht. Sprüche. Nichts als Sprüche*. Stuttgart: Heinz und Margarete Letsch, 1979, S. 93. Auch in Anne Grimmer (Hrsg.), *1000 coole Schülersprüche*. Bindlach: Loewe, 2000, S. 245.

16. Kamele sind gar nicht so dumm: obwohl sie einen Buckel machen, tragen sie den Kopf hoch und sind nicht so dumm, durch ein Nadelöhr zu gehen. (1979)

Gerhard Uhlenbruck, *Einfach gesimpelt. Aphorismen*. Aachen: Stippak, 1979, S. 105.

17. Eher kommt ein Kamel durch ein Nadelöhr als ein Elefant ins Mausoleum. (1981)

Werner Mitsch, *Hunde, die schielen, beißen daneben. Sprüche. Nichts als Sprüche*. Stuttgart: Heinz und Margarete Letsch, 1981, S. 115.

18. Diplomatie: Die Kunst, etwas einzufädeln, obwohl sich immer ein Kamel im Nadelöhr befindet. (1981)

Gerhard Uhlenbruck, *Keiner läßt seine Masche fallen. Aphorismen*. Aachen: Stippak, 1981, S. 84.

19. Je öfter ein Kamel durch ein Nadelöhr geht, umso dicker werden die Reichen. (1982)

Werner Mitsch, *Bienen, die nur wohnen, heißen Drohnen. Sprüche. Nichts als Sprüche*. Stuttgart: Heinz und Margarte Letsch, 1982, S. 78.

20. Zynismus: Wenn das Kamel nicht durchs Nadelöhr geht und man zu ihm sagt, es solle die Sache nicht so eng sehen. (c. 1983)

Roland Michael; in Roland Michael (Hrsg.), *Treffend bemerkt. Das Buch der 1000 Aphorismen*. Gütersloh: Peter, 1983, S. 29.

21. Als sich der Reiche durchs Nadelöhr quetschte, blieb sein Geldsack auf der Strecke. (1983)

Werner Mitsch, *Das Schwarze unterm Fingernagel. Sprüche. Nichts als Sprüche*. Stuttgart: Heinz und Margarete Letsch, 1983, S. 14.

22. Eher kommt ein Protestant in den Himmel, als ein Katholik in den siebenten Himmel. (1983)

Werner Mitsch, *Das Schwarze unterm Fingernagel. Sprüche. Nichts als Sprüche*. Stuttgart: Heinz und Margarete Letsch, 1983, S. 47.

23. Sie züchten Pferde, die aufs Sofa passen. Bald wird es auch Kamele geben, die durchs Nadelöhr gehen und Reiche, die in den Himmel kommen. (1983)

    Werner Mitsch, *Das Schwarze unterm Fingernagel. Sprüche. Nichts als Sprüche.* Stuttgart: Heinz und Margarete Letsch, 1983, S. 86.

24. Eher kommt ein Kamel durch ein Nadelöhr als ein Kurzsichtiger über die Straße. (1983)

    Werner Mitsch, *Das Schwarze unterm Fingernagel. Sprüche. Nichts als Sprüche.* Stuttgart: Heinz und Margarete Letsch, 1983, S. 98.

25. Eher geht ein Kamel durch ein Nadelöhr als ein Kritiker in sich. (1983)

    Josef Meier O'Mayr, *Wo lassen Sie denken? Weisheiten und Naseweisheiten.* Pfaffenhofen: Ludwig, 1983, S. 20.

26. Numerus clausus: Ein Nadelöhr, das auch für Kamele durchgängig ist? (1983)

    Gerhard Uhlenbruck, *Nächstenhiebe. Aphoristische Sticheleien.* Aachen: Stippak, 1983, S. 37.

27. Eher kommt ein Protestant auf den Heiligen Stuhl als ein Neger ins Weiße Haus. (1984)

    Werner Mitsch, *»Grund- & Boden-Sätze«. Sprüche. Nichts als Sprüche.* Stuttgart: Heinz und Margarete Letsch, 1984, S. 14.

28. Frustration ist, wenn ein Kamel im Heuhaufen nach einem Nadelöhr sucht. (1984)

    Gerhard Uhlenbruck, *»Mensch ärgere mich nicht«. Wieder Sprüche und Widersprüche.* Köln: Deutscher Ärzte-Verlag, 1984, S. 24.

29. Eher geht ein Kamel durch ein Nadelöhr, als daß es etwas Gescheites einfädelt. (1985)

Gerhard Uhlenbruck, *Eigenliebe macht blind. Hirnrissige Gedankensprünge und Aphorismen*. Aachen: Stippak, 1985, S. 4.

30. Es ist sehr viel wahrscheinlicher, daß ein Nadelöhr durch ein Kamel geht: Dann nämlich, wenn das Kamel einen Heuhaufen frißt. (1985)

Gerhard Uhlenbruck, *Eigenliebe macht blind. Hirnrissige Gedankensprünge und Aphorismen*. Aachen: Stippak, 1985, S. 4.

31. Eher geht ein Elefant in einen Prozellanladen, als ein Kamel durchs Nadelöhr. (1985)

Gerhard Uhlenbruck, *Eigenliebe macht blind. Hirnrissige Gedankensprünge und Aphorismen*. Aachen: Stippak, 1985, S. 5.

32. Das Nadelöhr verengt den Blick der Kamele so sehr, daß sie nicht einsehen können, warum so viele Reiche in den Himmel kommen. (1987)

Nikolaus Cybinski, *Die Unfreiheit hassen wir nun. Wann fangen wir an, die Freiheit zu lieben? Aphorismen*. Freiburg: Klaus Isele, 1987, S. 53.

33. Warum geht das Kamel nicht durchs Nadelöhr? Weil es den Faden verloren hat! (1987)

Gerhard Uhlenbruck, *Kaffeesätze. Gedankensprünge in den Sand des Getriebes*. Erkrath: Spiridon, 1987, S. 90.

34. Eher kommt ein Kamel in den Zoo als ein Reicher in Teufels Küche. (1988)

Werner Mitsch, *Neue Hin- und Widersprüche*. Rosenheim: Förg, 1988, S. 23.

35. Waldsterben: Demnächst sind wir soweit, daß ein Kamel eher durch ein Nadelöhr als durch einen Nadelwald geht. (1990)

   Gerhard Uhlenbruck, *Darum geht's nicht ...? Aphorismen.* Hilden: Ahland, 1990, S. 40.

36. Die heiligen Stätten der Riesennadeln, oben, als Türme, Spitzen, unten, als Torbogen, Öhre – durch die werden zur Erbauung der Pilger Kamele getrieben. (1993)

   Arthur Feldmann, *Kurznachrichten aus der Mördergrube oder Die große Modeschau der nackten Könige.* München: edition scaneg, 1993, S. 13.

37. Ein reiches Kamel geht durch Helsingör. (1995)

   Ulrich Erckenbrecht, *Katzenköppe. Aphorismen/Epigramme.* Göttingen: Muriverlag, 1995, S. 14.

38. Selbst wenn ein Kamel durch ein Nadelöhr ginge, – wir hätten einfach nicht genug Nadelöhre. (1995)

   Wolfgang Eschker, *Mitgift mit Gift. Aphorismen.* München: Eugen Diederichs, 1995, S. 68.

39. Kamelstau vorm Nadelöhr: Nun wollen auch die Neureichen in den Himmel! (1996)

   Gerhard Uhlenbruck, *Nichtzutreffendes bitte streichen. Aphoristische Gedankengangarten.* Köln: Ralf Reglin, 1996, S. 30.

40. Wie vernünftig, mit zunehmendem Alter immer engstirniger zu werden, führt der Weg in den Himmel doch bekanntlich durch ein Nadelöhr. (1998)

   Ulrich Horstmann, *Einfallstor. Neue Aphorismen.* Oldenburg: Igel Verlag, 1998, S. 18.

41. Nur Kamele gehen durch ein Nadelöhr, anstatt offene Türen einzurennen. (2001)

Gerhard Uhlenbruck, *Worthülsenfrüchte oder Ein Körnchen Wahrheit für alle Tage. Ein Kalenderbuch für 2002*. Köln: Ralf Reglin, 2001 (22. April).

42. Das Nadelöhr noch mehr verkleinern! Noch zu viele Kamele zwängen sich durch. (2002)

Vytautas Karalius, *Endspurt der Schnecken. Aphorismen, Paradoxa, ironische Anspielungen*. Vilnius: Egalda, 2002, S. 87.

43. Aufstand der Kamele: sie treiben die Treiber durch das Nadelöhr. (2002)

Vytautas Karalius, *Endspurt der Schnecken. Aphorismen, Paradoxa, ironische Anspielungen*. Vilnius: Egalda, 2002, S. 102.

44. Ein Kamel, das sich durch ein Nadelöhr hindurchgezwungen hat, taugt zu keiner Karawane mehr. (2002)

Vytautas Karalius, *Endspurt der Schnecken. Aphorismen, Paradoxa, ironische Anspielungen*. Vilnius: Egalda, 2002, S. 121.

45. Das Kamel kann nicht durchs Nadelöhr und der Reiche nicht in den Himmel – er findet aber hier auf Erden durch Gottes Erbarmen eine angemessene Entschädigung ... (2003)

Arthur Feldmann, *Spiegelungen oder Nachdenkliche Betrachtungen eines Herbstblatts über das bunte Treiben der Welt. Gesammelte Mikroprosa*. Köln: Tatjana Lehmann, 2003, S. 7.

46. Kamele hiner dem Nadelöhr. (2003)

Ulrich Meier, *Kamele hinter dem Nadelöhr. Geschichten aus dem Innenraum*. Stuttgart: Urachhaus, 2003.

47. Eher geht ein Kamel durch ein Nadelöhr als in den Himmel. (2003)

   Harald Wiesendanger, *Auf weiter Flur. Noch mehr Aphorismen, Anekdoten, Analysen, Anarchismen über Gott und die Welt*. Schönbrunn: Lea Verlag, 2003, S. 92.

48. Das Nadelöhr öffnet sich dem Reichen, wenn er den Armen aus ganzer Seele ehrt. (2005)

   Peter Buser, *Aphorismen und andere Kurzweil*. Norderstedt: Books on Demand, 2005, S. 8.

49. Das Kamel und das Nadelöhr
    fanden kein Gehör
    bei dem Ingenieur. (2007)

   Ulrich Erckenbrecht, *Grubenfunde. Lyrik und Prosa*. Göttingen: Muriverlag, 2007, S. 86.

50. Sie saß hinter ihrem Nadelöhr & erwartete die eintretenden Kamele. (2007)

   Rolf Potthoff; in Rolf Potthoff, Anselm Vogt und Reiner Klüting, *Leitkultur? Kultur light! Aphoristisches Wörterbuch zur Kulturkritik*. Bochum: Norbert Brockmeyer, 2007, S. 71.

51. Das Kamel im Nadelöhr. (2010)

   Eckart zur Nieden, *Das Kamel im Nadelöhr. Fromme und unfromme Schmunzelgedichte*. Holzgerlingen: Hänssler, 2010.

52. Reich mir das Nadelöhr rüber.
    Das Kamel hätt' ich schon zur Hand. (2011)

   Hermann Rosenkranz, *Die Lakonik des Mondes. Lauter nutzlose Notate*. Bochum: Norbert Brockmeyer, 2011, S. 28.

53. Kleine Koalition – Mitbestimmung.
    Das Kamel und das Nadelöhr. (1969)

Karikatur in *Der Spiegel*, Nr. 42 (13. Oktober 1969), S. 47.

54. Was ist das?
(Kamel, im Begriff, durch ein Nadelöhr zu gehen.) (1978)

Witzzeichnung in *Locus vivendi, 1978. Sentenzen fürs Klo.* München: W. Heye, 1978 (17.-23. April).

55. »When I can't sleep at night, I count camels jumping through the eye of a needle.« (1986)

Witzzeichnung in *Punch* (24. September 1986), S. 44.

"When I can't sleep at night, I count camels jumping through the eye of a needle."

56. »... und wer soll bei dem Nadelöhr das Kamel sein?« (1990)

Karikatur in *Der Spiegel*, Nr. 13 (26. März 1990), S. 7.

XXIV. »Bleibe im Lande und nähre dich redlich«

Hoffe auf den Herrn und tue Gutes; bleibe im Lande und nähre dich redlich.
(Pslam 37,3)

1. Was ist zu thun, wenn die Bibel zu Jemandem sagt: »Bleibe im Lande und nähre dich redlich!« und die Polizei treibt ihn fort? Soll er der Bibel, oder der Polizei folgen? Da nach §1 des preuß. Gesetzes vom 11. Mai 1842 der Rechtsweg gegen polizeiliche Verfügungen unzulässig ist, so wird auch wohl die Bibel gegen sie den Kürzern ziehen. (c. 1860)

    Karl Friedrich Wilhelm Wander, *Politisches Sprichwörterbrevier*. Leipzig: Wigand, 1872; Nachdruck hrsg. von Wolfgang Mieder. Bern: Peter Lang, 1990, S. 158.

2. Lebensregel für Entwicklungsländer: Bleibe im Lande und unterernähre dich redlich. (1978)

    Hanns-Hermann Kersten, *Euphorismen & rosa Reime*. Stuttgart: Deutsche Verlags-Anstalt, 1978, S. 15.

3. *Das Lehen*
    Ich bleib im Lande und nähre mich im Osten.
    Mit meinen Sprüchen, die mich den Kragen kosten
    In anderer Zeit: noch bin ich auf dem Posten.
    In Wohnungen, geliehn vom Magistrat
    Und eß mich satt, wie ihr, an der Silage.
    Und werde nicht froh in meiner Chefetage
    Die Bleibe, die ich suche, ist kein Staat.
    Mit zehn Geboten und mit Eisendraht:
    Sähe ich Brüder und keine Lemuren.
    Wie komm ich durch den Winter der Strukturen.
    Partei mein Fürst: *sie hat uns alles gegeben*
    Und alles ist noch nicht das Leben.
    Das Lehen, das ich brauch, wird nicht vergeben. (1980)

    Volker Braun, *Lustgarten, Preußen. Ausgewählte Gedichte*. Frankfurt am Main: Suhrkamp, 1996, S. 74.

4. Bleibe im Lande und wehre dich redlich. (1980)

   Gerhard Uhlenbruck, *Frust-Rationen. Aphorismen*. Aachen: Stippak, 1980, S. 97. Auch in Manfred Hausin, *Hausinaden, der Epigramme zweiter Band*. Göttingen: Davids Drucke, 1983, S. 32.

5. Bleibe im Lande und leere dich redlich. (1981)

   Luise Lemke, *Lieber'n bißken mehr, aber dafür wat Jutet. Berliner Sprüche*. Berlin: Arani, 1981, S. 34.

6. Bleibe im Lande und wehre dich täglich. (1981)

   Burkhard Scherer, Udo P. Schewietzek und Helmut Schmid (Hrsg.), *Ein guter Spruch zur rechten Zeit. Demosprüche von den Sechzigern bis heute*. Gießen: Focus, 191, S. 94. Auch in Herbert Granditz, *Einfach genial. Aphorismen von Prof. Herbert Granditz und anderen gescheiten Leuten*. Graz: Vehling, 2006, S. 49.

7. Bleib im Bett und erhol dich täglich. (1984)

   Claudia Glismann (Hrsg.), *Edel sei der Mensch, Zwieback und gut. Szene-Sprüche*. München: Wilhelm Heyne, 1984, ohne Seitenangabe.

8. LEUTE: Bleibt im Knast und Wehrt euch Redlich. (1984)

   Günter Hesse, *Die Wände im Knast ... Und sie reden doch. Graffiti aus deutschen Gefängnissen*. Bremen: Skarabäus, 1984, Bd. 1, S. 93.

9. Bleib im Land und ernähr dich von Importen. (1984)

   Werner Mitsch, *»Grund- & Boden-Sätze«. Sprüche. Nichts als Sprüche*. Stuttgart: Heinz und Margarete Letsch, 1984, S. 67.

10. Bleibe im Lande und ernähr' Dich von Rettich! (1985)

Wolfgang Willnat (Hrsg.), *Sprüche, Sprayer, Spontis. Spaß mit Graffiti*. Wiesbaden: Englisch, 1985, S. 91.

11. Bleibe zuhause und mehre dich redlich. (1986)

Spruch von L. Bolte in *Bild-Zeitung* (23. Mai 1986), S. 2.

12. Bleibe im Lande und bewähre dich redlich! (2004)

Gerhard Uhlenbruck, *Spitze Spritzen – spritzige Spitzen. Diagnosen, die gerade noch gefehlt haben*. Köln: Ralf Reglin, 2004, S. 35.

13. Bleibe im Lande und nähre dich redlich.
    Glaubt ihr denn, auswärts zu essen sei schädlich? (2009)

Fritz E. Vollmar, *Spruch auf Spruch. Zitate und geflügelte Worte parodiert*. Burg: Eiche-Verlag, 2009, S. 16.

14. Bleibe im Lande und vermehre dich redlich. (2011)

Wolfram Fischer, *Bleibe im Lande und vermehre dich redlich*. Frankfurt am Main: August-von-Goethe-Literaturverlag, 2011.

15. »Bleibt auf dem Lande und wehret Euch täglich«. (1984)

Sebastian Knauer, »'Bleibt auf dem Lande und wehret Euch täglich'. Jede Minute geht in Europas Landwirtschaft ein Arbeitsplatz veloren. Die EG-Agrarpolitik zwingt kleine Bauernhöfe, zu wachsen oder zu weichen.« *Stern*, Nr. 37 (6. September 1984), S. 106.

XXV. »Sein Licht unter den Scheffel stellen«

Man zündet euch nicht ein Licht an und setzt es unter einen Scheffel, sondern auf einen Leuchter; so leuchet es denn allen, die im Hause sind. (Matthäus 5,15)

Also laßt euer Licht leuchten vor den Leuten, daß sie eure guten Werke sehen und euren Vater im Himmel preisen. (Matthäus 5,16)

Und er sprach zu ihnen: Zündet man auch ein Licht an, daß man's unter einen Scheffel oder unter einen Tisch setze? Mitnichten, sondern daß man's auf einen Leuchter setze. (Markus 4,21)

Denn es ist nichts verborgen, daß nicht offenbar werde, und ist nichts Heimliches, das nicht hervorkomme. (Markus 4,22)

Niemand zündet ein Licht an und setzt es an einen heimlichen Ort, auch nicht unter einen Scheffel, sondern auf den Leuchter, auf daß, wer hineingeht, das Licht sehe. (Lukas 11,33)

Außer der Redensart »Sein Licht unter den Scheffel stellen« ist auch die entgegengesetzte Redensart »Sein Licht leuchten lassen« aus diesen Bibelsprüchen hervorgegangen, die jedoch weniger benutzt wird. Vgl. hierzu Werner Besch, »'... sein Licht (nicht) unter den Scheffel stellen',« in *Deutsche Sprache in Raum und Zeit. Festschrift für Peter Wiesinger*, hrsg. von Peter Ernst und Franz Patocka (Wien: Edition Praesens, 1998), S. 463-477.

1. Eine der größten Seltenheiten ist das Licht, das unter den Scheffel gestellt wird. (1904)

    Julius Stettenheim, *Nase- und andere Weisheiten*. Berlin: F. Fontane, 1904, S. 186.

2. Wenn man von unserer Zeit sagen kann, daß kein Licht ohne Scheffel ist, so muß man auch sagen, daß kein Scheffel ohne Licht ist. (1952)

    Erwin Chargaff, *Bemerkungen*. Stuttgart: Klett-Cotta, 1981, S. 34.

3. In dieser Welt kommt es darauf an, sein Licht unter einen solchen Scheffel zu stellen, daß alle erkennen, daß dies ein Scheffel ist, unter dem ein Licht steht. (1955)

   Erwin Chargaff, *Bemerkungen*. Stuttgart: Klett-Cotta, 1981, S. 53.

4. Plötzlich begannen sie alle zu schreiem: »Hier ist ein Scheffel mit einem Licht!« – das Licht war aber längst ausgegangen. (1964)

   Erwin Chargaff, *Bemerkungen*. Stuttgart: Klett-Cotta, 1981, S. 101.

5. *Ausnahme*
   Dein Licht dien, die Welt zu erhellen;
   Doch in verzweifelten Fällen,
   Wenn Stürme rasen,
   Es ganz auszublasen,
   Darfst untern Scheffel Du's stellen! (1968)

   Eugen Roth, *Ins Schwarze. Limericks und Schüttelverse*. München: Carl Hanser, 1968, S. 12.

6. kaum einer, der sein licht unter den scheffel stellt.
   die meisten stellen es in seinen dienst. (1971)

   Bert Berkensträter, *Zungen-Schläge*. Berlin: Wolfgang Fietkau, 1971, S. 26.

7. *hinterlist*
   wer
   stellt schon gern
   sein licht
   untern scheffel
   und leuchtet
   den regenwürmern
   heim?

   viel lieber
   möchte man

haien und großen fischen
den weg zeigen
zum
angelhaken. (1971)

Benno Käsmayr; in Frank Brunner, Arnim Juhre und Heinz Kulas (Hrsg.), *Wir Kinder von Marx und Coca-Cola. Gedichte der Nachgeborenen*. Wuppertal: Peter Hamm, 1971, S. 44.

8. »Ich werde mein Licht nicht hinter den Scheffel stellen«, sagte einer, stellte es vor die Scheinwerfer und machte es dadurch so unsichtbar, daß später niemand mehr mit Sicherheit sagen konnte, wann es eigentlich erloschen war. (1973)

Werner Schneyder, *Empfehlung der einfachen Schläge. Aphorismen, Epigramme, Gedichte*. Wien: Europaverlag, 1973, S. 98.

9. Man sollte sein Licht unter einen durchsichtigen Scheffel stellen. damit es nicht ausgeblasen wird. (1977)

Gerhard Uhlenbruck, *Ins eigene Netz. Aphorismen*. Aachen: Stippak, 1977, S. 41.

10. Es gibt Menschen, die sollten ihr Licht auf den Scheffel stellen. (1977)

Gerhard Uhlenbruck, *Ins eigene Netz. Aphorismen*. Aachen: Stippak, 1977, S. 52.

11. Man soll sein Licht nicht untern Scheffel stellen. So sieht man besser, daß es aus ist. (1978)

Oskar Cöster, »Schüsse aus der Wortkanone.« *Stern*, Nr. 9 (23. Februar 1978), S. 132.

12. Weil ich immer Lampenfieber habe, stelle ich mein Licht unter den Scheffel. (1979)

Gerhard Uhlenbruck, *Einfach gesimpelt. Aphorismen.* Aachen: Stippak, 1979, S. 38.

13. Wer sein Licht leuchten läßt, muß sich nicht wundern, wenn die anderen nach dem Scheffel suchen. (1981)

    Gerhard Uhlenbruck, *Keiner läßt seine Masche fallen. Aphorismen.* Aachen: Stippak, 1981, S. 10.

14. Der Angeber: Er stellt sein Licht so unter den Scheffel, daß der Scheffel brennt. (1982)

    Peter Maiwald, »Notizen.« *Nebelspalter*, Nr. 30 (27. Juli 1982), S. 40.

15. Wer kein Licht hat, stellt den Scheffel auf den Tisch. (1983)

    Peter Tille, *Sommersprossen. 666 aphoristische Gesichtspunkte.* Halle: Mitteldeutscher Verlag, 1983, S. 100.

16. Manch einer kann sein Licht gar nicht unter den Scheffel stellen, weil er dauernd scheffelt. (1983)

    Gerhard Uhlenbruck, *Nächstenhiebe. Aphoristische Sticheleien.* Aachen: Stippak, 1983, S. 17.

17. Den meisten geht erst ein Licht auf, wenn es von anderen bereits unter einen Scheffel gestellt worden ist. (1984)

    Gerhard Uhlenbruck, *»Mensch ärgere mich nicht«. Wieder Sprüche und Widersprüche.* Köln: Deutscher Ärzte-Verlag, 1984, S. 16.

18. Stell dein Licht unter den Scheffel, sonst blasen es dir die Neider aus. (1985)

    Gerhard Uhlenbruck, *Eigenliebe macht blind. Hirnrissige Gedankensprünge und Aphorismen.* Aachen: Stippak, 1985, S. 42.

19. Neidvermeidung: Wer sein Licht nicht unter den Scheffel stellt, erleuchtet andere. (1985)

Gerhard Uhlenbruck, *Eigenliebe macht blind. Hirnrissige Gedankensprünge und Aphorismen*. Aachen: Stippak, 1985, S. 47.

20. *Mehr Licht, Schwestern, mehr Licht!*
Gerne
stell' ich
einen Scheffel
unter mein Licht
Schwestern
Unter mein Licht. (1987)

Susanna Martinez, *Mich menschenkundig machen. Sprachspäne*. Mannheim: Feuerbaum-Verlag, 1991, S. 46.

21. Viele, denen kein Licht aufgeht, verstecken sich unter einem Scheffel. (1990)

Gerhard Uhlenbruck, *Darum geht's nicht ...? Aphorismen*. Hilden: Ahland, 1990, S. 7.

22. Wer sein Licht unter den Scheffel stellt, läßt die anderen im Dunkeln tappen. (1990)

Gerhard Uhlenbruck, *Darum geht's nicht ...? Aphorismen*. Hilden: Ahland, 1990, S. 61.

23. Er stellt sein Licht so unter den Scheffel, daß jeder es merkt. (1993)

Jacques Wirion, *Saetzlinge. 333 Stücke. Aphorismen*. Echternach/Luxemburg: Editions Phi, 1993, S. 11.

24. Das Licht des Glaubens gehört unter den Scheffel. (1993)

   Jacques Wirion, *Saetzlinge. 333 Stücke. Aphorismen*. Echternach/Luxemburg: Editions Phi, 1993, S. 79.

25. Wenn du dein Licht unter
   den Scheffel stellst
   erwarte nicht
   daß andere es sehen. (1994)

   Gina Garen, *Weisheiten im Wind. Aphorismen und Märchen*. Frankfurt am Main: Rita G. Fischer, 1994, S. 12.

26. Viele stellen ihr Licht nicht unter den Scheffel, sondern scheffeln, um im Licht zu stehen. (1996)

   Gerhard Uhlenbruck, »Giftpfeile aus dem Sprachrohr: Aphoristische Ketzereien,« in Bundesverband Deutscher Schriftsteller-Ärzte (Hrsg.), *Die Welt so groß und weit. Anthologie*. Frankfurt am Main: Haag + Herchen, 1996, S. 178.

27. Wer immer sein Licht unter den Scheffel stellt, ist dem Scheine nach anscheinend unscheinbar und keine große Leuchte. (1997)

   Gerhard Uhlenbruck, *Wieder Sprüche zu Widersprüchen. Satzweise sogar weise Sätze*. Köln: Ralf Reglin, 1997, S. 34.

28. Er stellte sein Licht unter den Scheffel: So wurde er zum leuchtenden Vorbild! (1997)

   Gerhard Uhlenbruck, *Wieder Sprüche zu Widersprüchen. Satzweise sogar weise Sätze*. Köln: Ralf Reglin, 1997, S. 69.

29. Heidelberg stellt sein Licht unter Viktor von Scheffel. (1999)

   Ulrich Erckenbrecht, *Divertimenti. Wortspiele, Sprachspiele, Gedankenspiele*. Göttingen: Muriverlag, 1999, S. 156.

30. Wer sein Licht unter den Scheffel stellt, möchte andere weder blenden noch erleuchten. (1999)

Gerhard Uhlenbruck, *Die Wahrheit lügt in der Mitte. Gedanken zum Bedenken.* Köln: Ralf Reglin, 1999, S. 108.

31. Die ganz Bescheidenen stellen ihr Licht nicht nur unter den Scheffel, sondern den Scheffel auch noch in den Schatten. (1999)

Gerhard Uhlenbruck, *Die Wahrheit lügt in der Mitte. Gedanken zum Bedenken.* Köln: Ralf Reglin, 1999, S. 141.

32. Auf der Schloßgartenterrasse zu Heidelberg hat man Goethes Licht unter den Scheffel gestellt. (2000)

Günther Debon, *Ein gutes Jahrtausend. Neue Studien und Essays, Aphorismen und dramatische Szenen.* Heidelberg: Brigitte Guderjahn, 2000, S. 127.

33. Wer sein Licht unter den Scheffel stellt, wärmt den Scheffel und verbreitet das Gefühl menschlicher Wärme. (2000)

Gerhard Uhlenbruck, *Alles kein Thema! Ein Thema für alle ...* Köln: Ralf Reglin, 2000, S. 39.

34. Ein unter den Scheffel gestelltes Licht kann dir schwerlich den Weg erhellen. (2001)

Renate Huldschinsky, *Im Erkennen liegt die Kraft. Mit 104 Aphorismen durch das Jahr.* Egelsbach: Fouqué-Literaturverlag, 2001, S. 37.

35. Wenn einem ein Licht aufgegangen ist, sollte man auch nach einem Scheffel suchen, um Neid und Plagiat zu vermeiden. (2001)

Gerhard Uhlenbruck, *Worthülsenfrüchte oder Ein Körnchen Wahrheit für alle Tage. Ein Kalenderbuch für 2002.* Köln: Ralf Reglin, 2001 (30. Oktober).

36. Sein Licht unter den Scheffel stellen?
    Wie das, da ihm nicht mal ein Tran-Docht glimmt? (2003)

    Dietmar Beetz, *2/3 – Dummheit. Haiku und andere Sprüche*. Erfurt: Edition D.B., 2003, S. 59.

37. Wie soll die Erleuchtung kommen, wenn du dein Licht unter einen Scheffel stellst. (2004)

    Michael Marie Jung, *Charakterkopf. Neue Aphorismen und Sprüche*. Norderstedt: Books on Demand, 2004, S. 331.

38. Talentsucher müssen über die Kunst verfügen, das Licht unter dem Scheffel entdecken zu können. (2004)

    Gerhard Uhlenbruck, *Spitze Spritzen – spritzige Spitzen. Diagnosen, die gerade noch gefehlt haben*. Köln: Ralf Reglin, 2004, S. 152.

39. Kleine Lichter stellen sich gern unter große Scheffel. (2005)

    Hans-Jürgen Quadbeck-Seeger, *Im Labyrinth der Gedanken. Aphorismen und Definitionen*. Norderstedt: Books on Demand, 2005, S. 109.

40. *Die Bescheidenheitsparadoxie*
    Stellst unter den Scheffel du dein Licht,
    keinen Schatten wirft es auf dein Gesicht. (2011)

    Helmut Cordes, *Ausblicke, Einsichten. Epigramme, Gereimtes und sonstig Gemeintes*. Weinstadt: Kuppinger Druck und Verlag, 2011, S. 41.

41. Die im Dunkeln leben, haben Grund genug, ihr eigenes Licht nicht unter den Scheffel zu stellen. (2012)

    Sulamith Sparre, *Ikarus, stürzend. Aphorismen*, hrsg. von Alexander Eilers. Fernwald: Litblockin, 2012, S. 52.

42. Wenn die Wahrheit ans Licht kommt, stellt man sie schnell in den Schatten – unter einen Scheffel! (2012)

    Gerhard Uhlenbruck, *Kopfnüsse – nichts für weiche Birnen*. Köln: Ralf Reglin, 2012, S. 100.

43. Bedauerlich, dass gerade die hellsten Köpfe ihr Licht unter den Scheffel stellen. (2012)

    Jürgen Wilbert, *Vorletzte Schüsse. Kurzes von Belang. Eine hirnverlassene Auswahl von Aphorismen*. Bochum: Norbert Brockmeyer, 2012, S. 48.

44. Als Chefarzt verhielt er sich wie ein Scheffelarzt, nur dem Finanzamt gegenüber benutzte er den Scheffel, um sein Licht zu verbergen. (2013)

    Gerhard Uhlenbruck, *Denk-an-Sätze. Wieder sinnige Sprüche und aphoristische Heil- und Selbstpflege-Sätze*. Bochum: Norbert Brockmeyer, 2013, S. 10.

XXVI. »Der Mensch denkt, Gott lenkt«

Des Menschen Herz erdenkt sich seinen Weg; aber der Herr allein lenkt seinen Schritt. (Sprüche 16,9)

Aus diesem Bibelspruch ist das mittellateinische Sprichwort »Homo proposit, sed Deus disponit« hervorgegangen, das heute noch im Englischen als »Man proposes, God disposes« sehr gängig ist. Im Deutschen ist es als »Der Mensch denkt, Gott lenkt« volksläufig geworden.

1. »Der Mensch denkt's, Gott lenkt's.« Das ist nun wieder nicht wahr. Wenn Gott lenken will, macht er, daß die Menschen *nicht* denken, er läßt sie den Kopf verlieren. (vor 1837)

    Ludwig Börne, *Sämtliche Schriften*, hrsg. von Inge und Peter Rippmann. Düsseldorf: Joseph Melzer, 1964, Bd. 2, S. 294.

2. Der Mensch denkt und das Weib lenkt! Seit vier Wochen bin ich hier [Hamburg], wo ich bis zum Winter bleiben wollte. Aber Mathilde, die ich mitbrachte, erhielt plötzlich einen fatalen Brief von ihrer Mutter, die sie vor ihrem Sterben noch einmal sehen möchte, und ich mußte sie daher dieser Tage wieder nach Frankreich zurückreisen lassen, ganz allein, aber entschlossen ihr sobald als möglich nachzufolgen. (1844)

    Heinrich Heine, *Säkularausgabe*, hrsg. von den Nationalen Forschungs- und Gedenkstätten der klassischen deutschen Literatur in Weimar und dem Centre National de la Recherche Scientifique in Paris. Berlin: Akademie-Verlag; Paris: Editions du CNRS, 1972-1979, Bd. 22, S. 120 (Brief vom 23. August 1844 an Johann Hermann Detmold).

3. Der Mensch denkt, und der Kutscher lenkt. (1891)

    Gerhart Hauptmann, *Sämtliche Werke*, hrsg. von Hans-Egon Hass. Frankfurt am Main: Propyläen Verlag, 1962, Bd. 1, S. 187 (*Einsame Menschen*).

4. Der Mensch denkt, aber der Nebenmensch lenkt. Er denkt nicht einmal so viel, daß er sich denken könnte, daß ein anderer lenken könnte. (1909)

Karl Kraus, *Beim Wort genommen*, hrsg. von Heinrich Fischer. Köln: Kösel, 1955, S. 62.

5. Es ist aber in der Welt so eingerichtet, daß die dämlichsten Sprichworte recht behalten, und wenn ein Mensch glaubt, nu [*sic*] ist gut, dann ist noch lange nicht gut. Der Mensch denkt und Gott lenkt, und der Krug geht so lange zu Wasser, bis er bricht. (1929)

Alfred Döblin, *Berlin Alexanderplatz. Roman*. München: Deutscher Taschenbuch Verlag, 1970, S. 372.

6. Der Geist denkt, das Geld lenkt. (vor 1935)

Oswald Spengler; in Agnes Emrich, *Heiteres Zitatenlexikon*. Heidelberg: Kemper, 1963, S. 51. Ohne Hinweis auf Spengler auch in Bernd Thomsen (Hrsg.), *Lieber die dunkelste Kneipe als den hellsten Arbeitsplatz. Neue-Büro Sprüche*. München: Wilhelm Heyne, 1986, ohne Seitenangabe.

7. Der Geärgerte spricht: der Mensch denkt, Gott lenkt. Ist es nicht heute umgekehrt? Denkt vielleicht der Mensch? Aber er lenkt! Und Gott wird umso mehr denken. – Mein Freund, wie billig sind solche Scherze, unwürdig deiner Verzweiflung und der Bitterkeit deines Herzens. Such einen andern Weg! Weine, schweige, bete, falte die Hände! Aber laß das! Denn alles bleibt beim Alten. Gott ist der Herr. Er lenkt und er denkt anders als die Menschen. (c. 1941)

Theodor Haecker, *Tag- und Nachtbücher 1939-1945*, hrsg. von Heinrich Wild. München: Kösel, 1947, S. 156.

8. Der Mensch denkt: Gott lenkt.
   Keine Red davon! (1941)

Bertolt Brecht, *Gesammelte Werke*, hrsg. von Elisabeth Hauptmann. Frankfurt am Main: Suhrkamp, 1967, Bd. 4, S. 1395-1396 (*Mutter Courage und ihre*

Kinder). Vgl. auch Wolfgang Mieder, *»Der Mensch denkt: Gott lenkt – keine Rede davon!« Sprichwörtliche Verfremdungen im Werk Bertolt Brechts*. Bern: Peter Lang, 1998, S. 47-49.

9. *Gott lenkt*
   Ein Mensch, dem eine Vase brach,
   Gibt einem schnöden Einfall nach:
   Er fügt sie, wie die Scherbe zackt
   Und schickt sie, kunstgerecht verpackt,
   Scheinheilig einem jungen Paar
   Dem ein Geschenk er schuldig war.
   Ja, um sein Bubenstück zu würzen
   Schreibt er noch: »Glas!« drauf und: »Nicht stürzen!«
   Der Mensch, heißts, denkt, Gott aber lenkt:
   Das Paar, mit diesem Schund beschenkt,
   Ist weit entfernt, vor Schmerz zu toben –
   Froh fühlt sichs eigner Pflicht enthoben,
   Den unerwünschten Kitsch zu meucheln
   Und tiefgefühlten Dank zu heucheln. (c. 1948)

   Eugen Roth, *Sämtliche Menschen*. München: Carl Hanser, 1983, S. 153.

10. Der Mensch denkt und der Teufel lenkt. (1947)

    Charles Tschopp, *Neue Aphorismen*. Zürich: Schweizer Spiegel Verlag, 1947, S. 13.

11. Aber der Mensch denkt und Gott lenkt auch nicht. (1966)

    Martin Walser, *Das Einhorn. Roman*. Frankfurt am Main: Fischer, 1970, S. 186.

12. Zwischen menschlichem Denken und göttlichem Lenken verläuft die Grenzlinie, die wir Schicksal nennen. (1971)

    Othmar Capellmann, *Güte, Ordnung, Harmonie. Aphorismen*. Steyr: Wilhelm Ennsthaler, 1971, S. 12.

13. Der Mensch denkt. Und lenkt. (1972)

Heinrich Wiesner, *Die Kehrseite der Medaille. Neue lakonische Zeilen*. München: Piper, 1972, S. 18.

14. Der Mann denkt, die Frau lenkt. (1977)

Gerhard Uhlenbruck, *Ins eigene Netz. Aphorismen*. Aachen: Stippak, 1977, S. 25.

15. Der Mensch denkt, daß Gott lenkt. Gelegentlich überkommen ihn Zweifel. (1977)

Oliver Hassencamp, *Klipp & klar. Gute und böse Gedanken*. München: Albert Langen und Georg Müller, 1977, S. 18.

16. Der Mensch denkt. Und Gott macht sich Gedanken. (1978)

Werner Mitsch, *Spinnen, die nicht spinnen, spinnen. Sprüche. Nichts als Sprüche*. Stuttgart: Heinz und Margarete Letsch, 1978, S. 82.

17. Der Kanzler denkt. Aber wer lenkt? (1981)

Überschrift in *Bunte*, Nr. 9 (19. Februar 1981), S. 12.

18. Gott lenkt, der Mensch lenkt ein. (1981)

Gerhard Uhlenbruck, *Keiner läßt seine Masche fallen. Aphorismen*. Aachen: Stippak, 1981, S. 39.

19. Der Mann denkt. Die Frau denkt weiter. (1982)

Werner Mitsch, *Bienen, die nur wohnen, heißen Drohnen. Sprüche. Nichts als Sprüche*. Stuttgart: Heinz und Margarete Letsch, 1982, S. 51.

20. Der Mensch denkt. Und Gott schlägt die Hände über dem Kopf zusammen. (1982)

Werner Mitsch, *Bienen, die nur wohnen, heißen Drohnen. Sprüche. Nichts als Sprüche.* Stuttgart: Heinz und Margarte Letsch, 1982, S. 78. Auch in Ralf Bülow (Hrsg.), *Graffiti 2. Neues an deutschen Wänden.* München: Wilhelm Heyne, 1984, ohne Seitenangabe.

21. Der Deutsche denkt – und die Polizei lenkt. (1983)

Uwe Gruhle und Dö Van Volxem, *Das andere Sprichwörter-Lexikon: derb – aufmüpfig – unverblümt.* Frankfurt am Main: Eichborn, 1983, S. 19.

22. der mensch denkt
gott lenkt
deshalb
die vielen
verkehrstoten. (1983)

Manfred Hausin, *Hausinaden, der Epigramme zweiter Band.* Göttingen: Davids Drucke, 1983, S. 64.

23. Der Mensch denkt und die Leute ziehen Schlüsse. (1983)

Werner Mitsch, *Das Schwarze unterm Fingernagel. Sprüche. Nichts als Sprüche.* Stuttgart: Heinz und Margarete Letsch, 1983, S. 66.

24. Der Mensch denkt, Gott lenkt.
Der Mensch dachte, Gott lachte. (1984)

Ralf Bülow (Hrsg.), *Graffiti 2. Neues an deutschen Wänden.* München: Wilhelm Heyne, 1984, ohne Seitenangabe.

25. Der Mensch denkt. Doch vieles spricht dagegen. (1984)

Werner Mitsch, *»Grund- & Boden-Sätze«. Sprüche. Nichts als Sprüche.* Stuttgart: Heinz und Margarete Letsch, 1984, S. 21.

26. Der Mensch denkt. Gott lenkt. Aber das gilt nicht für Autofahrer. (1984)

    Spruch von Ehrfried Siewers in *Fränkischer Tag* (11. September 1984), ohne Seitenangabe.

27. Der Mensch denkt, der Compter lenkt. (1985)

    Ralf Bülow (Hrsg.), *Graffiti 3. Phantasie an deutschen Wänden*. München: Wilhelm Heyne, 1984, ohne Seitenangabe.

28. Der Mensch denkt: Gott lenkt – ein. (1985)

    Gerhard Uhlenbruck, *Eigenliebe macht blind. Hirnrissige Gedankensprünge und Aphorismen*. Aachen: Stippak, 1985, S. 43.

29. Der Chef lenkt, wir lenken ein. (1986)

    Bernd Thomsen (Hrsg.), *Liebe die dunkelste Kneipe als den hellsten Arbeitsplatz. Neue Büro-Sprüche*. München: Wilhelm Heyne, 1986, ohne Seitenangabe.

30. Der Mensch denkt, Gott lenkt. Möglicherweise ist das unser grösster Denkfehler. (1987)

    Nikolaus Cybinski, *Die Unfreiheit hassen wir nun. Wann fangen wir an, die Freiheit zu lieben? Aphorismen*. Freiburg: Klaus Isele, 1987, S. 51.

31. Der Kanzler lenkt, aber wer denkt? (1987)

    Angelika Franz (Hrsg.), *Das endgültige Buch der Sprüche & Graffiti*. München: Wilhelm Heyne, 1987, S. 432.

32. Der Mensch lenkt, die Bremse denkt. (1987)

    Werbung für Ford in *Bunte*, Nr. 41 (1. Oktober 1987), S. 185.

33. Der Mensch denkt. Der Mitmensch denkt mit. (1988)

   Werner Mitsch, *Neue Hin- und Widersprüche*. Rosenheim: Förg, 1988, S. 31.

34. Der Mensch denkt. Der Automat reagiert. (1988)

   Werner Mitsch, *Neue Hin- und Widersprüche*. Rosenheim: Förg, 1988, S. 57.

35. Der Mensch denkt, Gott lenkt und der Kölner klüngelt. (1988)

   Gerhard Uhlenbruck, *Kölner Klüngel Kalender*. Pulheim: Rhein-Eifel-Mosel-Verlag, 1988 (23. Februar).

36. Mensch denkt – Natur lenkt. (1989)

   Michael Blumenthal, »Mensch denkt – Natur lenkt. Wie Tierliebe zur Todesfalle werden kann.« *Die Zeit*, Nr. 33 (18. August 1989), S. 18.

37. Der sichtbaren Herrschaft des Mannes über die Frau liegt die unsichtbare Herrschaft der Frau über den Mann zugrunde. »Der Mensch denkt, und das Weib lenkt« (Heine). (1991)

   Ulrich Erckenbrecht, *Maximen und Moritzimen. Bemerkungen über dies und jenes*. Göttingen: Muriverlag, 1991, S. 137. Vgl. Nr. 2.

38. Der Mensch denkt, Gott henkt (Alttestamentarisch). (1991)

   Ulrich Erckenbrecht, *Maximen und Moritzimen. Bemerkungen über dies und jenes*. Göttingen: Muriverlag, 1991, S. 147. Auch als »Der Mensch denkt, 'Gott' henkt. (Altes Testament)« in Ulrich Erckenbrecht, *Elefant Kette Fuß bunne. Ausgewählte Gedichtsel*. Kassel: Muriverlag, 2003, S. 200.

39. Pilot denkt, Computer lenkt. (1993)

Sepp Moser, »Pilot denkt, Computer lenkt. Der Airbus A 320 mit vollelektronischer Steuerung ist wieder im Gerede.« *Die Zeit*, Nr. 39 (1. Oktober 1993), S. 19.

40. Der Mensch lenkt, Mercedes denkt. (1995)

Werbung für Mercedes in *Stern*, Nr. 18 (27. April 1995), S. 110-111.

41. Der Mensch denkt, das Auto lenkt. (1996)

Wolfgang Blum, »Der Mensch denkt, das Auto lenkt. Daimler-Benz erprobt mit Vita den elektronischen Chauffeur. Noch braucht der Autopilot einige Fahrstunden.« *Die Zeit*, Nr. 28 (12. Juli 1996), S. 19.

42. Früher sah die Ehe so aus: Der Mann lenkt, und die Frau lenkt ein. Heute gibt die Frau Gas und der Mann versucht gegenzusteuern. (1996)

Gerhard Uhlenbruck, *Nichtzutreffendes bitte streichen. Aphoristische Gedankengangarten.* Köln: Ralf Reglin, 1996, S. 19.

43. Der Kopf denkt und der Bauch lenkt, weil wir so manches aus dem Bauch heraus machen! (1997)

Gerhard Uhlenbruck, *Wieder Sprüche zu Widersprüchen. Satzweise sogar weise Sätze.* Köln: Ralf Reglin, 1997, S. 82.

44. Der Mensch denkt, die Genetik lenkt und der Zufall schenkt. (1997)

Gerhard Uhlenbruck, »Aphorismen: Quersumme eines Querdenkers,« in Jürgen Schwalm (Hrsg.), *Almanach deutscher Schriftsteller-Ärzte 1998.* Marquartstein: Manstedt, 1997, S. 543.

45. Der Mensch denkt, Gott lenkt, aber Gott denkt, der Mensch lenkt – von ihm ab. (1999)

    Gerhard Uhlenbruck, *Die Wahrheit lügt in der Mitte. Gedanken zum Bedenken.* Köln: Ralf Reglin, 1999, S. 90.

46. Die vielen Fahrzeugunfälle auf unseren Straßen passieren nur, weil der Mensch denkt, Gott lenkt. (2001)

    Wilhelm Plate, *Pieks. Gedichte und Gedanken.* Niedbüll: Videel, 2001, S. 64.

47. Der Mensch denkt, »Gott schenkt«. (Neues Testament). (2003)

    Ulrich Erckenbrecht, *Elefant Kette Fuß bunne. Ausgewählte Gedichtsel.* Kassel: Muriverlag, 2003, S. 200.

48. Der Mensch denkt: Ob Gott lenkt? (2003)

    Heinrich Schröter, *Menschenbilder, Lebensfragen, Zeitzeichen.* Saarbrücken: Conte, 2003, S. 93.

49. Der Mann denkt. Die Frau hat längst gelenkt. (2005)

    Peter Buser, *Aphorismen und andere Kurzweil.* Norderstedt: Books on Demand, 2005, S. 18.

50. Der Mensch, denkt Gott, lenkt. (2008)

    Michael Fein; in Petra Kamburg, Friedemann Spicker und Jürgen Wilbert (Hrsg.), *Witz – Bild – Sinn. Facetten des zeitgenössischen Aphorismus. Beiträge zum Aphorismenwettbewerb 2008.* Bochum: Norbert Brockmeyer, 2008, S. 61.

51. Der Chef lenkt – wir lenken ein. (2012)

Tobias Pehle, *Dumme Sprüche für jede Gelegenheit*. Augsburg: Weltbild, 2012, S. 135.

52. Der Mensch denkt, dass er denkt, aber sein Gehirn denkt und lenkt. (2012)

Gerhard Uhlenbruck, »Was dem Geh-Hirn Beine macht: Gedanken über das Schreiben von Gedanken,« in *Almanach deutschsprachiger Schriftsteller-Ärzte 2013*, hrsg. von Dietrich Weller. Filderstadt: W.W. Weinmann, 2012, S. 557.

53. »Der Mensch denkt – Gott lenkt.« (1956)

Karikatur von Olaf Gulbransson in *Simplicissimus*, Nr. 45 (10. November 1956), S. 707. Auch in Olaf Gulbransson, *Sprüche und Wahrheiten*. München: Deutscher Taschenbuch Verlag, 1974, ohne Seitenangabe.

54. Der Mensch lenkt.
»Sie sind sich doch darüber klar, Mister Gott — den Tag des Jüngsten Gerichtes bestimmen von jetzt ab wir!« (1957)

Karikatur in *Simplicissimus*, Nr. 30 (27. Juli 1957), S. 465.

55. Die Maschine »denkt«, der Mensch lenkt. (1980)

Thomas von Randow, »Die Maschine 'denkt', der Mensch lenkt. Computer werden schlauer – werden sie auch klug?« *Die Zeit*, Nr. 50 (12. Dezember 1980), S. 11.

56. Der Mensch denkt, und der Computer lenkt. (1997)

Claus Peter Simon, »Der Mensch denkt, und der Computer lenkt. In Zukunft sollen elektronische Chauffeure die Autos steuern. Probleme bereiten dem Computer die 'unberechenbaren' Fussgänger.« *Die Weltwoche*, Nr. 21 (22. Mai 1997), S. 71.

57. Der Mensch denkt, das Auto lenkt. (2003)

Thomas Geiger, »Der Mensch denkt, das Auto lenkt. Technisch möglich, rechtlich umstritten: Autopilot-Systeme.« *Lübecker Nachrichten* (14. Dezember 2003), ohne Seitenangabe. Ich verdanke diesen Beleg meinem Vater Horst Mieder.

XXVII. »Der Mensch lebt nicht vom Brot allein«

Er demütigte dich und ließ dich hungern und speiste dich mit Man, das du und deine Väter nie gekannt hattet; auf daß er dir kundtäte, daß der Mensch nicht lebt vom Brot allein, sondern von allem, was aus dem Mund des Herrn geht. (5 Mose 8,3)

Und er antwortete und sprach: Es steht geschrieben: »Der Mensch lebt nicht vom Brot allein, sondern von einem jeglichen Wort, das durch den Mund Gottes geht.« (Matthäus 4,4)

Vgl. Heinz Herbert Mann, »'Nicht vom Brot allein lebt der Mensch': Eine hebräische Spruchweisheit in christlichen Darstellungen des 9. Jahrhunderts,« *Das Mittelalter*, 2 (1997), S. 93-104; und Wolfgang Mieder, »'Der Mensch lebt nicht vom Brot allein': Vom Bibelsprichwort über das Volkssprichwort zum Antisprichwort,« in *Słowo, tekst, czas. Jednostka frazeologiczna w tradycyjnych i nowych paradygmatach naukowych*, hrsg. von Michaił Aleksiejenko und Harry Walter (Szczecin: Wydawca Print Group, 2010), S. 279-300.

1. Der Mensch lebt nicht vom Brot allein, er lebt auch von den Täuschungen seiner Seele. (1916)

    Henryk Elzenberg; in Karl Dedecius (Hrsg.), *Bedenke, bevor du denkst. 2222 Aphorismen, Sentenzen und Gedankensplitter der letzten hundert Jahre aus dem Polnischen*. Frankfurt am Main: Suhrkamp, 1984, S. 180.

2. Denn wovon lebt der Mensch? Indem er stündlich
    Den Menschen peinigt, auszieht, anfällt, abwürgt und frißt.
    Nur dadurch lebt der Mensch, daß er so gründlich
    Vergessen kann, daß er ein Mensch doch ist.
    Chor: Ihr Herren, bildet euch nur da nichts ein:
    Der Mensch lebt nur von Missetat allein! (1928)

    Bertolt Brecht, *Gesammelte Werke*, hrsg. von Elisabeth Hauptmann. Frankfurt am Main: Suhrkamp, 1967, Bd. 2, S. 458.

3. *Zeitgemäßer Liebesbrief*
Du bist schön. Du tanzt in Lokalen.
Du paßt in keine Not-Zeit-Ehe 'rein!
− Der Mensch lebt nicht vom Honigmond allein,
Er muß auch ab und zu mal Schulden zahlen.

... Sogar das Faltboot mußte ich verpfänden,
Weil mich nur Bargeld über Wasser hält.
Ich sende dir mein Herz zu treuen Händen,
Sonst hab ich nichts à conto in dieser Welt.
[...] (1931)

Mascha Kaléko, *Das lyrische Stenogrammheft. Verse vom Alltag.* Berlin: Rowohlt, 1935, S. 21.

4. Der Mensch lebt nicht von Brot und Wasser allein. (1964)

Stanisław Jerzy Lec, *Neue unfrisierte Gedanken. Aphorismen.* München: Carl Hanser, 1964, S. 60.

5. *homo sapiens*
Der Mensch lebt nicht vom Brot allein
Er will auch sein Rettich und Eisbein.
Unsertäglichbrot genügt ihm nich
Er schreit nach seinem Brotaufstrich.
Von der Wiege bis zum Sarg
Einmal in der Woche Quark.
Mein Herr, wie wollen Sie Ihr Ei?
Mein Herr, ich will zwei.
Der Mensch braucht seine Freunde schier
Da schuf der Mensch Bier.
Käse muß auch sein
Der Mensch lebt nicht vom Brot allein.
Er braucht zum Leben Ideale.
Aale.
Vom niedrigen Materialismus weg!
Mareck würzt seinen Senf mit Speck.
Das will er fünfhundert Jahre. Drum
Wälzt er die Gesellschaft um.

Zu einem richtigen Arbeiterstaat
Gehört ein richtiger Kartoffelsalat.
Der Mensch lebt nicht vom Brot allein
Folglich führt er den Kommunismus ein. (1966)

Richard Leising; in Peter Hamm (Hrsg.), *Aussichten. Junge Lyriker des deutschen Sprachraums*. München: Biederstein, 1966, S. 114-115.

6. *Brot*
»Der Mensch lebt nicht vom Brot allein« –
Kommentar: – sagen sie, und leben vom Brot und von dieser Warnung. (1967)

Ludwig Marcuse, *Argumente und Rezepte. Ein Wörterbuch für Zeitgenossen*. Zürich: Diogenes, 1973, S. 19.

7. Der Mensch lebt nicht vom Brot allein. Wie wahr! Aber kann man von der Wahrheit leben? (1969)

Gabriel Laub, *Verärgerte Logik. Aphorismen*. München: Carl Hanser, 1969, S. 32.

8. »Der Mensch lebt nicht vom Brot allein.« Diese unwesentliche Richtigkeit ist ein schwaches Echo der wesentlichen Wahrheit: Das Brot wächst nicht vom Menschen allein. (1970)

Hans Kudszus, *Jaworte, Neinworte. Aphorismen*. Frankfurt am Main: Suhrkamp, 1970, S. 75.

9. Der Mensch lebt nicht nur von Brot allein.
Sondern auch von Windmühlen. (1971)

Hans Leopold Davi, *Distel- und Mistelworte*. Zürich: Pendo, 1971, ohne Seitenangabe.

10. Redliche Typen, sie leben vom Brot allein, sogar sonntags, vom täglichen Graubrot, während alle Ziegen im Land das Blattgrün bemeckern. (1971)

Hans Peter Keller, *Kauderwelsch*. Wiesbaden: Limes, 1971, S. 21.

11. *Tabula rasa*
Der Mensch lebt nicht allein von Träumen,
ja manchmal wird es höchste Zeit
die Überreste wegzuräumen
zum Vorteil der Beweglichkeit.

Denn Träume kann man nicht vererben,
sie müßten denn politisch sein,
dann gibts in jedem Falle Scherben,
die gehn in die Geschichte ein.

So hochgestapelt sind die meisten,
daß sich ihr Fall von selbst ergibt,
die wenigsten kann man sich leisten,
drum hat man sie so sehr geliebt.

Man nimmt die Lupe und betrachtet
zerstörte Träume, wie ein Kind,
das seine Puppen ausgeschlachtet,
zu sehen, wie sie innen sind.

Oft fällt es leicht, die zu verbrennen,
an denen man sich schwer verbrannt.
Von manchen kann man sich nicht trennen,
sie haben irgendwie Verstand.

Die legt man dann zu andern Sachen
in eine Art Reliquienschrein,
und hofft, sie einmal wahr zu machen:
der Mensch lebt nicht von Brot allein. (1971)

Liselotte Rauner, *Kein Grund zur Sorge. Gedichte, Epigramme, Songs*. Oberhausen: Asso Verlag, 1985, S. 149.

12. Die Sicherung der materiellen Existenz ist das Fundament aller anderen Menschenrechte. Angesichts des Hungertodes wird das Recht auf freie Meinungsäußerung zum abstrakten Gut. Der Mensch lebt nicht vom Brot allein, aber er braucht Brot, um zu leben. Der Kampf gegen den Hunger, der Kampf für Arbeit und sozialen Schutz – das ist der Anfang. Aber auch dort, wo dieser Anfang die äußerste Anstrengung verlangt, kann er kein Freibrief sein für Gewalttätigkeit und Willkür. (1976)

    Willy Brandt, *Berliner Ausgabe. Über Europa hinaus. Dritte Welt und Sozialistische Internationale*, hrsg. von Bernd Rother und Wolfgang Schmidt. Bonn: J.H.W. Dietz, 2006, Bd. 8, S. 175.

13. Der Mensch lebt nicht vom Sex allein:
    Leibeslust muß Liebe sein. (1977)

    Heinrich Schröter, *Ha, welche Lust Zitat zu sein! Spruchbuch zum Fortschreiben.* München: Gauke, 1977, S. 56.

14. »Nicht vom Brot allein lebt der Mensch«, sagte Herr Meier, als er eine Flasche Sekt und Fräulein Mizzi bestellte. (1977)

    Gabriel Laub, *Denken erlaubt. Aphorismen.* Gütersloh: Bertelsmann, 1977, S. 28.

15. Der Mensch stirbt nicht vom Brot allein. (1978)

    Werner Mitsch, *Spinnen, die nicht spinnen, spinnen. Sprüche. Nichts als Sprüche.* Stuttgart: Heinz und Margarete Letsch, 1978, S. 84.

16. Der Mensch lebt nicht vom Tod allein, sagte der Friedhofsgärtner. (1978)

    Werner Mitsch, *Spinnen, die nicht spinnen, spinnen. Sprüche. Nichts als Sprüche.* Stuttgart: Heinz und Margarete Letsch, 1978, S. 90.

17. Der Mensch lebt nicht vom Kopf allein,
    sonst wäre er ein armes Schwein. (1979)

Werner Mitsch, *Fische, die bellen, beißen nicht. Sprüche. Nichts als Sprüche.* Stuttgart: Heinz und Margarete Letsch, 1979, S. 99.

18. Der Mensch lebt nicht vom guten Ton allein. (1980)

    Manfred Hinrich; in André Brie et al. (Hrsg.), *Der Weisheit letzter Schluß. Aphorismen.* Berlin: Eulenspiegel Verlag, 1980, S. 127.

19. *Was heißt Liebe?*
    Liebe
    wird ein Kauakt
    wenn sie zum Brot wird
    zum schlichten alltäglichen
    das der Mann mit der Frau
    und die Frau mit dem Mann
    teilt
    altbacken und hart
    hat ein jeder
    daran zu beißen
    solang es keine Not und
    etwas zu beißen
    gibt

    Denn wenn der Mensch
    auch nicht vom
    Brot allein
    lebt
    so lebt er
    doch
    vom Brot. (1981)

    Eveline Hasler; in Jo Pestum (Hrsg.), *Kreidepfeile und Klopfzeichen. Wörter, Widerwörter, Wörterspiele. Lyrik von 25 Autoren.* Stuttgart: Spectrum, 1981, S. 113.

20. Der Mensch lebt nicht vom Brot allein. Aber auch. (1981)

    Werbung für Nescoré Milchkaffee in *Schweizer Familie* (18. Februar 1981), S. 3.

21. Erst wenn der Mensch nicht hungert, lebt er nicht vom Brot allein. (c. 1982)

Werner Ehrenforth; in Eckart Krumbholz (Hrsg.), *Kein Blatt vorm Mund. Aphorismen und Epigramme.* Berlin: Tribüne, 1982, S. 30.

22. Der Mensch lebt nicht vom Brot allein. Er wird außerdem mit dieser Redensart abgespeist. (1983)

Ulrich Erckenbrecht, *Ein Körnchen Lüge. Aphorismen und Geschichten.* Göttingen: Muriverlag, 1983, S. 18.

23. Der Mensch stirbt nicht vom Tod allein. (1984)

Werner Ehrenforth, *Die unsterbliche Eintagsfliege. Aphorismen, Fabeln und andere Frechheiten.* Halle: Mitteldeutscher Verlag, 1984, S. 81.

24. Der Mensch lebt nicht vom Brot allein, sagte der Bäcker, als er die Metzgersfrau in der Backstube vernaschte. (1984)

Werner Mitsch, *»Grund- & Boden-Sätze«. Sprüche. Nichts als Sprüche.* Stuttgart: Heinz und Margarete Letsch, 1984, S. 13.

25. Der Mensch lebt nicht vom Brot allein, er braucht auch Petersilie. (1984)

Werner Mitsch, *»Grund- & Boden-Sätze«. Sprüche. Nichts als Sprüche.* Stuttgart: Heinz und Margarete Letsch, 1984, S. 59.

26. Der Mensch lebt nicht vom Brot allein,
    er will auch gut versichert sein. (1985)

Anonymer Spruch in *Sprachschätze. Vorsorgen, Versichern und Geldanlegen in Reimen und Sprüchen,* hrsg. von Aachener und Münchener Versicherungsgruppe. München: Aachener und Münchener Versicherungsgruppe, 1985, S. 84.

27. Der Mensch lebt nicht vom Brot allein.
 »Das ist es ja gerade«, sagt das Schwein. (1985)

 Carola Jührs (Hrsg.), *Ächt too matsch. Das allerletzte Sprüchebuch*. Münster: Coppenrath, 1985, ohne Seitenangabe.

28. Der Mensch lebt nicht vom Brot allein, sondern auch von Luft und Liebe. (1985)

 Bernd Thomsen (Hrsg.), *Haste was, pisste was. Klo-Sprüche*. München: Wilhelm Heyne, 1985, ohne Seitenangabe.

29. Der Mensch lebt nicht vom Brot allein
 – es dürfen auch mal Brötchen sein. (1986)

 Ehrfried Siewers, »Alte Sprüche neu geklopft.« *Fränkischer Tag* (15. Februar 1986), ohne Seitenangabe.

30. der mensch lebt nicht
 vom brot allein
 deshalb
 betreibt er
 das kriegshandwerk. (1987)

 Manfred Hausin, *Betteln und Hausin verboten! Alle Sprüche, Aphorismen, Epigramme*. Reinbek: Rowohlt, 1987, S. 101.

31. Der Mensch lebt nicht von Hygiene allein. (1987)

 Beat Wüthrich, »Der Mensch lebt nicht von Hygiene allein. Ist das Käseverbot Ausdruck eines übertriebenen schweizerischen Sauberkeitswahns?« *Die Weltwoche*, Nr. 51 (7. Dezember 1987), S. 1.

32. Der Mensch lebt nicht vom Tod allein, sagte der Bestatter und belegte einen Fernkurs als Heilpraktiker. (1988)

 Werner Mitsch, *Neue Hin- und Widersprüche*. Rosenheim: Förg, 1988, S. 14.

33. Der Mensch lebt nicht vom Brot allein, er braucht auch Phantasie. (1988)

Werner Mitsch, *Neue Hin- und Widersprüche*. Rosenheim: Förg, 1988, S. 54.

34. Der Mensch lebt nicht vom Spott allein, er braucht auch Ironie. (1988)

Werner Mitsch, *Neue Hin- und Widersprüche*. Rosenheim: Förg, 1988, S. 63.

35. Der Mensch lebt nicht vom Brot allein. Er braucht auch Erfolgserlebnisse. (c. 1990)

Lothar Schmidt; in Lothar Schmidt (Hrsg.), *Sekretärin. Zitate & Aphorismen*. Königstein/Ts.: Königsteiner Wirtschaftsverlag, 1993, S. 76.

36. Definition: Ein Patissier ist ein Mensch, der nicht vom Brot allein lebt. (1990)

Fritz Herdi, *Mach kei Witz – scho wieder Mäntig. Sprüch und Witz*. Rorschach: Nebelspalter Verlag, 1990, S. 83.

37. Der Mensch lebt nicht vom Brötchengeber allein! (1990)

Gerhard Uhlenbruck, *Darum geht's nicht ...? Aphorismen*. Hilden: Ahland, 1990, S. 57.

38. Der Mensch lebt nicht vom Brot allein. Es kann auch etwas Butter sein. (1991)

Ulrich Erckenbrecht, *Maximen und Moritzimen. Bemerkungen über dies und jenes*. Göttingen: Muriverlag, 1991, S. 78. Mit »darf« statt »kann« auch in Ulrich Erckenbrecht, *Katzenköppe. Aphorismen/Epigramme*. Göttingen: Muriverlag, 1995, S. 116.

39. Nicht nur vom Brot lebt der Mensch, sondern auch vom *Widerspruch*. (1991)

Zoltán Bezerédj, *Aphorismen-ABC. Silberne Sprüche, Gedankensplitter, Wortspiele*. Frankfurt am Main: Rita G. Fischer, 1991, S. 141.

40. Der Mensch lebt in der Not auch gern von Brot allein. (1993)

Arthur Feldmann, *Kurznachrichten aus der Mördergrube oder Die große Modeschau der nackten Könige*. München: edition scaneg, 1993, S. 48.

41. Der Mensch lebt nicht vom Bit allein ... (1996)

Peter Fleissner, Wolfgang Hofkirchner, Harald Müller, Margit Pohl und Christian Stary (Hrsg.), *Der Mensch lebt nicht vom Bit allein ... Information in Technik und Gesellschaft*. Frankfurt am Main: Peter Lang, 1996.

42. Der Mensch lebt nicht von Brot allein.
Bestellen Sie sich einen Sandwich. (1997)

Žarko Petan, *Von morgen bis gestern. Gesammelte Aphorismen*. Graz: Styria, 1997, S. 34.

43. Der Mensch lebt nicht von Broteinheiten allein. (1998)

Gerhard Uhlenbruck, *Denkanstöße ohne Kopfzerbrechen. Mentale Medizin gegen miese Mentalität*. Köln: Ralf Reglin, 1998, S. 88.

44. Aus der Sowjet-Bibel: Der Mensch lebt nicht vom Brot allein, sondern auch vom Hohn. (2002)

Vytautas Karalius, *Endspurt der Schnecken. Aphorismen, Paradoxa, ironische Anspielungen*. Vilnius: Egalda, 2002, S. 19.

45. An manchen Tagen lebe ich vom Brot allein. Es sind nicht die schlechtesten. (2003)

Nikolaus Cybinski, *Der vorletzte Stand der Dinge. Aphorismen*. Lörrach: Waldemar Lutz, 2003, S. 122.

46. Der Mensch lebt nicht von Brot allein. Er lebt auch nicht von Geist allein. Ohne Brot nur wenige Tage. Wie lange ohne Geist ... (2003)

Arthur Feldmann, *Spiegelungen oder Nachdenkliche Betrachtungen eines Herbstblatts über das bunte Treiben der Welt. Gesammelte Mikroprosa.* Köln: Tatjana Lehmann, 2003, S. 6.

47. Wie ich den hl. Christophorus sah. – Der Heilige hört aufmerksam auf die Stimme des Kindes, das auf seinem Rücken sitzt und ihm segnend den Weg durch alle Gefahren – des Flusses und der Scheusale am Ufer – bahnt. Es ist ein langer Weg, und der Mensch lebt nicht von Geist allein. Christophorus hat auch an Wegzehr gedacht – in der Hand hält er, mitsamt dem Stock, einen großen Fisch, aus dessen Kiemen, kaum wahrnehmbar, ein dünnes Rinnsal von Blut läuft. Und so hat denn auch der Heilige die wahre Erbsünde begangen und ist in den Teufelskreis von Fressen und Gefressenwerden getreten ... (2003)

Arthur Feldmann, *Spiegelungen oder Nachdenkliche Betrachtungen eines Herbstblatts über das bunte Treiben der Welt. Gesammelte Mikroprosa.* Köln: Tatjana Lehmann, 2003, S. 107.

48. Der Mensch lebt nicht von Brot allein, es muß auch etwas Wurst bei sein. (2006)

Marco Fechner, *Nerv-Deutsch, Deutsch-Nerv. Blöde Sprüche, dumme Floskeln – alles, was wir nicht mehr hören wollen.* Leipzig: Neuer Europa Verlag, 2006, S. 56.

49. Der Mensch lebt nicht von Wasser und Brot allein. (2007)

Brigitte Abendroth, *Tandaradei – die Gedanken sind frei. Aphorismen unserer Zeit.* Rostock: BS-Verlag, 2007, S. 30.

50. Nicht vom Brot allein. (2012)

Sigrun Arenz, *Nicht vom Brot allein. Kriminalroman.* Cadolzburg: Ars Vivendi, 2012.

51. Lebt nicht »vom Brot allein«, weh' dem,
    der IHN beleidigt und
        erniedrigt! (2013)

    Dietmar Beetz, *Glas-Sarg Burn-out. Haiku und andere Sprüche*. Erfurt: Edition D.B., 2013, S. 35.

52. Der Mensch lebt nicht mehr vom Brot allein, es müssen heute auch Broteinheiten sein. (2013)

    Gerhard Uhlenbruck, *Denk-an-Sätze. Wieder sinnige Sprüche und aphoristische Heil- und Selbstpflege-Sätze*. Bochum: Norbert Brockmeyer, 2013, S. 21.

53. Man cannot live by sex alone. *Corinthians XII.* (1971)

Witzzeichnung in *Punch* (17. November 1971), S. 684.

54. Der Mensch lebt nicht von Brot allein. (1976)

Werbung für Knorr Erbsen-Eintopf in *Freundin*, Nr. 23 (18. Oktober 1976), S. 153.

55. Der Mensch lebt nicht vom Brot allein. (1979)

Witzzeichnung in Christian Strich (Hrsg.), *Das große Diogenes Lebenshilfe-Buch*. Zürich: Diogenes, 1979, S. 46-47.

56. Der Mensch lebt nicht vom Öl allein. (1979)

Werbung für BP in *Zeit-Magazin*, Nr. 32 (3. August 1979), S. 20-21.

57. Die Frau lebt nicht vom Lob allein. (1991)

Slogan für Chancengleichheit für Frauen auf einem Betttuch; photographiert am 14. Juni 1991 (Frauenstreiktag) in Bern, Schweiz. Ich verdanke diesen Beleg meiner Kollegin Beatrice Wood.

58. Der Mensch lebt nicht vom Brot allein. (2002)

Werbung für Alpirsbacher Klosterbräu: Mit dem berühmten Brauwasser aus dem Schwarzwald. Photographiert von meinen Freunden Angelika und Dennis Mahoney im Sommer 2002 in Denzlingen (nahe Freiburg).

59. Nicht vom Brot allein. (2009)

Hilal Sezgin, »Nicht vom Brot allein. Was braucht der Mensch? Martha Nussbaum, Professorin für Recht und Ethik, denkt über die Grundbedürfnisse nach.« *Die Zeit*, Nr. 22 (20. Mai 2009), S. 37.

XXVIII. »Liebe deinen Nächsten wie dich selbst«

Du sollst nicht rachgierig sein noch Zorn halten gegen die Kinder deines Volks. Du sollst deinen Nächsten lieben wie dich selbst; denn ich bin der Herr. (3. Mose 19,18)

Das andere [Gebot] aber ist ihm gleich: »Du sollst deinen Nächsten lieben als dich selbst.« (Matthäus 22,39)

Er antwortete und sprach: »Du sollst Gott, deinen Herrn, lieben von ganzem Herzen, von ganzer Seele, von allen Kräften und von ganzem Gemüte und deinen Nächsten lieben als dich selbst.« (Lukas 10,27)

Denn was da gesagt ist: »Du sollst nicht ehebrechen; du sollst nicht töten; du sollst nicht stehlen; du sollst nicht falsch Zeugnis geben; dich soll nichts gelüsten«, und so ein anderes Gebot mehr ist, das wird in diesem Wort zusammengefaßt: »Du sollst deinen Nächsten lieben als dich selbst.« (Römer 13,9)

Denn alle Gesetze werden in einem Wort erfüllet, in dem »Liebe deinen Nächsten als dich selbst.« (Galater 5,14)

1. *Nächstenliebe*
   »Ihr Menschen, liebet euren Nächsten stets!«
   Befiehlt der Kirche heiliges Gesetz.
   Seht, wie gehorsam ihm die fromme Suse ist,
   Sie liebt immer den, der ihr der Nächste ist. (c. 1820)

   Ignaz Franz Castelli; in Otto A. Böhmer (Hrsg.), *Leben ist immer – lebensgefährlich. Heitere Sinngedichte aus fünf Jahrhunderten*. München: Deutscher Taschenbuch Verlag, 1990, S. 101.

2. Für meinen Nächsten würde oft dabei wenig herauskommen, wenn ich ihn liebte, wie mich selbst. (c. 1860)

   Friedrich Hebbel, *Werke*, hrsg. von Gerhard Fricke, Werner Keller und Karl Pörnbacher. München: Carl Hanser, 1966, Bd. 4, S. 145.

3. Liebe deinen Nächsten! Wenn du keinen Nächsten mehr zum Lieben hast, ist dein Leben todt.

   Berthold Auerbach, *Tausend Gedanken des Collaborators*. Berlin: Hoffmann, 1875, S. 232.

4. Die Liebe zum Nächsten ist die Liebe zu unserer Vorstellung vom Nächsten. Wir können nur uns selber lieben, weil wir uns kennen. Die Moral des Altruismus ist unmöglich. (1880)

   Friedrich Nietzsche, *Kritische Studienausgabe in 15 Bänden*, hrsg. von Giorgio Colli und Mazzino Montinari. München: Deutscher Taschenbuch Verlag, 1999, Bd. 9, S. 35.

5. Man liebt den Nächsten immer auf Unkosten des Ferneren. (1882)

   Friedrich Nietzsche, *Kritische Studienausgabe in 15 Bänden*, hrsg. von Giorgio Colli und Mazzino Montinari. München: Deutscher Taschenbuch Verlag, 1999, Bd. 10, S. 92.

6. Zuletzt ist die »Liebe zum Nächsten« immer etwas Nebensächliches, zum Theil Conventionelles und Willkürlich-Scheinbares im Verhältniss zur Furcht vor dem Nächsten. (1886)

   Friedrich Nietzsche, *Kritische Studienausgabe in 15 Bänden*, hrsg. von Giorgio Colli und Mazzino Montinari. München: Deutscher Taschenbuch Verlag, 1999, Bd. 5, S. 122.

7. »Liebe deinen Nächsten wie dich selbst!« so muß man also doch zuerst sich selbst am meisten lieben? (1906)

   Robert Gersuny, *Bodensatz des Lebens*. Wien: Hugo Heller, 1906, S. 36.

8. Liebe deinen Nächsten – doch so, daß er nicht merkt, wieviel du dabei gewinnst und wieviel er dabei verliert. (1907)

Otto Weiß, *So seid Ihr! Aphorismen.* Stuttgart: Deutsche Verlags-Anstalt, 1907, S. 156

9. Liebe deinen Nächsten wie dich selbst.
Denn: Jeder ist sich selbst der Nächste. (1909)

Karl Kraus, *Beim Wort genommen*, hrsg. von Heinrich Fischer. Köln: Kösel, 1955, S. 57.

10. Liebe deinen Nächsten! Interpretation: daß man die Entfernten haßt, war den Psychologen des alten Testaments klar: Feind und Nachbar sind synonym. (1918)

Ernst Hohenemser, *Aphorismen.* München: Walther Hirth, 1918, S. 45.

11. Das Postulat: Liebe deinen Nächsten wie dich selbst ist eine Forderung, die für die menschliche Natur, wie sie nun einmal ist, zu überspannt ist. Auf die zweite Frage in Matth. 5,46: Tun nicht das selbe auch die Zöllner? kann man nur antworten: Nein! das tun sie nicht. (1918)

Ernst Hohenemser, *Aphorismen.* München: Walther Hirth, 1918, S. 248-249.

12. *Ideologie des Sozialismus*
1) Alle Menschen sind gleich.
2) Liebe deinen Nächsten wie dich selbst.
1) ist eine aufgelegte Unwahrheit. Der eigentlich wahre Sinn dieser Behauptung hat sich inzwischen herausgestellt. Geschworenengerichte, Räte, Parlament, der Schüler oft klüger als der Lehrer. Nimm geistig von Zeit zu Zeit ein Purgiermittel von allem Wissen. Geist ist destruktiv und konstruktiv nur durch Aufstellung von Lösungen aus der sich die Praxis bedient. Auf sich allein gestellt ist Geist eine Fehde ohne Ende. (Hieraus folgt auch die Stellung des Dichters und Philosophen in der sozialistischen Gesellschaft.)
2) Dieser Satz ist niemals realisiert worden. Er ist nicht nur untauglich für die Ethik des Alltags, sondern auch für die der Vorgeschrittensten. Er wird eigentlich nur realisiert, wenn überhaupt, so in der Übertreibung: liebe

deinen Nächsten mehr als dich selbst. Dann ist es aber schon nicht mehr rein, denn dann wird eine Idee geliebt, eine Sache. Im übrigen bezeichnet er einen Zustand, den der Liebe.
Er ist zu ersetzen durch den ethisch viel geringeren aber praktisch wichtigeren Satz: Handle solidarisch.
Sonach ruht die Ethik des Sozialismus auf 2 praktischen Maximen. Das entspricht den Aufgaben einer politischen Bewegung.
Haß gegen die Unterdrücker, Gefühl für die Geknechteten – all diese dem Sozialisten lieben Ideale, sein Schwung? Erstens gehören alle diese Ideen in den status nascendi des Sozialismus, nicht in die fertige Gesellschaft. (1919)

Robert Musil, *Tagebücher, Aphorismen, Essays und Reden*, hrsg. von Adolf Frisé. Hamburg: Rowohlt, 1955, S. 209-210.

13. »Rechts gehen!« ist eine gesunde Verkehrsregel. Aber eine beinahe noch bessere, vernünftigere und eminent praktischere ist: »Liebe deinen Nächsten wie dich selbst!« (1924)

Kurt Tucholsky, *Schnipsel*, hrsg. von Wolfgang Hering und Hartmut Urban. Reinbek: Rowohlt, 1995, S. 187.

14. Liebe deinen Fernsten, wie Du deinen Nächsten nicht leiden magst, dann wird vielleicht einmal Friede in der Welt werden. (1927)

Arthur Schnitzler, *Aphorismen und Betrachtungen*, hrsg. von Robert O. Weiss. Frankfurt am Main: Fischer, 1967, S. 47.

15. Liebe deinen Nächsten wie dich selbst. Liebe ich mich denn selbst? Ich wüte gegen mich. (c. 1930)

Georg Kaiser, *Werke*, hrsg. von Walther Huder. Frankfurt am Main: Propyläen Verlag, 1971, Bd. 4, S. 634.

16. Liebe deinen Nächsten! Wie es aber um dein Gottesverhältnis steht, das hat *ihn*, und wie *sein* Gottesverhältnis beschaffen ist, das hat *dich* nicht zu bekümmern. Wir sollen uns zur Wahrheit im Leben und Wort Jesu vor

den Menschen bekennen – »existentiell«, durch unsere Liebe. Alle anderen »Glaubensbekenntnisse« sind überflüssig. (vor 1931)

Ferdinand Ebner, *Fragmente, Aufsätze, Aphorismen zu einer Pneumatologie des Wortes*, hrsg. von Franz Seyr. München: Kösel, S. 919.

17. Wohltun schmeckt süß, Rache trägt Zinsen, und liebe deinen Nächsten wie der Hammer den Amboß. (1931)

    Kurt Tucholsky, *Schnipsel*, hrsg. von Wolfgang Hering und Hartmut Urban. Reinbek: Rowohlt, 1995, S. 260.

18. Liebe deinen Nächsten. (1941)

    Rainer Maria Remarque, *Liebe deinen Nächsten. Roman*. Stockholm: Bermann-Fischer, 1941.

19. Das ist der Witz ihrer Nächstenliebe: nie den zu lieben, der da ist, sondern immer nur den Nächsten, der kommen soll. (1948)

    Martin Kessel, *Aphorismen*. Stuttgart: Rowohlt, 1948, S. 127.

20. Viele hassen ihren Nächsten – wie sich selbst. (1957)

    Hans Krailsheimer, *Aporismen – Aphorismen*. Lichtenfels am Main: Schulze, 1957, S. 65.

21. Liebe den Nächsten
    und bleib dennoch ehrlich.
    Die Masse – hasse
    keinen, wenn es geht.
    Doch fürchte alle,
    denn sie sind gefährlich.
    Und wenn man's einsieht,
    ist es schon zu spät. (c. 1960)

Mascha Kaléko, *In meinen Träumen läutet es Sturm*. München: Deutscher Taschenbuch Verlag, 1978, S. 158.

22. Daß sie mich, ihren Nächsten, wie sich selbst lieben, darauf verzichte ich; denn sieh nur, auf welche törichte Weise sie sich selbst lieben! (1962)

Mani Matter, *Sudelhefte. Rumpelbuch*. Zürich: Benziger, 1992, S. 64.

23. *Vorteil der Feindschaft*
Hasse deinen Nächsten wie dich selbst!
Gegen manche Menschen (inklusive sich selbst) ist man am besten gerüstet, wenn man mit ihnen verfeindet ist. (1967)

Ludwig Marcuse, *Argumente und Rezepte. Ein Wörterbuch für Zeitgenossen*. Zürich: Diogenes, 1973, S. 139.

24. Altruismus: Geschieht dem Nächsten ganz recht, wenn ich ihn liebe. (1968)

Robert Meßmer, *Einwürfe. Erlebtes – Erdachtes – Plagiiertes über Gott und die Welt*. Feldafing/Obb.: Friedl Brehm, 1968, S. 16.

25. Man will ja gern seinen Nächsten lieben, aber doch nicht den Nächstbesten! (1970)

Karl Heinrich Waggerl, *Sämtliche Werke*. Salzburg: Müller, 1970, Bd. 2, S. 644. Auch in Eduard Moriz (Hrsg.), *Lieber intim als in petto. Sponti-Sprüche No. 5*. Frankfurt am Main: Eichborn, 1984, ohne Seitenangabe.

26. Was mich betrifft: Je weiter der Nächste von mir entfernt ist, desto lieber liebe ich ihn. (1970)

Karl Heinrich Waggerl, *Sämtliche Werke*. Salzburg: Müller, 1970, Bd. 2, S. 644.

27. *Nächstenliebe*
Liebe deinen Nächsten wie dich selbst,
dann lieben die Deinen nächstens selbst dich. (1976)

Ron Kritzfeld, *Kleines Universal Flexikon*. Essen: Selbstverlag des Verfassers, 1976, Bd. 3, S. 21.

28. Zitiere Deinen Nächsten wie dich selbst. (1977)

Gerhard Uhlenbruck, *Ins eigene Netz. Aphorismen*. Aachen: Stippak, 1977, S. 110.

29. *Anfang*
Liebe deinen Nächsten,
predigt alles.
Wie dich selbst,
vervollständige ich
und nehme mir vor,
gut zu mir zu sein. (1978)

Detlev Block, *Anhaltspunkte. Gesammelte Gedichte*. München: Delp, 1978, S. 61.

30. Liebe deinen nächsten wie deinen nächsten. (1978)

Harald Hauser, »Einfälle in der Eulenstube.« *Neue deutsche Hefte*. 26 (1978), S. 171.

31. Erkenne Deinen Nächsten wie Dich selbst. (1978)

Kalenderspruch in *Locus vivendi, 1978. Sentenzen Fürs Klo*. München: W. Heye, 1978 (24.-30. April).

32. »Liebe deinen Nächsten wie dich selbst!« Das ist ein klares Gebot, vor allem sich selbst zu lieben. (1978)

Spruch von Gabriel Laub in *Die Zeit*, Nr. 4 (27. Januar 1978), S. 22.

33. *Nächstenliebe*
    Die Nächstenliebe leugnet keiner,
    doch ist sie oft nur leerer Wahn,
    das merkst am besten du in einer
    stark überfüllten Straßenbahn.
    Du wirst geschoben und mußt schieben,
    der Strom der Menge reißt dich mit.
    Wie kannst du da den Nächsten lieben,
    wenn er dir auf die Füße tritt?! (vor 1979)

    Heinz Erhardt, *Noch'n Gedicht und andere Ungereimtheiten*. Hannover: Fackelträger Verlag, 1997, S. 28.

34. Man soll seinen Nächsten lieben wie sich selbst, nicht mehr. (1979)

    Gerhard Uhlenbruck, *Einfach gesimpelt. Aphorismen*. Aachen: Stippak, 1979, S. 35.

35. Liebe deinen Nächsten nicht mehr als dich selbst. (1979)

    Gerhard Uhlenbruck, *Einfach gesimpelt. Aphorismen*. Aachen: Stippak, 1979, S. 73.

36. Hasse deinen Nächsten nicht wie dich selbst. (1980)

    Gerhard Uhlenbruck, *Frust-Rationen. Aphorismen*. Aachen: Stippak, 1980, S. 72.

37. Belüge deinen Nächsten nicht wie dich selbst. (1980)

    Gerhard Uhlenbruck, *Frust-Rationen. Aphorismen*. Aachen: Stippak, 1980, S. 95.

38. Liebe Dich selbst wie Deinen Nächsten. (1981)

    Gerhard Uhlenbruck, *Keiner läßt seine Masche fallen. Aphorismen*. Aachen: Stippak, 1981, S. 13.

39. *Neujahr*
    Es schneit
    Neujahrswünsche

    Briefvögel
    aus aller Welt
    kommen geflogen

    Boten
    bringen Geschenke

    Wir freuen uns zurücke
    ins vergessene Land

    hören wieder die Worte
    »Liebe deinen Nächsten
    wie dich selbst.« (1982)

    Rose Ausländer, *Mutterland Einverständnis. Gedichte.* Frankfurt am Main: Fischer, 1982, S. 128.

40. *Idee*
    Ich glaube

    Liebe deinen Nächsten
    wie dich
    selbst

    Glaube ich. (1983)

    Rose Ausländer, *Ich zähl die Sterne meiner Worte. Gedichte 1983.* Frankfurt am Main: Fischer, 1983, S. 17.

41. Liebe deinen Nächsten.
    Aber laß dich nicht erwischen dabei. (1983)

    Hans Gamber (Hrsg.), *Graffiti. Was an deutschen Wänden steht. Szene-Sprüche.* München: Wilhelm Heyne, 1983, ohne Seitenangabe.

42. Liebe deinen Nächsten – solange er noch warm ist. (1983)

    Hans Gamber (Hrsg.), *Graffiti. Was an deutschen Wänden steht. Szene-Sprüche.* München: Wilhelm Heyne, 1983, ohne Seitenangabe.

43. Der letzte Satz aller Ethik ist längst gesprochen:
    Liebe deinen Nächsten wie dich selbst.
    Alles andere ist Kommentar dazu oder Leerlauf. (1983)

    Josef Meier O'Mayr, *Wo lassen Sie denken? Weisheiten und Naseweisheiten.* Pfaffenhofen: Ludwig, 1983, S. 115.

44. Liebe Deinen Nächsten, aber nicht dessen Frau. (1983)

    Gerhard Uhlenbruck, *Nächstenhiebe. Aphoristische Sticheleien.* Aachen: Stippak, 1983, S. 42.

45. Liebe deinen Nächsten, aber steck dich nicht an. (1984)

    Iris Blaschzok (Hrsg.), *Die zehnte Muse heißt Pampel. Geistesblitze unter der Bank.* Münster: Coppenrath, 1984, S. 8.

46. Vergifte deinen Nächsten wie dich selbst. (1984)

    Ralf Bülow (Hrsg.), *Graffiti 2. Neues an deutschen Wänden.* München: Wilhelm Heyne, 1984, ohne Seitenangabe.

47. Bekämpfe deinen Nächsten wie dich selbst! (1984)

    Claudia Glismann (Hrsg.), *Edel sei der Mensch, Zwieback und gut. Szene-Sprüche.* München: Wilhelm Heyne, 1984, ohne Seitenangabe.

48. Liebe deinen Nächsten so schnell wie die kannst! (1984)

    Claudia Glismann (Hrsg.), *Edel sei der Mensch, Zwieback und gut. Szene-Sprüche.* München: Wilhelm Heyne, 1984, ohne Seitenangabe.

49. Liebe deinen Nächsten wie dich selbst – und nicht wie den ersten besten. (1984)

Werner Mitsch, *»Grund- & Boden-Sätze«. Sprüche. Nichts als Sprüche*. Stuttgart: Heinz und Margarete Letsch, 1984, S. 73.

50. Liebe deinen Nächsten wie dich selbst. Aber laß dich dabei nicht erwischen. (1984)

Eduard Moriz (Hrsg.), *Lieber intim als in petto. Sponti-Sprüche No. 5*. Frankfurt am Main: Eichborn, 1984, ohne Seitenangabe.

51. Daß man seinen Nächsten wie sich selbst lieben soll, fällt wirklich am leichtesten, wenn jeder sich selbst der Nächste ist. (1984)

Klaus Sochatzy, *Widerworte nach der »Wende«. Aphorismen*. Frankfurt am Main: Rita G. Fischer, 1984, S. 44.

52. *Liebe deinen Nächsten*
– nicht so wie du dich liebst, denn du sollst nicht schuld sein an seinem Ruin. (1985)

Fritz Arcus, *Lieber ein Seedieb als ein Teesieb! 260mal Merk-würdiges zum Nachschlagen*. Frankfurt am Main: Rita G. Fischer, 1985, S. 29.

53. Liebe Deine Nächste. (1985)

Wolfgang Willnat (Hrsg.), *Sprüche, Sprayer, Spontis. Spaß mit Graffiti*. Wiesbaden: Englisch, 1985, S. 107.

54. Liebe deinen Nächsten wie dein Auto. (1986)

Ralf Bülow (Hrsg.), *Graffiti 4. Lieber nett im Bett als cool auf dem Stuhl*. München: Wilhelm Heyne, 1986, ohne Seitenangabe.

55. *Solidaristencredo*
Liebe deinen Nächsten wie dich selbst.
Edel sei der Mensch, hilfreich und gut.
Übe Solidarität mit deinen Mitmenschen:
einer für alle, alle für einen.

Ich glaube an die Macht dieser Gedanken,
die zu einer realen Macht werden,
sobald sie die Herzen der Menschen ergreifen
und sie für das Gute solidarisieren.

Du kannst noch so laut wehklagen:
wenn dich niemand erhört, ist es sinnlos.
Erhöre darum du jeden Klagenden,
damit auch er dir hilft in der Not.

Ich brauche deine Tat, um zu überleben,
genauso wie du mich brauchst zu deinem Glück.
An deinen Taten wird man dich erkennen.
Allein in meinen Werken leb ich fort.

Jeder ist seines Glückes Schmied,
indem er Freiheit, Frieden und Recht mitertrotzt.
Stimme auch du in meinen Ruf ein:
Menschen guten Willens, solidarisiert euch! (1986)

Walter Löwen, *Zeit ohne Zins. Mein Ich in Worten. Gedichte.* Hannover: Moorburg, 1986, S. 76.

56. Liebe deinen Nächsten, und du kommst ins Guinness-Buch der Rekorde. (1986)

Eduard Moriz (Hrsg.), *Lieber sauweich als eberhard. Sponti-Sprüche No. 6.* Frankfurt am Main: Eichborn, 1986, ohne Seitenangabe.

57. Liebe deinen Nächsten, aber lasse dich nicht vom Vorherigen erwischen. (1986)

Christian Roman (Hrsg.), *Big Mäc is watching you! Schüler-Sprüche No. 3.* Frankfurt am Main: Eichborn, 1986, ohne Seitenangabe.

58. Meinen Nächsten will ich schon lieben, aber nicht den Nächstbesten. (1986)

Bernd Thomsen (Hrsg.), *Lieber die dunkelste Kneipe als den hellsten Arbeitsplatz. Neue-Büro Sprüche.* München: Wilhelm Heyne, 1986, ohne Seitenangabe.

59. Liebe deinen Nächsten, aber laß dich nicht vom Verflossenen erwischen. (1987)

Angelika Franz (Hrsg.), *Das endgültige Buch der Sprüche & Graffiti.* München: Wilhelm Heyne, 1987, S. 33.

60. *Regula aurea*
Liebe deinen Nächsten
wie dich selbst,
doch schließe nicht kurz
von dir auf andere!

Was dich erfreut,
kann andre verdrießen,
und was dich verdrießt,
kann andre erfreuen.

Liebe deinen Nächsten
nicht wie dich selbst,
doch setze Getrenntheit
nicht absolut!

Denn was dich kränkt,
kann auch andere kränken,
und was dir wohltut,
auch anderen wohltun.

Die Menschen sind gleich
und ungleich zugleich –
nicht allen dasselbe,
aber jedem das Seine! (1987)

Theodor Weißenborn, *Alchimie. Sprüche und Wider-Sprüche.* Stuttgart: Quell, 1987, S. 81.

61. Liebe dich selbst, und du bist dir am nächsten. (1988)

   Gerd W. Heyse, *Gedanken-Sprünge. Aphorismen.* Berlin: Eulenspiegel Verlag, 1988, S. 25.

62. Liebe deinen Nächsten wie dich selbst! Ganz recht: weil du dich selbst liebst. (1988)

   Hans Norbert Janowski, *Das Wichtigste in Kürze. Aphorismen, Sprüche, Sentenzen.* Stuttgart: Radius Verlag, 1988, S. 14.

63. Leider wurde oft genug in der Geschichte der Nächste, den es zu lieben gilt, mit dem Bösen verwechselt, der bekämpft werden darf. (1988)

   Manfred Rommel, *Gesammelte Sprüche*, hrsg. von Ulrich Frank-Plamitz. Stuttgart: Engelhorn, 1988, S. 49.

64. Morde Deinen Nächsten wie Dich selbst. (1988)

   Hugo Sonnenschein, *Terrhan oder Der Traum von meiner Erde.* Wien: Paul Zsolnay, 1988, S. 70.

65. Liebe Deinen Nächsten wie Dich selbst, denn jeder ist sich selbst der Nächste: Klüngelweisheit. (1988)

   Gerhard Uhlenbruck, *Kölner Klüngel Kalender.* Pulheim: Rhein-Eifel-Mosel-Verlag, 1988 (29. März).

66. Liebe deinen Kollegen wie deinen Nächsten – er könnte dein nächster Vorgesetzter sein! (1989)

   Beate Steinmeyer (Hrsg.), *Wer seine Hände in den Schoß legt, muß deshalb nicht untätg sein. Die neuesten Bürosprüche.* München: Wilhelm Heyne, 1989, ohne Seitenangabe.

67. Die meisten Nächsten lieben am Nächsten nur dessen Nächstenliebe. (1989)

Gerhard Uhlenbruck, *Aphorismen sind Gedankensprünge in einem Satz*, hrsg. von Hans Ott. Thun: Ott, 1989, S. 89.

68. Liebe Deinen Nächsten wie Dich selbst – aber etwas kritischer! (1990)

Gerhard Uhlenbruck, *Darum geht's nicht ...? Aphorismen*. Hilden: Ahland, 1990, S. 7.

69. Du sollst deinen Nächsten lieben und nicht immer nur deine Nächste! (1993)

Arthur Feldmann, *Kurznachrichten aus der Mördergrube oder Die große Modeschau der nackten Könige*. München: edition scaneg, 1993, S. 96.

70. Liebe deine Nächsten wie die sich selbst. (1994)

Gerhard Uhlenbruc, »Lebenslügen haben kurze Beine – Altersweisheiten,« in *Almanach deutschsprachiger Schriftsteller-Ärzte 94*, hrsg. von Jürgen Schwalm. Marquartstein: Manstedt, 1994, S. 515.

71. Liebe deinen Übernächsten, denn jeder ist sich selbst der Nächste! (1994)

Gerhard Uhlenbruck, *Das darf doch wahr sein! Aphoristische Gedanken*. Hilden: Ahland, 1994, S. 83.

72. *Nächstenliebe*
»Liebe deinen Nächsten,
vergiß es nie!«
fordert er.

»Schon seit langem
liebe ich ihn sehr!«
versichert sie. (1995)

Günther Hindel, *Guter Rat ist teuer. Einfälle und Ausfälle – Sprüche und Widersprüche*. Frankfurt am Main: Haag + Herchen, 1995, S. 66.

73. Belüge deinen Nächsten immer mehr als dich selbst! (1996)

Gerhard Uhlenbruck, »Giftpfeile aus dem Sprachrohr: Aphoristische Ketzereien,« in Bundesverband Deutscher Schriftsteller-Ärzte (Hrsg.), *Die Welt so groß und weit. Anthologie*. Frankfurt am Main: Haag + Herchen, 1996, S. 177.

74. Liebe deinen Nächsten so, daß du seine Liebe besitzt, ohne ihn zu besitzen. (1997)

Gerhard Uhlenbruck, *Wieder Sprüche zu Widersprüchen. Satzweise sogar weise Sätze*. Köln: Ralf Reglin, 1997, S. 19.

75. Fürchte Deinen Nächsten! (1999)

T.S. Egelsbach, *Fürchte Deinen Nächsten! Bitterböse Geschichten für Liebhaber des Abgründigen*. Frankfurt am Main: Fouqué-Literatur-Verlag, 1999. Vgl. auch Erika Kroell, *Fürchte Deinen Nächsten. Kriminalroman*. Briedel/Mosel: Rhein-Mosel-Verlag, 2000.

76. Liebe deine Nächste besser. (1999)

Ulrich Erckenbrecht, *Divertimenti. Wortspiele, Sprachspiele, Gedankenspiele*. Göttingen: Muriverlag, 1999, S. 138.

77. Liebe deinen Nächsten nächtens. (1999)

Ulrich Erckenbrecht, *Divertimenti. Wortspiele, Sprachspiele, Gedankenspiele*. Göttingen: Muriverlag, 1999, S. 138.

78. »Liebe deinen Nächsten, wie dich selbst« ist vielleicht ein bißchen viel verlangt, aber ertrage ihn wenigstens. (1999)

Rolf Nünninghoff, *Aphorismen, Aphrodismen und andere Ungereimtheiten*. Frankfurt am Main: Verlag DVS, 1999, S. 81.

79. Liebe deinen Nächsten, wenn du nur kannst, wie dich selbst, denn mit dem Übernächsten schaffst du es nie. (2000)

    Elazar Benyoëtz, *Ichmandu. Eine Lesung*. Herrlingen bei Uln: Herrlinger Drucke, 2000, S. 25.

80. Wenn schon, dann liebe deinen Nächsten immer mehr als dich selbst: Das spornt an, schützt vor Selbstüberschätzung. (2000)

    Gerhard Uhlenbruck, *Alles kein Thema! Ein Thema für alle ...* Köln: Ralf Reglin, 2000, S. 94.

81. Hasse deinen Nächsten nicht wie dich selbst – auch wenn er es verdient hat. (2001)

    Gerhard Uhlenbruck, *Worthülsenfrüchte oder Ein Körnchen Wahrheit für alle Tage. Ein Kalenderbuch für 2002*. Köln: Ralf Reglin, 2001 (12. März).

82. Liebe deinen Feind wie dich selbst. Auch der besteht aus Atomen. (2002)

    Vytautas Karalius, *Endspurt der Schnecken. Aphorismen, Paradoxa, ironische Anspielungen*. Vilnius: Egalda, 2002, S. 107.

83. Liebe deine Kunden wie dich selbst. (2002)

    Anonymer Spruch in Hans-Jürgen Quadbeck-Seeger, *»Der Wechsel allein ist das Beständige«. Zitate und Gedanken für innovative Führungskräfte*. Weinheim: Wiley-VCH Verlag, 2002, S. 218.

84. Gilt das Gebot »Liebe deinen Nächsten wie dich selbst« auch für Masochisten? (2003)

Gerald Drews; in Harry G. Laber (Hrsg.), *Dumme Sprüche für alle Fälle*. Augsburg: Weltbild, 2003, S. 103.

85. Er liebte nicht so sehr seinen Nächsten wie die Nächste seines Nächsten, und nicht so sehr wie sich selbst ... (2003)

Arthur Feldmann, *Spiegelungen oder Nachdenkliche Betrachtungen eines Herbstblatts über das bunte Treiben der Welt. Gesammelte Mikroprosa*. Köln: Tatjana Lehmann, 2003, S. 139.

86. Zeitgemässer Umgang mit dem »Faktor Mensch«: Coache deinen Nächsten wie dich selbst und liebe ihn, soweit die investierte Zuneigung sich rentiert. (2003)

Felix Renner, *Keine Kompromisse. Aphorismen*. Zürich: Nimrod, 2003, S. 54.

87. Der bedeutendste Satz der Religionsgeschichte:
Liebe deinen Nächsten wie dich selbst! (2003)

Heinrich Schröter, *Menschenbilder, Lebensfragen, Zeitzeichen*. Saarbrücken: Conte, 2003, S. 35.

88. Sprachgebot: Du sollst Deine Muttersprache lieben wie dich selbst! (2003)

Heinrich Schröter, *Menschenbilder, Lebensfragen, Zeitzeichen*. Saarbrücken: Conte, 2003, S. 74.

89. Pazifist:
Liebe deinen Nächsten! heißt Gottes Gebot –
nicht: Schlag ihn tot! (2003)

Heinrich Schröter, *Menschenbilder, Lebensfragen, Zeitzeichen*. Saarbrücken: Conte, 2003, S. 126.

90. »Liebe deinen Nächsten« –
halt ihn dir vom Leibe. (2004)

Elazar Benyoëtz, *Finden macht das Suchen leichter.* München: Carl Hanser, 2004, S. 96.

91. Liebe deinen Nächsten wie du dich selbst nie lieben würdest, wenn du kein Egoist wärest! (2004)

Rupert Schützbach, *Weltanschauung. Aphorismen & Definitionen & Sprüche aus zwanzig Jahren.* Tiefenbach: Edition Töpfl, 2004, S. 35.

92. Lieber einen Nächsten als zwei von einer Sorte.
Liebe dich selbst. Als Nächsten.
Liebe dich selbst – nächtelang.
Liebe deine Nichte, nicht dich selbst.
Schiebe deinen Nächsten – unter dich selbst.
Liebe deine Nächte, aber nicht an den Tagen. (2004)

Bernhard Trenkle, *Das Aha!-Handbuch der Aphorismen und Sprüche für Therapie, Beratung und Hängematte.* Heidelberg: Carl-Auer-Systemse Verlag, 2004, S. 127.

93. Im Spurt nicht nur beim Sport ist sich jeder selbst der Nächste. (2004)

Gerhard Uhlenbruck, *Spitze Spritzen – spritzige Spitzen. Diagnosen, die gerade noch gefehlt haben.* Köln: Ralf Reglin, 2004, S. 92.

94. Man soll seinen Nächsten lieben wie sich selbst, nicht mehr, eher weniger. (2004)

Gerhard Uhlenbruck, *Spitze Spritzen – spritzige Spitzen. Diagnosen, die gerade noch gefehlt haben.* Köln: Ralf Reglin, 2004, S. 104.

95. Eines der Zeitgeistgebote: Betrüge den Nächsten wie dich selbst. (2005)

Ernst Ferstl, *Wegweiser. Neue Aphorismen.* Ottersberg: Asaro, 2005, S. 76.

96. Geld: Liebe deinen nächsten Ersten. (2005)

   Hans-Jürgen Quadbeck-Seeger, *Im Labyrinth der Gedanken. Aphorismen und Definitionen*. Norderstedt: Books on Demand, 2005, S. 76.

97. Liebe die Natur wie dich selbst. (2005)

   Hans-Jürgen Quadbeck-Seeger, *Im Labyrinth der Gedanken. Aphorismen und Definitionen*. Norderstedt: Books on Demand, 2005, S. 124.

98. Passiv-Rauchen: Vergifte keinen Nächsten wie dich selbst. (2005)

   Hans-Jürgen Quadbeck-Seeger, *Im Labyrinth der Gedanken. Aphorismen und Definitionen*. Norderstedt: Books on Demand, 2005, S. 141.

99. Du sollst deinen Nächsten lieben ... nicht den Nächstbesten. (2006)

   Marco Fechner, *Nerv-Deutsch, Deutsch-Nerv. Blöde Sprüche, dumme Floskeln – alles, was wir nicht mehr hören wollen*. Leipzig: Neuer Europa Verlag, 2006, S. 128.

100. Liebe deinen Nächsten wie dich selbst ist einfach, weil jeder sich selbst der Nächste ist. (2006)

   Chris Keller-Schwarzenbach, *Störe ich? 811 Gedankensplitter*. Frankfurt am Main: Cornelia Goethe Literaturverlag, 2006, S. 33.

101. Liebe deinen Nächsten.
   Aber warum nicht den Jetzigen? (2006)

   Klaus D. Koch, *Blindgänger und Lichtgestalten. Aphorismen*. Bremen: Edition Temmen, 2006, S. 48.

102. Manchmal lieben wir unseren Nächsten nur, um nicht aus der Übung zu kommen. (2007)

Ernst Ferstl, *Denkwürdig. Aphorismen*. Sprakensehl-Hagen: Asaro Verlag, 2007, S. 84.

103. Der Geizige liebt seinen Nächsten wie sich selbst. (2008)

Alexander Eilers, *Underdogmen. Aphorismen*. Fernwald: Litblockin, 2008, S. 45.

104. Jeder Individualist hätschelt unbewusst den Imperativ: »Komm mir nicht zu nahe, sonst wirst du mein Nächster und ich sollte dich lieben!« (2008)

Felix Renner, *Zeit-Zeichen. Aphorismen*. Zürich: Littera Autoren Verlag, 2008, S. 49.

105. Ein ungeschriebens Gebot: Du sollst deinen Nächsten belügen wie dich selbst. (2009)

Ernst Ferstl, *Gedankenwege. Aphorismen*. Bochum: Norbert Brockmeyer, 2009, S. 32.

106. Den Nächsten
zu lieben, riet er ihr.
Sie tat es, und er war
wieder allein. (2010)

Wilfried Besser, *Über kurz oder lang ... Neue Aphorismen und andere Ungereimtheiten*. Bochum: Norbert Brockmeyer, 2010, S. 52.

107. Liebe deinen Nächsten mehr, als er sich selbst liebt. (2010)

Beat Rink; in Tobias Grüterich, Alexander Eilers und Eva Anabella Blume (Hrsg.), *Neue deutsche Aphorismen. Eine Anthologie*. Dresden: Azur, 2010, S. 165.

108. Leitkultur in Deutschland: Liebe auch deinen Übernächsten – aber lass' ihn in der Dritten Welt. (2010)

Hermann Rosenkranz, *Keine Zeile ohne meinen Anwalt. Sprüche, nichts als Sprüche*. Bochum: Norbert Brockmeyer, 2010, S. 14.

109. Dass man den Nächsten lieben solle wie sich selbst, erklärt, weshalb die Nächstenliebe so selten ist bei uns. (2010)

Norbert Wokart; in Tobias Grüterich, Alexander Eilers und Eva Anabella Blume (Hrsg.), *Neue deutsche Aphorismen. Eine Anthologie*. Dresden: Azur, 2010, S. 94.

110. Seinen Nächsten lieben, wer weiß, ob er das will. (2011)

Hugo Ernst Käufer, *Kriecher stolpern nicht. Aphorismen*. Bochum: Norbert Brockmeyer, 2011, S. 60.

111. Dem Gebot Jesu »Liebe deinen Nächsten wie dich selbst« vermag der am besten nachzukommen, der sich selbst nicht leiden kann. (2011)

Harry Paul, *Ein paar Gedanken. Essays und Aphorismen*. Aachen: Shaker Media, 2011, S. 84.

112. Aus »Liebe deinen Nächsten wie dich selbst« wurde allzu gerne ein »Liebe deinen Nächsten wider dich selbst«. (2011)

Josef Schmid, *Einbrüche – Ausbrüche. Ein aphoristischer Leit(d)faden durch Innen- und Außenwelten*. Neckenmarkt: Novum Pro, 2011, S. 8.

113. Der Andere ist der Nächste, den wir in uns lieben. (2012)

Elazar Benyoëtz, *Sandkronen. Eine Lesung*. Wien: Braunmüller, 2012, S. 45.

114. Wer will schon seinen Nächsten lieben, wenn er die ganze Welt umarmen möchte? (2012)

Renate Coch; in Petra Kamburg, Friedemann Spicker und Jürgen Wilbert (Hrsg.), *»Prinzipienreiter satteln um«. Anthologie zum Aphorismenwettbewerb 2012. Vom Stellenwert der Werte*. Bochum: Norbert Brockmeyer, 2012, S. 58.

115. Liebe Deinen Nächsten wie Dich selbst! Mehr wäre besser für ihn. (2012)

Elke Gerlach; in Petra Kamburg, Friedemann Spicker und Jürgen Wilbert (Hrsg.), *»Prinzipienreiter satteln um«. Anthologie zum Aphorismenwettbewerb 2012. Vom Stellenwert der Werte*. Bochum: Norbert Brockmeyer, 2012, S. 19.

116. Töte deinen Nächsten. (2012)

Michael Herzig, *Töte deinen Nächsten. Thriller*. Dortmund: Grafit, 2012.

117. Ich will ja meinen Nächsten lieben – aber er soll anfangen! (2012)

Johannes Hülstrung; in Petra Kamburg, Friedemann Spicker und Jürgen Wilbert (Hrsg.), *»Prinzipienreiter satteln um«. Anthologie zum Aphorismenwettbewerb 2012. Vom Stellenwert der Werte*. Bochum: Norbert Brockmeyer, 2012, S. 60.

118. Liebe deinen Nächsten – ob er will oder nicht? (2012)

Gerhard Uhlenbruck, *Kopfnüsse – nichts für weiche Birnen*. Köln: Ralf Reglin, 2012, S. 37.

119. Liebe deinen Nächsten nicht wie dich selbst, sondern schätze ihn höher ein. (2013)

Gerhard Uhlenbruck, *Denk-an-Sätze. Wieder sinnige Sprüche und aphoristische Heil- und Selbstpflege-Sätze*. Bochum: Norbert Brockmeyer, 2013, S. 25.

120. Love Thy Neighbor.
    Instructions. (1977)

   Witzzeichnung in *The New Yorker* (25. Juli 1977), S. 49. Ich verdanke diesen Beleg meiner Studentin Melissa Brown.

121. Liebe Deine Gäste wie Dich selbst. (1984)

Werbung für Chivas Regal Whisky in *Der Spiegel*, Nr. 47 (19. November 1984), Umschlagseite.

122. Liebe Deinen Körper.
   Dann liebt ihn auch Dein Nächster. (1999)

   Werbung für *Shape-Fitness-Zeitschrift* in *Stern*, Nr. 17 (22. April 1999), S. 281.

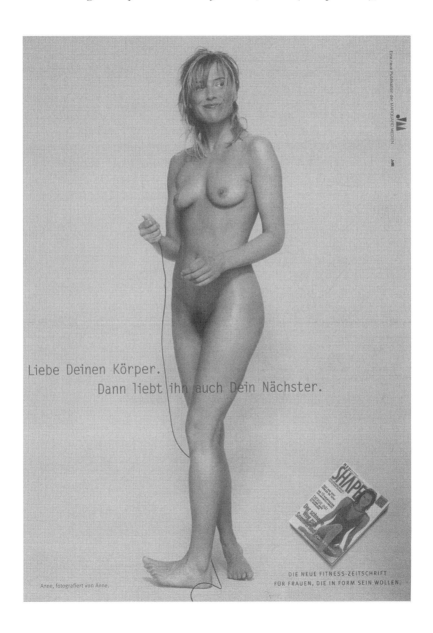

XXIX. »Es geschieht nichts Neues unter der Sonne«

Was ist's, das geschehen ist? Eben das hernach geschehen wird. Was ist's, das man getan hat? Eben das man hernach wieder tun wird; und geschieht nichts Neues unter der Sonne. (Prediger 1,9)

1. Es ist nichts neu unter der Sonne. Es ist alles getan, alles gesagt worden. Und diese Wiederholungen ermatten. Aber sie ermatten nur den, der schon ermattet ist. Die Ermüdung spricht so. (1949)

   Friedrich Georg Jünger, *Gedanken und Merkzeichen*. Frankfurt am Main: Vittorio Klostermann, 1949, S. 66.

2. Und wenn es nichts Neues gibt über der Sonne? (vor 1966)

   Stanisław Jerzy Lec, *Allerletzte unfrisierte Gedanken. Aphorismen*. München: Carl Hanser, 1996, S. 16.

3. Nichts Neues unter der Sonne – die Sonne muß ausgewechselt werden. (1979)

   Žarko Petan, *Mit leerem Kopf nickt es sich leichter. Satirische Aphorismen*. Graz: Styria, 1979, S. 85.

4. Nichts Neues unter der Sonne – meint die Sonne. (1981)

   Žarko Petan, *Himmel in Quadraten. Aphorismen und kleine Prosa*. Graz: Styria, 1981, S. 11.

5. *Ein Gleiches*
   Und geschieht nichts Neues
   Unter der Sonne.

   Was ich sagen will,

Habe ich zur Altsteinzeit
In den Fels geritzt. (1984)

Margot Seidel, *Nota Bene. Gedichte.* Duisburg: Gilles & Francke, 1984, S. 15.

6. *Weisheiten Salomonis*
Über den Spruch des Königs Salomo, daß da nichts Neues geschehe unter der Sonne, über diesen Spruch kann man sein ganzes Leben lang lächeln. Aber man lächelt in der zweiten Lebenshälfte aus anderen Gründen als in der ersten Lebenshälfte. (vor 1989)

Horst Drescher, *Aus dem Zirkus Leben. Notizen 1969-1989.* Berlin: Aufbau-Verlag, 1990, S. 214.

7. Es gibt nichts Neues unter der Sonne, wohl aber über der Sonne. (1991)

Ulrich Erckenbrecht, *Maximen und Moritzimen. Bemerkungen über dies und jenes.* Göttingen: Muriverlag, 1991, S. 95.

8. *herbstsonne*
nicht neu die sonne
nichts neues unter der sonne
frühherbst noch
spätherbst bald
ein wespentanz rund
um kamillen
das obst
fällt vom baum
nichts neues –
aber die sonne. (1993)

Kurt Marti, *Da geht Dasein. Gedichte.* Hamburg: Luchterhand, 1993, S.14.

9. »Es gibt nichts Neues auf der Sonne«,
sprach der Mond voll Freud und Wonne.

Ulrich Erckenbrecht, *Katzenköppe. Aphorismen/Epigramme.* Göttingen: Muriverlag, 1995, S. 105.

10. Nichts Neues unter der Sonne, hat der Mond gesagt. (1997)

   Žarko Petan, *Von morgen bis gestern. Gesammelte Aphorismen*. Graz: Styria, 1997, S. 31.

11. Es gibt nichts Neues unter der Sonne? Doch, die immer häufiger vorkommende Entstehung von Melanomen! (2000)

   Gerhard Uhlenbruck, *Alles kein Thema! Ein Thema für alle* ... Köln: Ralf Reglin, 2000, S. 47.

12. Es gibt nichts Neues unter der Sonne, wohl aber unter der Höhensonne. (2007)

   Ulrich Erckenbrecht, *Grubenfunde. Lyrik und Prosa*. Göttingen: Muriverlag, 2007, S. 113.

13. Es geschieht *nichts Neues* under der Sonne. Und doch lässt sich täglich so vieles darüber berichten. (2010)

   Walter Rupp, *Hieb- und Stichelsätze. Aphorismen*. Neckenmarkt: Novum Publishing, 2010, S. 26.

14. Nichts Neues: unter der Sonne wird,
    was käsig bleich war, schick und
    braun. (2013)

   Dietmar Beetz, *Zwischen Hutschnur und Zahnfleisch. Haiku und andere Sprüche*. Erfurt: Edition D.B., 2013, S. 24.

15. Etwas Neues unter der Sonne. (2004)

Rolf Peter Sieferle, »Etwas Neues unter der Sonne. John McNeill zeigt: Das öffentliche Umweltbewusstsein ist blind. Es verkennt die Beschleunigung der Naturgeschichte.« *Die Zeit*, Nr. 10 (26. Februar 2004), S. 53.

XXX. »Perlen vor die Säue werfen«

Ihr sollt das Heiligtum nicht den Hunden geben, und eure Perlen sollt ihr nicht vor die Säue werfen, auf daß sie dieselben nicht zertreten mit ihren Füßen und sich wenden und euch zerreißen. (Matthäus 7,6)

Diese sprichwörtlich gewordene Verkürzung des Bibelzitats mit der drastischen Metaphorik ist weiterhin allgemein verbreitet. Vgl. Alfred M. Perry, »'Pearls before Swine',« *Expository Times*, 46 (1934-1935), S. 381-382; Giorgio M. Castellini, »Struttura letteraria di Mt. 7,6. [Perlen vor die Säue werfen],« *Rivista biblica*, 2 (1954), S. 310-317; Henry and Renée Kahane, »'Pearls Before Swine'? A Reinterpretation of Matt. 7.6,« *Traditio*, 13 (1957), S. 421-424; Jean Michel Massing, »'Casting Flowers to Swine': From the Proverbial to the Emblematic Pig,« in *Polyvalenz und Multifunktionalität der Emblematik / Multivalence and Multifunctionality of the Emblem*, hrsg. von Wolfgang Harms and Dietmar Peil (Frankfurt am Main: Peter Lang, 2002), Bd. 2, S. 657-677; und Harry Walter, »Über phraseologische Perlen und eine Mördergrube ['Aus einem Herzen keine Mördergrube machen', 'Ein Rufer in der Wüste sein' und 'Perlen vor die Säue werfen'],« in *Kritik und Phrase. Festschrift für Wolfgang Eismann*, hrsg. von Peter Deutschmann (Wien: Praesens, 2007), S. 633-642.

1. »Man soll die Perlen nicht vor die Säue werfen«; aber zuweilen bekommen sie einen noch schlechteren Platz, und eine unwürdigere Bestimmung. (c. 1860)

   Karl Friedrich Wilhelm Wander, *Politisches Sprichwörterbrevier*. Leipzig: Wigand, 1872; Nachdruck hrsg. von Wolfgang Mieder. Bern: Peter Lang, 1990, S. 95.

2. Wenn uns die heutigen Dichter bisweilen versichern, daß sie »keine Perlen mehr vor die Säue werfen« wollen, so ist es gewöhnlich nicht der Mangel an Säuen, der sie davon zurückhält! (1876)

   Oscar Blumenthal, *Vom Hundertsten in's Tausendste. Skizzen*. Leipzig: Ernst Julius Günther, 1876, S. 109.

3. Hehle nimmer mit der Wahrheit!
   Bringt sie Leid, nicht bringt sie Reue;
   Doch, weil Wahrheit eine Perle,
   Wirf sie auch nicht vor die Säue. (c. 1880)

   Theodor Storm; in Helmut Wolle (Hrsg.), *Von der Weisheit der Sprüche. Aphorismen, Zitate, Sprichwörter.* Berlin: Verlag Neues Leben, 1981, S. 177.

4. Ich habe den Deutschen das tiefste Buch gegeben, das sie besitzen, meinen Zarathustra – ich gebe ihnen heute das unabhängigste. Wie? sagt mir dazu mein schlechtes Gewissen, wie willst du Perlen vor die Deutschen werfen. (1888)

   Friedrich Nietzsche, *Kritische Studienausgabe in 15 Bänden*, hrsg. von Giorgio Colli und Mazzino Montinari. München: Deutscher Taschenbuch Verlag, 1999, Bd. 13, S. 194 und wiederholt auf S. 533).

5. Auch Schweißperlen werden oft vor die Säue geworfen. (1904)

   Julius Stettenheim, *Nase- und andere Weisheiten.* Berlin: F. Fontane, 1904, S. 108.

6. Auch die Wahrheit zählt unter die Perlen, die der Unverstand sich hüten soll vor die Säue zu werfen. (1906)

   Georg von Oertzen, *Aus den Papieren eines Grüblers.* Freiburg: Bielefelds, 1906, S. 116.

7. *Tertius Gaudens*
   (Ein Stück Entwicklungsgeschichte)
   Vor vielen Jahren sozusagen
   hat folgendes sich zugetragen:
   Drei Säue taten um ein Huhn
   in einem Korb zusammen ruhn.
   Das Huhn, wie manchmal Hühner sind
   (im Sprichwort mindestens) war blind.
   Die Säue waren schlechtweg Säue

von völliger Naturgetreue.
Das Dreieck nahm ein Mann aufs Ziel,
vielleicht wars auch ein Weib, gleichviel.
Und trat heran und gab den Schweinen –
ihr werdet: Runkelrüben meinen.
O nein, er warf – (er oder sie) –
warf – Perlen vor das schnöde Vieh.
Die Säue schlossen träg die Lider ...
Das Huhn indessen, still und bieder,
erhob sich ohne Hast und Zorn
und fraß die Perlen auf wie Korn.
Der Mensch entwich und sann auf Rache;
doch Gott im Himmel wog die Sache
der drei Parteien und entschied,
daß dieses Huhn im nächsten Glied
die Perlen außen tragen solle.
Auf welche Art die Erdenscholle –
das Perlschwein – ? Nein! Das war verspielt!
das Perl-*Huhn* zum Geschenk erhielt. (vor 1914)

Christian Morgenstern, *Gesammelte Werke in einem Band*, hrsg. von Margareta Morgenstern. München: Piper, 1965, S. 291-292.

8. Falsche Perlen, vor die Säue geworfen, machen populär. (1931)

Richard von Schaukal, *Gedanken*. München: Georg Müller, 1931, S. 62.

9. Heute sind die Schweine unter die Perlensammler gegangen. (1951)

Erwin Chargaff, *Bemerkungen*. Stuttgart: Klett-Cotta, 1981, S. 34.

10. *Der Mensch zwischen Gut und Böse*
Wer Perlen vor die Säue wirft, tut das wohl allemal noch in der sicheren Hoffnung, sie sämtlich doch wieder ersetzt zu bekommen; und zwar die falschen darunter ersetzt durch echte. (1965)

Herbert Eisenreich, *Der alte Adam. Aus dem Zettelkram eines Sophisten*. Irdning/Steiermark: Stieglitz, 1965, S. 19.

11. Seufzer. – Ach, es gibt so wenig Perlen und so viele Säue! (1969)

    Arthur Hafink (Pseud. Arthur Hermann Fink), *Hergebrachtes. Aphorismen.* Wuppertal: Schlegel, 1969, S. 135.

12. Für den Lyriker: Du sollst keine falschen Perlen vor echte Säue werfen. (1970)

    Karl Heinrich Waggerl, *Sämtliche Werke.* Salzburg: Müller, 1970, Bd. 2, S. 653.

13. wenn die säue doch perlen fräßen!

    Bert Berkensträter, *Zungen-Schläge.* Berlin: Wolfgang Fietkau, 1971, S. 26.

14. Daß gelegentlich Perlen vor sie geworfen werden, festigt das Selbstbewußtsein der Säue. (vor 1974)

    Hans Kudszus, *Das Denken bei sich. Aphorismen*, hrsg. von Albrecht Pfundt. Köln: Matto Verlag, 2002, S. 20.

15. *Der große N.N.*
    Er bezeichnete mich
    als radikale Sau.
    Wohl deshalb,
    weil ich ihm seine Perlen
    zurückgeworfen habe. (1974)

    Manfred Ach, *Husarenstücke. Handstreiche in Prosa und Vers.* München: Hagen, 1992, S. 10.

16. Man braucht manchmal Säue, um ihnen Perlen vor die Füße zu werfen. (1976)

    Joachim Günther, *Findlinge.* Heidelberg: Schneider, 1976, S. 50.

17. Wirft man Perlen vor die Sau,
    weint alsbald die Ehefrau! (1976)

    Kalenderspruch in *Locus vivendi, 1976. Sentenzen Fürs Klo*. München: W. Heye, 1976 (24.-20. Juni).

18. »Eure Perlen sollt ihr nicht vor die Säue werfen«, sagte der Evangelist und meinte die Perlen des Geistes. Er konnte nicht die Massenproduktion von falschen Perlen voraussehen, mit denen man das Publikum zur Sau macht. (1977)

    Gabriel Laub, *Denken erlaubt. Aphorismen*. Gütersloh: Bertelsmann, 1977, S. 93.

19. Wer Perlen vor die Säue schmeißt, muß wissen, daß sie unverdaulich sind und auf dem Mist landen. (1977)

    Gerhard Uhlenbruck, *Ins eigene Netz. Aphorismen*. Aachen: Stippak, 1977, S. 78.

20. *Untreue*
    Wirft Perlen vor die Neue. (1978)

    Ron Kritzfeld, *Kleines Universal Flexikon*. Essen: Selbstverlag des Verfassers, 1978, Bd. 5, S. 30

21. Ideeje vor die Säu schmeiße is zwecklos
    denn die werrn net fett devo. (1978)

    Kurt Sigel, *Gegenreden – Quergebabbel. Hessische Mundartsprüche, Gedichte und Redensarten*. Düsseldorf: Claassen, 1978, S. 65.

22. für perlen werden tränen vor die säue geworfen (und schweißperlen). (1979)

    Volker Erhardt, *»Auch der Kannibale schätzt den Menschen am höchsten«. Aphorismen*. Köln: Satire Verlag, 1979, S. 31.

23. Das Publikum buht. Die Säue haben sich an Perlen überfressen. (1981)

Werner Mitsch, *Hunde, die schielen, beißen daneben. Sprüche. Nichts als Sprüche.* Stuttgart: Heinz und Margarete Letsch, 1981, S. 54.

24. Warum nicht Perlen vor die Säuee werfen, wenn sie darauf ausrutschen ... (1982)

André Brie, *Die Wahrheit lügt in der Mitte. Aphorismen.* Berlin: Eulenspiegel Verlag, 1982, S. 11.

25. Wussten Sie schon, dass man auf dem goldenen Mittelweg keine Perlen vor die Säue werfen kann? (1983)

Anonymer Spruch in *Nebelspalter*, Nr. 13 (29. März 1983), S. 32.

26. Tränen sind etwas Edles. Sie sind Perlen, die man nicht vor die Säue werfen soll. (1983)

Sigbert Latzel, *Stichhaltiges. Aphorismen.* St. Michael: J.G. Bläschke, 1983, S. 24.

27. Der Satz »Perlen vor die Säue werfen«, beschreibt wirklich nicht die Auswirkungen hoher Agrarsubventionen auf neue Fütterungsmethoden in der Landwirtschaft. (1984)

Klaus Sochatzy, *Widerworte nach der »Wende«. Aphorismen.* Frankfurt am Main: Rita G. Fischer, 1984, S. 71.

28. Man sollte Perlen nicht vor die Schweinehunde werfen. (1985)

Gerhard Uhlenbruck, *Eigenliebe macht blind. Hirnrissige Gedankensprünge und Aphorismen.* Aachen: Stippak, 1985, S. 28.

29. Man soll nicht Perlen vor den Juwelier werfen. (1986)

   Andreas Bender, *Gelegenheit macht Liebe. Sprichwörter, Redensarten und Zitate verdreht und auf die seichte Schulter genommen.* Frankfurt am Main: Eichborn, 1986, ohne Seitenangabe.

30. Wirf deine Depressionen nicht vor die Säue! (1989)

   Günter Rizy, *Weissglutfunken. Aphorismen.* Frankfurt am Main: Rita G. Fischer, 1989, S. 27.

31. Öffentliche Meinung: Falsche Perlen vor echte Säue werfen. (1993)

   Johannes Gross, *Für- und Gegenwitz.* Stuttgart: Engelhorn, 1993, S. 100.

32. Es war einem Perlenfischer zu Ohren gekommen, daß man oft Perlen vor die Säue werfe. Besonders verdächtig war ihm seine Frau. Und so sprang er denn in den Mist seines Saustalls, der tiefer als eine Lagune war, und ward nicht mehr gesehen. (1993)

   Arthur Feldmann, *Kurznachrichten aus der Mördergrube oder Die große Modeschau der nackten Könige.* München: edition scaneg, 1993, S. 96.

33. Ein Künstler, der etwas auf sich gibt, wird keine Perlen vor die Säue werfen, sondern versuchen, sie ihnen für teures Geld zu verkaufen. (1993)

   Arthur Feldmann, *Kurznachrichten aus der Mördergrube oder Die große Modeschau der nackten Könige.* München: edition scaneg, 1993, S. 120.

34. Das Leben wirft so viele Perlen vor die Menschen. (1993)

   Jacques Wirion, *Saetzlinge. 333 Stücke. Aphorismen.* Echternach/Luxemburg: Editions Phi, 1993, S. 48.

35. Die Zeiten, da man versehentlich Perlen vor die Säue werfen konnte, sind vorbei: inzwischen sind die Schweine in die Perlenzucht eingestiegen. (1994)

Feliz Renner, *Vorletzte Worte. Aphorismen*. Rorschach: Nebelspalter Verlag, 1994, S. 78.

36. Manche Perlen sind selber schon Säue. (1995)

Ulrich Erckenbrecht, *Katzenköppe. Aphorismen/Epigramme*. Göttingen: Muriverlag, 1995, S. 33.

37. Hätten die vor die Säue geworfenen Perlen wie Trüffel Lust auf Schnauzen, blieben sie sprichwörtlich ungeflügelt. (1996)

Richard Anders, *Fußspuren eines Nichtaufgetretenen*. Warmbronn: Ulrich Keicher, 1996, S. 8.

38. Perlen vor die Säue.
    Ist das die Bauernschläue?

Klaus D. Koch, *Klitzekleine Stolpersteine. Epigramme und lose Sprüche*. Bremen: Edition Temmen, 1997, S. 70.

39. Die Schweine sind satt.
    Wo werfen wir nun die Perlen hin? (1998)

Klaus D. Koch, *Hiergeblieben! Wendezeitlose Sprüche. Aphorismen und Epigramme*. Bremen: Edition Temmen, 1998, S. 70.

40. Perlen für die Säue. (1999)

Peter Johannes, *Perlen für die Säue. Roman*. Frankfurt am Main: Eichborn, 1999.

41. Um es mit einem deftigen Bibelwort zu sagen: Wer mit dem Boulevardjournalismus paktiert, wirft fast immer Perlen vor die Säue. Wobei der Unterschied darin liegt, daß Säue manchmal merken, wann sie auf Perlen beißen. (2002)

   Harald Wiesendanger, *Auf kurz oder lang. Aphorismen, Anekdoten, Analysen, Anarchismen über Gott und die Welt*. Schönbrunn: Lea Verlag, 2002, S. 41-42.

42. Wennschon, dann bitte korrekt: Perlen vor die Ferkel & Frischlinge! (2003)

   Dietmar Beetz, *2/3 – Dummheit. Haiku und andere Sprüche*. Erfurt: Edition D.B., 2003, S. 109.

43. Perlen werden oft nicht vor reiche Säue geworfen, sondern ihnen als Perlenketten umgehängt ... (2003)

   Arthur Feldmann, *Spiegelungen oder Nachdenkliche Betrachtungen eines Herbstblatts über das bunte Treiben der Welt. Gesammelte Mikroprosa*. Köln: Tatjana Lehmann, 2003, S. 126.

44. Man soll keine Pillen vor die Säue werfen. (2005)

   Hans-Jürgen Quadbeck-Seeger, *Im Labyrinth der Gedanken. Aphorismen und Definitionen*. Norderstedt: Books on Demand, 2005, S. 115.

45. Sie warf die Säue vor die Perlen
    und traf sich unter den Erlen
    mit den Mistkerlen. (2007)

   Ulrich Erckenbrecht, *Grubenfunde. Lyrik und Prosa*. Göttingen: Muriverlag, 2007, S. 58.

46. Lob des Stalls: Was ich vor die Säue werfe, wird zur Perle. (2009)

   Tobias Grüterich, *Harte Kerne. Aphorismen und Notate*. Dresden: Edition Azur, 2009, S. 117.

47. Hin und wieder werden auch falsche Perlen vor die Wähler geworfen. (2009)

Siegbert Hahn, *Windblüten. Aphorismen*. Köln: Edition Alectri, 2009, S. 39.

48. Perlen vor die Säue werfen, kann in Tierquälerei ausarten. (2011)

Volkmar Frank, *Bewegte Gedanken. Aphorismen und Gedichte*. Ganderkesee: Epla-Verlag, 2011, S. 38.

49. »He, Süßer! Wie wär's mit Perlhuhn vor die Säue werfen?« (1996)

Witzzeichnung in *Stern*, Nr. 4 (21. November 1996), S. 168.

50. Pillen vor die Säue. (1997)

Jörg Blech, Andreas Weber und Stefan Willeke, »Pillen vor die Säue. Neue Bakterienstämme überlisten Antibiotika und erobern deutsche Krankenhäuser.« *Die Zeit*, Nr. 12 (21. März 1997), S. 7.

51. Perlen von den Säuen. (2007)

Cornelius und Fabian Lange, »Perlen von den Säuen. Der Thüringer nennt sie Feldkieker, der Hesse Ahle Worscht: In der Mitte Deutschlands wird die Mettwurst noch von Hand gemacht. Jeder Metzger hat sein Rezept.« *Die Zeit*, Nr. 46 (8. November 2007), S. 73.

XXXI. »Der Prophet gilt nichts in seinem Vaterlande«

Und sie ärgerten sich an ihm. Jesus aber sprach zu ihnen: Ein Prophet gilt nirgend weniger denn in seinem Vaterland und in seinem Hause. (Matthäus 13,57)

Denn er selber, Jesus, zeugte, daß ein Prophet daheim nichts gilt. (Johannes 4,44)

Dieser Bibelspruch ist in der Verkürzung »Der Prophet gilt nirgends weniger als in seinem Vaterlande« zum Sprichwort geworden, das heute meistens in dem von Goethe benutzten Wortlaut »Der Prophet gilt nichts in seinem Vaterlande« aus dessen *Götz von Berlichingen* (1773; 1. Akt, Bischofszene) zitiert wird.

1. Ein Prophet (Autor) wird von seinem Vaterland zuwenig, von seinen Freunden zuviel geschätzt. (c. 1810)

   Jean Paul, *Bemerkungen über närrische Menschen. Aphorismen*, hrsg. von Klaus-Peter Noack. Leipzig: Dieterich, 1992, S. 27.

2. Wie man kein Prophet im eignen Vaterland ist, so auch kein Redner und Beredner gegen die eigne Frau. (c. 1815)

   Jean Paul, *Bemerkungen über närrische Menschen. Aphorismen*, hrsg. von Klaus-Peter Noack. Leipzig: Dieterich, 1992, S. 87.

3. Es ist ein wahres Wort, »daß der Prophet bei den Seinen nicht gelte«. Aber das sollte Niemanden eitel, kleinmüthig oder gleichgültig machen, – vielmehr Jeden bewegen, bei den Seinen so zu wirken und zu leben, daß sie ihn zu schätzen, zu achten, sich genöthigt sehen. (c. 1845)

   Ernst Freiherr von Feuchtersleben, *Sämtliche Werke*, hrsg. von Friedrich Hebbel. Wien: Gerold, 1851, Bd. 3, S. 223.

4. »Ein Prophet gilt nirgends weniger, als daheim, als bei den Seinen«: ist Unsinn, das Gegentheil ist die Wahrheit ... (1887)

Friedrich Nietzsche, *Kritische Studienausgabe in 15 Bänden*, hrsg. von Giorgio Colli und Mazzino Montinari. München: Deutscher Taschenbuch Verlag, 1999, Bd. 13, S. 159.

5. Nicht jeder, der in seinem Vaterlande nichts gilt, ist darum ein Prophet. (1926)

Johann Jacob Mohr; in Friedemann Spicker (Hrsg.), *Es lebt der Mensch, solang er irrt. Deutsche Aphorismen*. Stuttgart: Philipp Reclam, 2010, S. 80.

6. Kein Prophet gilt im Vaterland, aber draußen weist er sich doch mit dem Heimatsschein aus. (1931)

Richard von Schaukal, *Gedanken*. München: Georg Müller, 1931, S. 39.

7. Ich bin kein Prophet in vielen Vaterländern. (vor 1950)

Erwin Chargaff, *Bemerkungen*. Stuttgart: Klett-Cotta, 1981, S. 21.

8. Falsche Propheten sind in ihrem Vaterland besonders hoch geschätzt. (1961)

Erwin Chargaff, *Bemerkungen*. Stuttgart: Klett-Cotta, 1981, S. 92.

9. Niemand ist Prophet im eigenen Lande; es sei denn, er kommt zum Gastspiel aus dem Ausland. (1970)

Wiesław Brudziński, *Die rote Katz*. Frankfurt am Main: Suhrkamp, 1970, S. 121.

10. ein prophet revanchiert sich: das vaterland gilt ihm nichts. (1971)

Bert Berkensträter, *Zungen-Schläge*. Berlin: Wolfgang Fietkau, 1971, S. 30.

11. Gar mancher fühlt sich als Prophet, nur weil er im eigenen Lande wenig gilt. (1971)

Eugen Gürster, *Narrheiten & Wahrheiten. Aphorismen.* München: Anton Pustet, 1971, S. 27.

12. Es ist eine alte Weisheit: Der Prophet gilt nichts im eigenen Lande, oder, anders gesagt, eine Geschichte muß erst in der *New York Times* stehen, um auch hier geglaubt zu werden. (1973)

Anonymer Spruch in *Die Zeit*, Nr. 32 (10. August 1973), S. 3.

13. *Prophet im eigenen Land*
Ihm zu Ehren
werden Volksmund
und Bibelweisheit
umgekrempelt.

Lieber
eine Taube auf dem Dach
als ein Spatz
in der Hand.

Ein toter Löwe
ist besser
als ein
lebender Hund. (1978)

Detlev Block, *Anhaltspunkte. Gesammelte Gedichte.* München: Dekp, 1978, S. 90.

14. *Einkommenssteuer*
Der Profit gilt nichts in seinem Vaterlande. (1978)

Ron Kritzfeld, *Kleines Universal Flexikon.* Essen: Selbstverlag des Verfassers, 1978, Bd. 5, S. 8.

15. *Letzte Notiz für heute*
    Es ist schon spät, aber diese Gedankengänge möchte ich noch aufgeschrieben wissen. Man sagt, der Prophet gelte nicht im ..., also der Prophet gelte nichts in ... Jetzt kriege ich es nicht mehr zusammen, wo der Prophet nischt gilt. Naja, is ja auch egal, Hauptsache, er gilt nischt. (c. 1980)

    Horst Drescher, *Aus dem Zirkus Leben. Notizen 1969-1989*. Berlin: Aufbau-Verlag, 1990, S. 143.

16. Es ist leicht, ein falscher Prophet im eigenen Land zu sein. (1981)
    Žarko Petan, *Himmel in Quadraten. Aphorismen und kleine Prosa*. Graz: Styria, 1981, S. 19.

17. Wenn man im Lande nichts gilt, ist man nicht unbedingt ein Prophet. (1983)

    Winfried Bornemann, *Blödel-Sprüche. Bornemanns Beißerchen*. Frankfurt am Main: Eichborn, 1983, ohne Seitenangabe.

18. Ein Prophet, der etwas gelten will, muß außer Landes gehen und Märtyrer werden. (1983)

    Gerhard Uhlenbruck, *Nächstenhiebe. Aphoristische Sticheleien*. Aachen: Stippak, 1983, S. 34.

19. Der Prophet gilt nichts an seinem Ort –
    das ist vielleicht ein wahres Wort.
    Nur schade, daß manche, die nichts galten,
    sich deshalb für Propheten halten. (1987)

    Elke Schneider (Hrsg.), *Verse und Sprichwörter für Poesiealbum und Gästebuch*. Köln: Buch und Zeit Verlagsgesellschaft, 1987, S. 13.

20. Die Propheten, die im eigenen Lande etwas gelten, nennt man Pharisäer. (1987)

    Gerhard Uhlenbruck, *Kaffeesätze. Gedankensprünge in den Sand des Getriebes*. Erkrath: Spiridon, 1987, S. 64.

21. Nichts gilt der Prophet im eigenen Lande. Aber da draußen weist er sich mit der Heimat aus. (1988)

    Hans-Dieter Schütt, *Diesseits der eigenen Haustür. Aphorismen*. Berlin: Eulenspiegel Verlag, 1988, S. 39.

22. Er war Prophet im falschen Land. (1990)

    Žarko Petan, *Viele Herren von heute waren gestern noch Genossen. Neue Aphorismen*. Graz: Styria, 1990, S. 37.

23. Steuerflucht: Der Profit gilt nichts im eigenen Lande. (1990)

    Gerhard Uhlenbruck, *Darum geht's nicht ...? Aphorismen*. Hilden: Ahland, 1990, S. 24.

24. Der Prophet darf im eigenen Land nichts gelten, weil das gegen die Geltung der Propheten im eigenen Land ist. (1990)

    Gerhard Uhlenbruck; in Gerhard Uhlenbruck, Hans-Horst Skupy und Hanns-Hermann Kersten, *Ein gebildeter Kranker. Trost- und Trutz-Sprüche für und gegen Ängste und Ärzte*. 3. erweiterte Aufl. Stuttgart: Gustav Fischer, 1990, S. 65.

25. Und ob der falsche Prophet im eigenen Lande etwas gilt! (1993)

    Gerd W. Heyse, *Die dritte Seite der Medaille. Aphorismen*. Erfurt: Verlagshaus Thüringen, 1993, S. 136.

26. Der falsche Prophet gilt etwas im eigenen Land. (1994)

    Gerhard Uhlenbruck, *Medizinische Aphorismen*. Neckarsulm: Natura Med Verlagsgesellschaft, 1994, S. 102.

27. Obwohl man die Dinge voraussieht, hat man oft das Nachsehen: Der Prophet gilt eben nichts im eigenen Lande! (1996)

   Gerhard Uhlenbruck, *Nichtzutreffendes bitte streichen. Aphoristische Gedankengangarten*. Köln: Ralf Reglin, 1996, S. 25.

28. Meinungsforscher sind die einzigen Propheten, die in ihrem Vaterland etwas gelten. (1999)

   Wolfram Weidner, *Meckerbissen. Aphorismen und Pointen*. Berlin: Frieling, 1999, S. 70.

29. Der Prophet gilt erst recht nichts, wenn sich seine Prophezeiungen im eigenen Lande bewahrheitet haben. (2001)

   Gerhard Uhlenbruck, *Worthülsenfrüchte oder Ein Körnchen Wahrheit für alle Tage. Ein Kalenderbuch für 2002*. Köln: Ralf Reglin, 2001 (11. September).

30. Der Prophezeiende gilt nichts in der eigenen Familie. (2002)

   Gerhard Uhlenbruck, *Weit Verbreitetes kurz gefasst. Klartexte aus dem Trüben gefischt. Ein Kalenderbuch für 2003*. Köln: Ralf Reglin, 2002 (23. Januar).

31. Der falsche Prophet gilt nur im eigenen Lande etwas. (2002)

   Gerhard Uhlenbruck, *Weit Verbreitetes kurz gefasst. Klartexte aus dem Trüben gefischt. Ein Kalenderbuch für 2003*. Köln: Ralf Reglin, 2002 (14. Mai).

32. Jeder Prophet hat mehrere Vaterstädte, und in allen diesen Vaterstädten gilt er zunächst nichts. (2007)

   Ulrich Erckenbrecht, *Grubenfunde. Lyrik und Prosa*. Göttingen: Muriverlag, 2007, S. 124.

33. Brain-Drain: Der Prof gilt nichts im eigenen Lande. (2008)

    Alexander Eilers, *Underdogmen. Aphorismen.* Fernwald: Litblockin, 2008, S. 43.

34. Der Prophet zahlt nichts im eigenen Vaterlande. (2008)

    Hans-Horst Skupy, *Der Dumme weiß schon alles. Aphorismen zu Lebzeiten.* Ruhstorf/Rott.: Privatdruck, 2008, S. 43.

35. Der Prophet, der mit seinen Voraussagen recht hatte, gilt nicht nur wenig in seinem eigenen Land, sondern er gilt oft auch nichts in der eigenen Familie. (2011)

    Gerhard Uhlenbruck, *Sprüche. Gedankensprünge von Mensch zu Mensch.* Bochum: Norbert Brockmeyer, 2011, S. 108-109.

36. Der Prophet gilt nichts im eigenen Lande.
Auch bei Aktien. (1975)

Werbung für den Arbeitskreis zur Förderung der Aktie in *Der Spiegel*, Nr. 24 (9. Juni 1975), S. 109.

XXXII. »Sein Haus auf Sand bauen«

Und wer diese meine Rede hört und tut sie nicht, der ist einem törichten Manne gleich, der sein Haus auf den Sand baute. (Matthäus 7,26)

Dieser Bibelspruch ist zur sprichwörtlichen Redensart »Sein Haus auf Sand bauen« geworden, die oft zu »Auf Sand bauen« verkürzt wird, um auzudrücken, das ein Vorhaben oder eine Hoffnung auf einem schlechten oder fragwürdigen Grund basiert. Das Kirchenlied »Wer nur den lieben Gott läßt walten« (c. 1641) von Georg Neumark hat dazu beigetragen, daß es zu dieser Volksüberlieferung kam. Dort heißen die beiden letzten Zeilen der ersten Strophe: »Wer Gott dem Allerhöchsten traut / Der hat auf keinen Sand gebaut«.

1. Philosophie ist letzten Endes der Versuch, mit Hilfe der Logik solide Häuser auf Sand zu bauen. (1947)

    Charles Tschopp, *Neue Aphorismen*. Zürich: Schweizer Spiegel Verlag, 1947, S. 77.

2. wo die väter auf sand bauen, bauen die söhne auf sandsäcke. (1971)

    Bert Berkensträter, *Zungen-Schläge*. Berlin: Wolfgang Fietkau, 1971, S. 30.

3. Auf Sand bauen. Für manche ein Kinderspiel. (1977)

    Hans-Horst Skupy, *Aphorismen. Abgeleitete Geistesblitze. Ein »Aber-Glaubensbekenntnis« in Aphorismen, Metaphern, Parabeln*. München: Ring, 1977, S. 76.

4. Ich baue auf Sand – im Getriebe der Verwaltung. (1979)

    Gerhard Uhlenbruck, *Einfach gesimpelt. Aphorismen*. Aachen: Stippak, 1979, S. 97.

5. Ich bin der Sand, sagte der Sand. Und auf mich könnt Ihr bauen. (1981)

Werner Mitsch, *Hunde, die schielen, beißen daneben. Sprüche. Nichts als Sprüche.* Stuttgart: Heinz und Margarete Letsch, 1981, S. 68.

6. *Architektur der Zukunft*
...... Ich ....
...... bau ....
...... auf ....
...... dich ....
...... Sand .....
....
.... wenn
.... der ...
...........Wind .
.... kommt .
....
...... flieg ....
.... ich ....
.. mit .. ..
dir .... (1982)

Henning Grunwald, *Der Narr wirds schon reimen. Gedichte.* Stuttgart: Klett-Cotta, 1982, S. 80.

7. Wer auf Sand baut, braucht keinen Grundstein zu legen. (1983)

Peter Oprei, *Bedenkliches – Unbedenkliches. Aphorismen.* St. Michael: J.G. Bläscke, 1983, S. 47.

8. Manche Menschen bauen auf Sand – im Getriebe des anderen. (1984)

Gerhard Uhlenbruck, *»Mensch ärgere mich nicht«. Wieder Sprüche und Widersprüche.* Köln: Deutscher Ärzte-Verlag, 1984, S. 18.

9. *Mildernder Umstand*
    Der Sand,
    auf den ich baute,
    ist nicht böse,
    sondern nur schwach.

    Wie tröstlich
    ist dieses Wissen
    für mein
    einstürzendes Haus! (1987)

    Theodor Weißenborn, *Alchimie. Sprüche und Wider-Sprüche*. Stuttgart: Quell, 1987, S. 58.

10. Sehr gut, sehr lobenswert, doch ihr baut auf Sand oder vielmehr auf Ruinen, unter denen die Gebeine der Toten liegen und nach Geständnis und Buße schreien – ehe von Wiederaufbau und Versöhnung die Rede sein kann. (1989)

    Cordelia Edvardson, *Die Welt zusammenfügen*. München: Deutscher Taschenbuch Verlag, 1989, S. 26.

11. Wer dem Geist der Zeit vertraut,
    hat sein Haus auf Sand gebaut. (1994)

    Josef Bernegger, *Das herbe, karge Wort. Gedichte und Aphorismen*. Steyr: Ennsthaler, 1994, S. 83.

12. Wer auf Auschwitz baut, baut auf Asche, nicht auf Sand. (2001)

    Elazar Benyoëtz, *Allerwegsdahin. Mein Weg als Jude und Israeli ins Deutsche*. Zürich: Arche, 2001, S. 169.

13. Auf Schnee entworfen, auf Sand gebaut. (2002)

    Vytautas Karalius, *Endspurt der Schnecken. Aphorismen, Paradoxa, ironische Anspielungen*. Vilnius: Egalda, 2002, S. 8.

14. Vierzig Jahre
    durch die Wüste gestreift
    und nichts auf Sand gebaut. (2004)

    Elazar Benyoëtz, *Finden macht das Suchen leichter*. München: Carl Hanser, 2004, S. 225.

15. Er hatte auf Sand gebaut, und so geriet sein Leben in eine gewisse Schieflage. (2012)

    Gerhard Uhlenbruck, *Kopfnüsse – nichts für weiche Birnen*. Köln: Ralf Reglin, 2012, S. 82.

16. Wer mit uns baut, baut nicht auf Sand. (1978)

Werbung für Commerzbank in *Hörzu*, Nr. 9 (4. März 1978), S. 9.

17. Da hast du wohl auf Sand gebaut! sagt mein Mensch. (1986)

Witzzeichnung in *Journal für die Frau*, Nr. 15 (9. Juli 1986), S. 5.

18. Auf Sand gebaut. (1990)

Karikatur in *Die Zeit*, Nr. 41 (12. Oktober 1990), S. 12.

Auf Sand gebaut

19. Nicht jedes Luftschloß ist auf Sand gebaut. (1990)

Witzzeichnung in *Dumme Sprüche für Gescheite. Wandsprüch'-Kalender*. München: W. Heye, 1990 (26. November – 2. Dezember).

XXXIII. »Im Schweiße deines Angesichts sollst du dein Brot essen«

Im Schweiße deines Angesichts sollst du dein Brot essen, bis daß du wieder zu Erde werdest, davon du genommen bist. Denn du bist Erde und sollst zu Erde werden. (1. Mose 3,19)

Das Bibelsprichwort ist auch als sprichwörtliche Redensart »Etwas im Schweiße seines Angesichts tun (müssen)« gängig.

1. »Im Schweiße deines Angesichts sollst du dein Brot essen!« Davon kann nicht einmal das Glück den Menschen entbinden, denn das Brot, was nicht mit Schweiß bezahlt wurde, wird zu Stein. (c. 1860)

    Friedrich Hebbel, *Werke*, hrsg. von Gerhard Fricke, Werner Keller und Karl Pörnbacher. München: Carl Hanser, 1966, Bd. 5, S. 87.

2. *Im Sommer*
    Im Schweisse unsres Angesichts
    Soll'n unser Brod wir essen?
    Im Schweisse isst man lieber Nichts,
    Nach weiser Aerzte Ermessen.
    Der Hundsstern winkt: woran gebricht's?
    Was will sein feurig Winken?
    Im Schweisse unsres Angesichts
    Soll'n unsren Wein wir trinken! (1882)

    Friedrich Nietzsche, *Kritische Studienausgabe in 15 Bänden*, hrsg. von Giorgio Colli und Mazzino Montinari. München: Deutscher Taschenbuch Verlag, 1999, Bd. 3, S. 362.

3. Der alte Bibelspruch lautet heute für viele so: Im Schweiße eines andern Angesichts sollst du dein Brot verdienen. (1896)

    Emanuel Wertheimer, *Aphorismen. Gedanken und Meinungen*. Stuttgart: Deutsche Verlags-Anstalt, 1896, S. 52.

4. Spielbank. Im Schweisse deines Angesichts, sollst du sein [*sic*] Geld verlieren. (1971)

Hans Leopold Davi, *Distel- und Mistelworte*. Zürich: Pendo, 1971, ohne Seitenangabe.

5. »Im Schweisse deines Angesichts sollst du dein Brot essen«, sagte der neue Hausfreund von Jacqueline Onassis und liess ihr das Frühstück in der Sauna servieren. (1977)

Markus Ronner, *Moment Mal!* Bern: Benteli, 1977, S. 27.

6. Ein Trainer ist ein Mann, der sein Brot im Schweiße eines fremden Angesichts verdient. (vor 1983)

Martin Lauer; in Roland Michael (Hrsg.), *Treffend bemerkt. Das Buch der 1000 Aphorismen*. Gütersloh: Peter, 1983, S. 28.

7. Du mußt es erleiden, was du sagst, was du sagen willst: im Schweiße deines Angesichts mußt du es sagen. (1989)

Hans R. Franzmeyer, *Steinchen am Weg gefunden und bewahrt. Aphorismen*. Glückstadt: Augustin, 1989, S. 34.

8. Trimm Dich: Im Schweiße deines Angesichts sollst du deine Broteinheiten verlieren! (1991)

Gerhard Uhlenbruck, *Ein-Satz-Diagnosen*. Wehrheim:/Ts.: Mediteg-Verlag, 1991, S. 86.

9. *Trauer Arbeit*
Jetzt sind die Ställe leer. Kein Stück
Mist, kein gekrümmtes Haar. Die Kacheln:
Glänzend vor Strafen, der Chef
Geschmiegelt gebügelt im Spind.

Ich schwapp das Lysol dreimal
In vollysolierte Ecken, die alten
Kühe hab ich selbst
Geschlachtet also was
Klagen.

Kein Hader pfatscht und macht das
Saubre sauber, täglich
Erschein ich und verscheure den Lohn
Den keiner mir zahlt.

In der Scheiße meines Angesichts will ich die Not vergessen. (1995)

Kerstin Hensel, *Freistoss. Gedichte*. Leipzig: Connewitzer Verlagsbuchhandlung, 1995, S. 11.

10. *Schweiß*
Friahra hod ma im »Schweiße seines Angesichts« sei Brot vadeant (verdient), heit muaß ma sein Schweinsbratn in da Sauna rausschwitzn. (1997)

Heinrich Almstätter, *Wi(e)dersprüchlich. Zeiterscheinungen auf den Punkt gebracht*. Puchheim: Oimsche Verlag, 1997, S. 44.

11. Wer nur sitzt, verliert seine Gesundheit im Schweiße seines zweiten Angesichts. (1997)

Gerhard Uhlenbruck, *Wieder Sprüche zu Widersprüchen. Satzweise sogar weise Sätze*. Köln: Ralf Reglin, 1997, S. 47.

12. Ein Bürokrat arbeitet im Schweiße seines Hinterns, kampferprobt in den Schlachten des Papierkriegs. Gehirnamputiert und mit Wasserkopfsucht bewaffnet, rotiert er auf dem Schreibsessel und schwingt seine mörderische Stempelwaffe. (1999)

Ulrich Erckenbrecht, *Divertimenti. Wortspiele, Sprachspiele, Gedankenspiele*. Göttingen: Muriverlag, 1999, S. 39.

13. Im Schweiße deines Angesichts sollst du deine Broteinheiten verlieren: Sport. (1999)

Gerhard Uhlenbruck, *Die Wahrheit lügt in der Mitte. Gedanken zum Bedenken.* Köln: Ralf Reglin, 1999, S. 76.

14. Wenn in der Bibel geschrieben steht: im Schweiße deines Angesichts sollst du dein Brot essen, dann heißt das nicht, du sollst solange essen bis du schwitzt. (2005)

Wilhelm Junge, *200 Seiten mit Aphorismen, Weisheiten und Witzen.* Leipzig: Engelsdorfer Verlag, 2005, S. 126.

15. Und der Herr sprach: Ihr sollt euer Brot im Schweiße eures Angesichtes essen und eure Steuern mit Zorn im Herzen zahlen. (2005)

Hans-Jürgen Quadbeck-Seeger, *Im Labyrinth der Gedanken. Aphorismen und Definitionen.* Norderstedt: Books on Demand, 2005, S. 165.

XXXIV. »Den Seinen gibt's der Herr im Schlafe«

Es ist umsonst, daß ihr früh aufstehet und hernach lange sitzet und esset euer Brot mit Sorgen; denn seinen Freunden gibt er's schlafend. (Psalm 127,2)

Aus diesem Spruch ist das beliebte Sprichwort »Den Seinen gibt's der Herr im Schlafe« entstanden.

1. Den Seinen gibt's der Herr im Schlaf,
   Die er bei wacher Arbeit traf. (1907)

    Wilhelm Fischer-Graz, *Sonne und Wolke. Aphorismen.* München: Georg Müller, 1907, S. 135.

2. Wie fürcherlich ist das Aufwachen derer, denen Gott es im Schlaf gegeben hat! (1960)

    Erwin Chargaff, *Bemerkungen.* Stuttgart: Klett-Cotta, 1981, S. 85.

3. Den Seinen gibts der Herr im Beischlaf. (1968)

    Werner Bukofzer, *Splitter. Prosa der Begegnungen.* Neuwied am Rhein: Hermann Luchterhand, 1968, S. 16.

4. Auf daß er es den Seinen im Schlafe geben könnte, verweigerte der HERR ihrem Ohr das Lid. (1970)

    Hans Kudszus, *Jaworte, Neinworte. Aphorismen.* Frankfurt am Main: Suhrkamp, 1970, S. 76.

5. den seinen gibts der herr im schlaf. wies gescherr. so der herr. (1971)

    Bert Berkensträter, *Zungen-Schläge.* Berlin: Wolfgang Fietkau, 1971, S. 16.

6. Im Vertrauen darauf, daß es der Herr den Seinen im Schlafe gebe, wird viel verschlafen. (1974)

   Hellmut Walters, *Wer abseits steht wird zurückgepfiffen. Aphorismen*. Landshut/Bayern: Isar Post, 1974, ohne Seitenangabe.

7. Seinen gibt Er's im Schlaf. Den andern im Wachen. (1975)

   Emil Baschnonga, *Durch die Blume*. Zürich: Pendo, 1975, ohne Seitenangabe.

8. *Liebkind*
   Der Herr
   gibts den Seinen
   im Schlaf

   Die Kapitalisten
   sind ihm besonders
   Liebkind. (1977)

   Hugo Ernst Käufer, *Demokratie geteilt. Gedichte & Aphorismen*. Dortmund: Wulff, 1977, S. 20.

9. Einen guten Schlaf gibt der Herr den Seinen. (1977)

   Gerhard Uhlenbruck, *Ins eigene Netz. Aphorismen*. Aachen: Stippak, 1977, S. 78.

10. Kreativität: Den Seinen gibt es der Herr im Halbschlaf. (1979)

    Gerhard Uhlenbruck, *Einfach gesimpelt. Aphorismen*. Aachen: Stippak, 1979, S. 1.

11. Den Kreativen gibts der Herr im Schlaf. (1979)

    Gerhard Uhlenbruck, *Einfach gesimpelt. Aphorismen*. Aachen: Stippak, 1979, S. 38.

12. Den Seinen gibt's der Herr im Schlaf,
    egal ob Lambsdorff oder Graf. (1984)

    Claudia Glismann (Hrsg.), *Edel sei der Mensch, Zwieback und gut. Szene-Sprüche*. München: Wilhelm Heyne, 1984, ohne Seitenangabe.

13. Den Seinen gibt's der Chef im Schlaf. (1986)

    Bernd Thomsen (Hrsg.), *Lieber die dunkelste Kneipe als den hellsten Arbeitsplatz. Neue-Büro Sprüche*. München: Wilhelm Heyne, 1986, ohne Seitenangabe.

14. Den Seinen gibt's der Herr im Schlaf des Gerechten – meinte ein Gerechter. (1987)

    Felix Renner, *Vorwiegend Unversöhnliches an kurzer Leine. Aphorismen*. Basel: Cornfeld, 1987, S. 53.

15. Den Seinen gibts der Herr im Schlafe: Wer länger schläft, lebt länger. (1987)

    Gerhard Uhlenbruck, *Kaffeesätze. Gedankensprünge in den Sand des Getriebes*. Erkrath: Spiridon, 1987, S. 85.

16. Den Seinen gibts der Herr im Schlaf: das nennt man dann Sternstunden. (1987)

    Gerhard Uhlenbruck, *Kaffeesätze. Gedankensprünge in den Sand des Getriebes*. Erkrath: Spiridon, 1987, S. 96.

17. Den Schweinen gibt's der Herr im Schlaf. (1988)

    Claudia Glismann (Hrsg.), *Lieber ein Schäferstündchen als zwei Überstunden. Sprüche, Witze und Graffiti vom Arbeitsplatz*. München: Wilhelm Heyne, 1988, ohne Seitenangabe.

18. Den Seinen gibts der Herr im Schlafe: Ausgefallene Ideen fallen anderen im Traum nicht ein. (1990)

   Gerhard Uhlenbruck; in Gerhard Uhlenbruck, Hans-Horst Skupy und Hanns-Hermann Kersten, *Ein gebildeter Kranker. Trost- und Trutz-Sprüche für und gegen Ängste und Ärzte*. 3. erweiterte Aufl. Stuttgart: Gustav Fischer, 1990, S. 66.

19. Manch einem gibts der Herr sogar im Beischlaf. (1992)

   Manfred Strahl, *Hiebe auf den ersten Blick. Aphorismen*. Berlin: Edition q, 1992, S. 57.

20. Den Seinen gibt's der Herr im Bett. (1996)

   Heinz Hütter (Pseud. Heinrich Schröter), *Eros und Sexus. Lustvolle Sprüche und Gedichte*. Offenbach am Main: Arnim Otto, 1996, S. 26.

21. Kreativität: Den Seinen gibts der Herr im Schlafe, was anderen im Traum nicht einfällt. (1998)

   Gerhard Uhlenbruck, »Spagat mit Sprüchen: Mentale Medizin gegen miese Mentalität,« in *Almanach deutschsprachiger Schriftsteller-Ärzte 98*, hrsg. von Jürgen Schwalm. Marquartstein: Manstedt, 1998, S. 428.

22. Den Seinen gibts der Herr, wenn die anderen schlafen. (2000)

   Günther Debon, *Ein gutes Jahrtausend. Neue Studien und Essays, Aphorismen und dramatische Szenen*. Heidelberg: Brigitte Guderjahn, 2000, S. 143.

23. Wenn der Herr es den Seinen im Schlaf gibt – wieso nimmt er es ihnen dann tagsüber wieder? (2002)

   Harald Wiesendanger, *Auf kurz oder lang. Aphorismen, Anekdoten, Analysen, Anarchismen über Gott und die Welt*. Schönbrunn: Lea Verlag, 2002, S. 81.

24. Den Seinen gibt's der Herr im Schlaf: Träume. (2011)

Ruth Janowetz, *Den Seinen gibt's der Herr im Schlaf: Träume.* Neckenmarkt: Novum Pro, 2011.

25. Beamtengehälter: Den Seinen gibt's der Herr im Büroschlaf. (2011)

Gerhard Uhlenbruck, *Sprüche. Gedankensprünge von Mensch zu Mensch.* Bochum: Norbert Brockmeyer, 2011, S. 57.

26. Reichstagsdiäten
»Den Seinen gibt's der Herr im Schlaf.« (1906)

Karikatur in *Simplicissimus*, Nr. 12 (18. Juni 1906), S. 188.

27. »Dem Seinen gibt's der Herr im Schlaf.« (c. 1950)

Olaf Gulbransson, *Sprüche und Wahrheiten*. München: Deutscher Taschenbuch Verlag, 1974, ohne Seitenangaben.

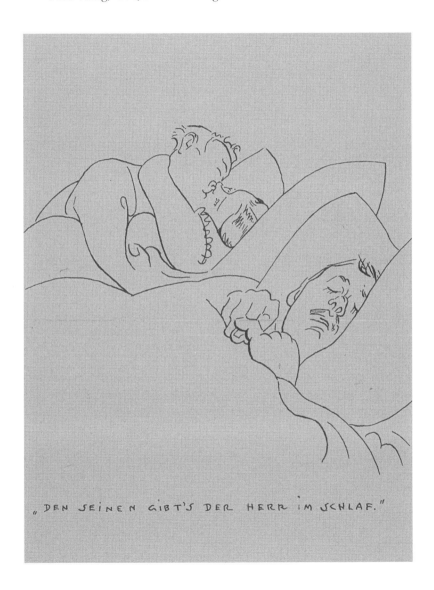

28. Den Seinen gibt's der Herr im Schlaf. (1971)

Karikatur in *Die Zeit*, Nr. 42 (19. Oktober 1971), S. 14.

29. Den Seinen gibt's der Herr im Schlaf. (1984)

Witzzeichnung aus *Happy Schlaf- und Bett-Kalender*. Keine Ortsangabe: Paper Box, 1984 (3.-9. September).

XXXV. »Man sieht den Splitter im fremden Auge, aber im eigenen den Balken nicht«

Was siehest du aber den Splitter in deines Bruders Auge, und wirst nicht gewahr des Balkens in deinem Auge? (Matthäus 7,3)

Oder wie darfst du sagen zu deinem Bruder: Halt, ich will dir den Splitter aus deinem Auge ziehen, – und siehe, ein Balken ist in deinem Auge? (Matthäus 7,4)

Du Heuchler, zieh am ersten den Balken aus deinem Auge; darnach siehe zu, wie du den Splitter aus deines Bruders Auge ziehest! (Matthäus 7,5)

Was siehest du aber einen Splitter in deines Bruders Auge, und des Balkens in deinem Auge wirst du nicht gewahr? (Lukas 6,41)

Oder wie kannst du sagen zu deinem Bruder: Halt stille, Bruder, ich will den Splitter aus deinem Auge ziehen, – und du siehst selbst nicht den Balken in deinem Auge? Du Heuchler, zieh zuvor den Balken aus deinem Auge und siehe dann zu, daß du den Splitter aus deines Bruders Auge ziehest! (Lukas 6,42)

Aus diesen Bibelsprüchen hat sich das Sprichwort »Man sieht den Splitter im fremden Auge, aber im eigenen den Balken nicht« herausgebildet, das aber auch in den sprichwörtlichen Redensarten »Nur den Splitter im fremden Auge sehen«, »Den Splitter im Auge des Nächsten sehen« und »Den Balken im eigenen Auge nicht sehen« umläuft. Vgl. George B. King, »The Mote and the Beam,« *Harvard Theological Review*, 17 (1924), S. 393-404; Charles A. Webster, »The Mote and the Beam (Luke 6,41-42; Matth. 7,3-5),« *Expository Times*, 39 (1927-1928), S. 91-92; George B. King, »A Further Note on the Mote and the Beam (Matt. vii. 3-5; Luke vi. 41-42),« *Harvard Theological Review*, 26 (1933), S. 73-76; und Kazys Grigas, »The Motif of the Mote in Someone's Eye and the Comparative Study of a Proverb,« *Arv: Nordic Yearbook of Folklore*, 51 (1995), S. 155-159.

1. Mancher sieht den Balken im eigenen Auge nicht, aber den Zweck [Nagel], den ein anderer im Auge hat (1904)

    Julius Stettenheim, *Nase- und andere Weisheiten*. Berlin: F. Fontane, 1904, S. 166.

2. Wieviel Holz braucht der Mensch? Zwei Balken? Einer genügt. (c. 1925)

Kurt Tucholsky, *Schnipsel*, hrsg. von Wolfgang Hering und Hartmut Urban. Reinbek: Rowohlt, 1995, S. 26.

3. Wir sehen den Balken nicht im Auge des Nächsten und jammern über den Splitter im eigenen. (1947)

Charles Tschopp, *Neue Aphorismen*. Zürich: Schweizer Spiegel Verlag, 1947, S. 14.

4. Der Splitter in deinem Auge ist das beste Vergrößerungsglas. (1951)

Theodor W. Adorno, *Minima Moralia. Reflexionen aus dem beschädigten Leben*. Frankfurt am Main: Suhrkamp, 1951, S. 57.

5. *Je nach Geschmack*
Dem Ehepaar, bald nach dem Flitter,
Gesellt sich als Hausfreund ein Dritter.
Es sind solche Schalken
Im Auge ein Balken
Dem einen, dem andern ein Splitter. (1968)

Eugen Roth, *Ins Schwarze. Limericks und Schüttelverse*. München: Carl Hanser, 1968, S. 79.

6. Wer den Balken im eigenen Auge nicht sieht, sollte dem anderen nicht mit dem Zaunpfahl winken. (1977)

Gerhard Uhlenbruck, *Ins eigene Netz. Aphorismen*. Aachen: Stippak, 1977, S. 123.

7. Kein Balken ist so solide wie der im eigenen Auge. (1978)

Werner Sprenger, *Zu Oasen führen alle Wege durch die Wüste*. Freiburg: Nie/nie/sagen-Verlag, 1978, S. 61.

8. Sein Lebensrezept ging auf: er behielt immer den Balken der anderen im Auge. (1979)

Axel Schulze, »Aphoristisches.« *Neue deutsche Literatur*, 27 (1979), S. 170.

9. *Gott und die Welt*
Es war schon richtig, nur eben falsch
Keine Frau ist immer noch besser als gar nichts.
Es braucht den Balken, um die Splitter
Zu sehen.
Wissen ist Ohnmacht, eine Eule macht noch kein Athen,
Unschuld verlieren heißt
Nicht mehr zu wissen was gut und böse ist.
Betrachtet man die Welt durch grüne Gläser
Ähnelt sie dem Höhlengleichnis.
Schließlich:
Auch die Übernachtungen unter dem Sternenzelt
Sind teurer geworden.
Ja, noch immer stehe ich
Zwischen mir und der Welt. (1980)

Manfred Eigendorf, »Vier Gedichte.« *Akzente*, 1980), S. 351.

10. Er log so sehr, daß sich die Balken in seinem Auge bogen. (1983)

Ulrich Erckenbrecht, *Ein Körnchen Lüge. Aphorismen und Geschichten.* Göttingen: Muriverlag, 1983, S. 24.

11. *Splitter und Balken*
Die gesammelten Balken,
im Laufe der Jahre
aus meinen eigenen Augen gegraben:
Voraussichtlich werden sie mir
zum Bau einer Blockhütte dienen.

Jenen grazileren Splittern hingegen,
aus den Augäpfeln
liebwerter Mitmenschen

sorgfältig herausoperiert,
sind bestenfalls Zündhölzer
abzugewinnen.

Immerhin:
Zum Anzünden
meiner Blockhütte
wären sie
trefflich geeignet. (1984)

Helmut Schrey, *Wer entziffert die Zeichen? Gedichte.* Duisburg: Gilles & Francke, 1984, S. 77.

12. *Der Mensch*
Den Balken im Auge,
den Pfahl im Fleisch,
unaufhaltsam
die Straße zum Tode entlang.
Da ruft der Kuckuck
drüben im Walde,
fünf, zehn,
– Kuckuck! Kuckuck! –
zwanzig Mal,
und gleich wird gezählt und
gelächelt. (1985)

Marianne Bruns, *Luftschaukel. Miniaturen und Gedichte.* Halle: Mitteldeutscher Verlag, 1985, S. 8.

13. Manche sehen nicht den Balken im eigenen Auge, weil die sich biegen, aufgrund der Lügen über sich selbst. (1987)

Gerhard Uhlenbruck, *Kaffeesätze. Gedankensprünge in den Sand des Getriebes.* Erkrath: Spiridon, 1987, S. 40.

14. *An meinen Freund V.B.*
Die Sprüche bringen dich um Kopf und Kragen?
Ich les es und erlaube mir, zu fragen,

Wie's um die Wahrheit steht bei uns im Osten.
Die halbe Wahrheit steht
Auf dem Papier. Wer übernimmt die Kosten
Für jene andre Hälfte, die
Uns überkommt in schöngeschminkten Reden?
Blickt über eure Schulter, seht doch wie
Die Zeit vergeht! – Der Splitter eines jeden
Im Aug des andern! Ja, es ist Zeit, zu reden! (1989)

Heinz Czechowski, *Mein Venedig. Gedichte und andere Prosa*. Berlin: Klaus Wagenbach, 1989, S. 34. Der Freund ist der Schriftsteller Volker Braun.

15. Viele belügen sich selbst, bis sich die Balken im eigenen Auge biegen. (1990)

Gerhard Uhlenbruck, *Darum geht's nicht ...? Aphorismen*. Hilden: Ahland, 1990, S. 54.

16. Wer nur den Balken eigener Interessen im Auge hat, sieht nicht die Splitter im Auge des anderen. (1998)

Gerhard Uhlenbruck, *Denkanstöße ohne Kopfzerbrechen. Mentale Medizin gegen miese Mentalität*. Köln: Ralf Reglin, 1998, S. 87.

17. Wer vor Selbstmitleid weint, sieht nicht den Balken im eigenen Auge, denn Wasser hat keine Balken. (1999)

Gerhard Uhlenbruck, *Die Wahrheit lügt in der Mitte. Gedanken zum Bedenken*. Köln: Ralf Reglin, 1999, S. 146.

18. Ehrlichkeit beginnt mit Selbstkritik, mit dem Umgang mit dem Balken im eigenen Auge. (2002)

Hans-Armin Weirich, *Streiflichter. Aphoristisches Tagebuch 2001-2003*. Norderstedt: Books on Demand, 2006, S. 38.

19. Der Balken im eigenen Auge ist das beste Vergrößerungsglas. (2002)

    Peter Zürn, *Führung und Vorbild. Existential-Aphorismen*. Frankfurt am Main: Frankfurter Allgemeine Buch, 2002, S. 49.

20. Moral ist der Spiegel, der den Splitter im eigenen Auge zeigt. (2004)

    Michael Rumpf, *Querlinien. Aphorismen*. Heidelberg: Manutius, 2004, S. 14.

21. Viele Menschen sind auch heute nicht egozentrisch genug. Sie sehen den »Balken im eigenen Auge« nicht. (2005)

    Jean Wesselbach, *Das Wort will Wirklichkeit. Euphorismen der Reflexionszonenmassage*. Stuttgart: Ididem-Verlag, 2005, S. 82.

22. Der Balken im eigenen Auge ist vielleicht ein Mikroskop. (2005)

    Jacques Wirion, *Sporen. 400 Sphorismen* [sic]. Esch/Sauer, Luxemburg: Op der Lay, 2005, S. 24.

23. Die Splitter in meinen Augen nehmen mir fast alle Sicht. Ich erkenne gerade noch die Balken in den Augen der andern. (2008)

    Nikolaus Cybinski; in Petra Kamburg, Friedemann Spicker und Jürgen Wilbert (Hrsg.), *Witz – Bild – Sinn. Facetten des zeitgenössischen Aphorismus. Beiträge zum Aphorismenwettbewerb 2008*. Bochum: Norbert Brockmeyer, 2008, S. 30.

24. Ein alter Mann berichtet bei jedem erneuten Besuch von seinem Splitter im Auge. Alle Abklärungen, wiederholt durchgeführt, verliefen negativ. Das, was der Mann sieht, nämlich den Splitter, sehen andere nicht. Oder können andere nicht sehen. »Erst wenn ich tot bin«, stellt der Mann heute fest, »werde ich den Splitter nicht mehr sehen.« (2008)

    Enrico Danieli, *Splitter I. Maxima Minimalia: Notate*. München: Herbert Utz, 2008, S. 16.

25. Der Splitter in unserem Auge. (2009)

   Florian Wehner, *Der Splitter in unserem Auge*. Münster: Principal-Verlag, 2009.

26. Erst der Splitter im fremden macht mich auf den Balken im eigenen Auge aufmerksam. (2011)

   Stefan Brotbeck, *Heute wird nie gewesen sein. Aphorismen*. Basel: Futurum Verlag, 2011, S. 23.

27. »Splitter kontra Balken«. (1966)

Karikatur in *Der Spiegel*, Nr. 27 (27. Juni 1966), S. 38.

XXXVI. »Den ersten Stein auf jemanden werfen«

Als sie nun anhielten, ihn [Jesus] zu fragen, richtete er sich auf und sprach zu ihnen: Wer unter euch ohne Sünde ist, der werfe den ersten Stein. (Johannes 8,7)

Diese Aussage von Jesus ist als verkürzte Redensart »Den ersten Stein auf jemanden werfen« mit der Bedeutung von jemanden anklagen oder belasten im Volksmund geläufig geworden.

1. Wo ist die Hand so zart, dass ohne Irren
   Sie sondern mag beschränkten Hirnes Wirren,
   So fest, dass ohne Zittern sie den Stein
   Mag schleudern auf ein arm verkümmert Sein?
   Wer wagt es, eitlen Blutes Drang zu messen,
   Zu wägen jedes Wort, das unvergessen.
   In junge Brust die zähen Wurzeln trieb,
   Des Vorurteils geheimen Seelendieb?
   Du Glücklicher, geboren und gehegt
   Im lichten Raum. von frommer Hand gepflegt,
   Leg hin die Waagschal', nimmer dir erlaubt!
   Lass ruhn den Stein – er trifft dein eignes Haupt! (1842)

   Annette von Droste-Hülshoff, *Die Judenbuche*. Stuttgart: Philipp Reclam, 2001, S. 3 (Aufschlußreiches Gedicht am Anfang der Novelle).

2. Manche Leute tragen die Taschen voller erster Steine. (1951)

   Erwin Chargaff, *Bemerkungen*. Stuttgart: Klett-Cotta, 1981, S. 30.

3. Wirf den Stein als erster! Sonst bist du für sie ein Epigone. (vor 1966)

   Stanisław Jerzy Lec, *Letzte unfrisierte Gedanken. Aphorismen*. München: Carl Hanser, 1968, S. 13.

4. Wirf den Stein als erster, sonst nennt man dich einen Epigonen. (vor 1966)

    Stanisław Jerzy Lec, *Allerletzte unfrisierte Gedanken. Aphorismen.* München: Carl Hanser, 1996, S. 40.

5. *der erste stein*
    den ersten stein
    warf ein anderer
    er
    kam später dazu
    nein
    vom ersten stein weiß er nichts
    stand dabei
    hände in den hosentaschen
    zudem regnete es den ganzen tag
    gewiß kein vergnügen
    bis zu den knöcheln in sumpf
    und naß bis aufs hemd
    weiter
    ging es nicht
    unter die haut
    und ging dann auch
    nein
    vom letzten stein weiß er nichts
    den letzten stein
    der noch nötig war
    warf ein anderer. (c. 1971)

    Christoph Geiser; in Frank Brunner, Arnim Juhre und Heinz Kulas (Hrsg.), *Wir Kinder von Marx und Coca-Cola. Gedichte der Nachgeborenen.* Wuppertal: Peter Hamm, 1971, S. 48-49.

6. *Gewaltloser Verzicht auf Gewaltlosigkeit*
    Es ist falsch
    auf die Steiniger
    keine Steine zu werfen

Nicht zum Zeitvertreib
trieb Jesus
die Wechsler aus

Er sagte
»Ihr habt aus dem Haus
eine Mördergrube gemacht.«

Aber wer wirft den ersten Stein
auf einen
der keinen Stein wirft? (1972)

Erich Fried, *Die Freiheit den Mund aufzumachen. Gedichte.* Frankfurt am Main: Fischer Taschenbuch Verlag, 1993, S. 63.

7. *Der werfe den ersten Stein*
... der werfe den ersten Stein. Richten ist manchmal nicht vermeidbar, ja Pflicht; vermeidlich dagegen ist, sich selber aufs hohe Roß zu setzen. Keiner hat Anlaß dazu. Doch darf das nicht zu einer schlaffen Komplizenschaft führen, als ob wir den eigenen »Dreck am Stecken« mit dem fremden verrechnen könnten – und dann alles in Ordnung wäre. Es bleibt im Ernst bestehen, daß wir selbst und der Andere dieses unerfreuliche Abzeichen haben und weiter tragen. (1975)

Erich Brock, *Des Lebens Linien. Aphorismen.* Zürich: Werner Classen, 1975, S. 59-60.

8. Wer wirft den ersten Stein?
Von uns niemand!
Da hat jeder schon tausende
geworfen. (1978)

Peter Horton, *Die andere Saite. Aphorismen, Satire, Poesie, Meditationen.* Würzburg: Naumann, 1978, ohne Seitenangabe.

9. Der Weise wirft den Stein als erster.
Weg. (1980)

Hans-Horst Skupy, »Weltwunderer.« *Nebelspalter*, Nr. 20 (13. Mai 1980), S. 49.

10. *Reihenfolge*
Nicht alle werfen den ersten Stein –
Doch auch der zweite kann tödlich sein ... (1983)

Anonymer Spruch in *Nebelspalter*, Nr. 21 (24. Mai 1983), S. 23.

11. *Befreiung*
Wer ohne Sünde ist
werfe den ersten Stein!

Da könnten die Steine
ungeworfen verwittern

Drum werden die Werfer versammelt
und freigesprochen von Sünde

Besonders frei
seid ihr nach jener Richtung!

Dorthin zeigt man
Dorthin fliegen die Steine. (1989)

Erich Fried, *Gründe. Gesammelte Gedichte*, hrsg. von Klaus Wagenbach. Berlin: Klaus Wagenbach, 1989, S. 22.

12. *Es gab*
Du glaubst, wer ohne Sünde ist,
der werfe den ertsen Stein.
Denn nur, wer ohne Sünde ist,
Straft fremde Sünder rein.

Der, den ich kenne, wollte darum
Ihn werfen voll hinein.
Doch es lang ihm nicht. Warum?
Es gab keinen ersten Stein. (2002)

Wilhelm Waldow, *Was mancher so glaubt und andere Sprüche von Kahl Auer*. Westerheim: Wilhelm Waldow, 2002, S. 17.

13. Auch das ist Gerechtigkeit: In der Stille schafft sie immer wieder die Steine beiseite, die die Schuldlosen werfen wollen. (2003)

    Nikolaus Cybinski, *Der vorletzte Stand der Dinge. Aphorismen.* Lörrach: Waldemar Lutz, 2003, S. 99.

14. Ach, Fenster, blinde
    Äugelein – altes Haus, wer
    schmeißt den ersten Stein? (2004)

    Dietmar Beetz, *Süßes Geheimnis. Haiku und andere Sprüche.* Erfurt: Edition D.B., 2004, S. 23.

15. Wer ohne Schulden ist, werfe den ersten Schein. (2005)

    Hans-Jürgen Quadbeck-Seeger, *Im Labyrinth der Gedanken. Aphorismen und Definitionen.* Norderstedt: Books on Demand, 2005, S. 158.

16. »Wer unter Euch ohne Sünde ist, der werfe den ersten Stein.« Steinbrüche, allerorten. (2008)

    Hans-Horst Skupy, *Der Dumme weiß schon alles. Aphorismen zu Lebzeiten.* Ruhstorf/Rott.: Privatdruck, 2008, S. 111.

17. ... der werfe den ersten Stein. (2011)

    Günter W. Müller, *... der werfe den ersten Stein. Kurzgeschichten.* München: Literareon, 2011.

18. Steinwerfer glauben felsenfeste Argumente zu haben. (2012)

    Hans-Horst Skupy, *Aphorismen – Trojanische Worte.* Tiefenbach: Edition Töpfl, 2012, S. 87.

19. Der erste Stein kann sich schon bald als Bumerang erweisen. (2013)

Franz Hodjak, *Der, der wir sein möchten, ist schon vergeben. Aphorismen, Notate & ein Essay*. Fernwald: Litblockin-Verlag, 2013, S. 67.

20. »I hate to be the one to cast the first stone, but ...« (1956)

Karikatur in *The New Yorker* (14. April 1956), S. 39.

"I hate to be the one to cast the first stone, but . . ."

21. »Wer wirft den ersten Stein?« (1978)

Karikatur in *Der Spiegel*, Nr. 29 (17. Juli 1978), S. 28.

„Wer wirft den ersten Stein?" Kieler Nachrichten

XXXVII. »Wer sucht, der findet«

Bittet, so wird euch gegeben; suchet, so werdet ihr finden; klopfet an, so wird euch aufgetan. (Matthäus 7,7)

Denn wer da bittet, der empfängt; und wer da sucht, der findet; und wer da anklopft, dem wird aufgetan. (Matthäus 7,8)

Und ich sage euch auch: Bittet, so wird euch gegeben; suchet, so werdet ihr finden; klopfet an, so wird euch aufgetan. (Lukas 11,9)

Denn wer da bittet, der nimmt; und wer da sucht, der findet; und wer da anklopft, dem wird aufgetan. (Lukas 11,10)

Diese biblischen Triaden sind sprichwörtlich geworden, aber heutzutage haben sich vor allem die beiden Kurzformen »Suchet, so werdet ihr finden« und »Wer sucht, der findet« als Bibel- beziehungsweise Volkssprichwort erhalten.

1. Wer sucht, wird zweifeln. Das Genie sagt aber so dreist und sicher, was es in sich vorgehn sieht [,] weil es nicht in seiner Darstellung und also auch die Darstellung nicht [in] ihm befangen ist, sondern seine Betrachtung und das Betrachtete frei zusammenzustimmen, zu Einem Werk frei sich zu vereinigen scheinen. (1798)

    Novalis (Pseud. Friedrich von Hardenberg), *Fragmente und Studien – Die Christenheit oder Europa*, hrsg. von Carl Paschek. Stuttgart: Philipp Reclam, 1984, S. 9.

2. Findet, so werdet ihr suchen! (1808)

    Diese Umkehrung hat Achim von Arnim am 3. Januar 1808 in das Stammbuch der Brüder Grimm geschrieben und damit deren Lebensarbeit als Märchen- und Sagensammler sowie als Wissenschaftler charakterisiert. Das Stammbuchblatt ist abgedruckt in *Brüder Grimm Gedenken 1981*, hrsg. von Ludwig Denecke. Marburg: N.G. Elwert, 1981, Bd. 3, S. [IV]. Vgl. auch Wolfgang Mieders Buchtitel *»Findet, so werdet ihr suchen!« Die Brüder Grimm und das Sprichwort*. Bern: Peter Lang, 1986.

3. Wer sucht, der findet. Ja! nur der nicht, wer erblindet
    An Orten such, wo sich nicht das Gesuchte findet. (vor 1866)

    Friedrich Rückert, *Werke in sechs Bänden*, hrsg. von Ludwig Laistner. Stuttgart: Cotta, 1896, Bd. 5, S. 239.

4. Willst du, mein Bruder, in die Vereinsamung gehen? Willst du den Weg zu dir selber suchen? Zaudere noch ein Wenig und höre mich. »Wer sucht, der geht leicht selber verloren. Alle Vereinsamung ist Schuld«: also spricht die Heerde. Und du gehörtest lange zur Heerde. (1883)

    Friedrich Nietzsche, *Kritische Studienausgabe in 15 Bänden*, hrsg. von Giorgio Colli und Mazzino Montinari. München: Deutscher Taschenbuch Verlag, 1999, Bd. 4, S. 80.

5. Findet! Das lehrt Euch suchen. Es ist, als komme diese Mahnung uns aus jedem glücklichen Zufall, dem wir eine erfreuliche Entdeckung, eine gute Begegnung verdanken. 1906)

    Georg von Oertzen, *Aus den Papieren eines Grüblers*. Freiburg: Bielefelds, 1906, S. 97.

6. Wer sucht, findet nicht, aber wer nicht sucht, wird gefunden (vor 1924)

    Franz Kafka, *Gesammelte Werke*, hrsg. von Max Brod. Frankfurt am Main: Fischer, 1976, Bd. 6, S. 70.

7. Wer wahrhaft sucht, muß sich finden lassen. (1970)

    Hans Kudszus, *Jaworte, Neinworte. Aphorismen*. Frankfurt am Main: Suhrkamp, 1970, S. 96.

8. Mancher sucht um zu finden; und macher findet, um nicht weiter suchen zu müssen. (1973)

    Elazar Benyoëtz, *Einsprüche*. München: Gotthold Müller, 1973, S. 14.

9. Wer sucht, der findet – Banausen, die ihm das Suchen zu verleiden suchen. (1978)

Felix Renner; zitiert in Wolfgang Mieder, *Sprichwort, Redensart, Zitate. Tradierte Formelsprache in der Moderne*. Bern: Peter Lang, 1985, S. 68.

10. Wer sucht, der findet. Frag nur nicht, was! (1979)

Helmut Lamprecht, *Früher hat Lächerlichkeit getötet. 155 Bedenksätze*. Fischerhude: Verlag Atelier im Bauernhaus, 1979, S. 34.

11. *Sich finden*
Wie schön das klingt »Sich finden«, richtig nach Erfüllung. Und was da alles mitklingt: »Suchet, so werdet ihr finden. Klopfet an, so wird euch aufgetan.« Und so weiter.
Aber wie ist es wirklich für den, der sucht? Er findet sich. Ja, er findet sich, er findet sich immer wieder und wieder und wieder, auch wenn er einmal rasten möchte, auch wenn er endlich aufhören oder auch nur unterbrechen möchte. Und *wie* er sich findet? Meistens in Stücken, in Bruchstücken oder in zerbröckelnden Stücken, oder in Stücken, die sich faulig zersetzen oder doch so aussehen, als werde die Zersetzung gleich anfangen.
Und wenn er sich *ganz* findet, dann weiß er nicht mehr, wer er ist, er oder das, was er da gefunden hat. Und was heißt ganz? Ganz, aber tot. Ganz, aber in einem Zustand der Dumpfheit, aus dem der Gefundene nicht zu erwecken ist. Ganz, aber ganz zum Tier geworden, oder zu etwas Ärgerem, denn wenn wir sagen »tierisch«, tun wir den Tieren damit nur Unrecht. Ganz, und vielleicht sogar auch ganz bei Sinnen, aber bei Sinnen, die keinen Sinn mehr finden können, oder vielleicht nur den Sinn *noch nicht* finden können, aber was hilft das? Wenn man vergeht, *ehe* man ihn finden konnte, dann war es fast ganz, als hätte man ihn nicht *mehr* finden können. Und das ärgste ist, daß man, wenn man erst angefangen hat zu suchen, nicht mehr aufhören kann, auch nicht, wenn man längst weiß, daß die Worte »Suchet, so werdet ihr finden« eigentlich eine Warnung waren oder gewesen sein könnten. (1982)

Erich Fried, *Das Unmaß aller Dinge. Fünfunddreißig Erzählungen*. Belin: Klaus Wagenbach, 1982, S. 89.

12. Wer sucht, wird gefunden. (1983)

    Žarko Petan, *Vor uns die Sintflut. Aphorismen. Ein immerwährendes Kalendarium*. Graz: Styria, 1983 (26. Woche).

13. Wer lange versucht, der findet. (1986)

    Anonymer Spruch in *Die Weltwoche*, Nr. 14 (3. April 1986), S. 47.

14. Suchet – und es wird sich finden. (1988)

    Werner Mitsch, *Neue Hin- und Widersprüche*. Rosenheim: Förg, 1988, S. 63.

15. Wer suchet, der findet. Frag bloß nicht was! (1989)

    Beate Steinmeyer (Hrsg.), *Wer seine Hände in den Schoß legt, muß deshalb nicht untätg sein. Die neuesten Bürosprüche*. München: Wilhelm Heyne, 1989, ohne Seitenangabe.

16. Suchet so werdet ihr finden
    und wenn es nur ein Stück
    von der Wahrheit ist. (1994)

    Gina Garen, *Weisheiten im Wind. Aphorismen und Märchen*. Frankfurt am Main: Rita G. Fischer, 1994, S. 32.

17. Wenn das Suchen ein Ende hat, beginnt das Finden. (1994)

    Heidi Huber, *Wenn das Suchen ein Ende hat. Aphorismen*. Darmstadt: Höll, 1994, S. 5

18. Konsumgesellschaft: Wer suchet, der findet auch – was er nicht gesucht hat. (2000)

    Gerhard Uhlenbruck, *Alles kein Thema! Ein Thema für alle …* Köln: Ralf Reglin, 2000, S. 110.

19. Wer sucht, erfindet. (2002)

Anonymer Spruch in Hans-Jürgen Quadbeck-Seeger, *»Der Wechsel allein ist das Beständige«. Zitate und Gedanken für innovative Führungskräfte*. Weinheim: Wiley-VCH Verlag, 2002, S. 77.

20. Die Gewißheitstonart ist die verlogenste. Wer sucht, der findet. Klopfet an, so wird euch aufgetan. (2003)

Martin Walser, *Meßmers Reisen*. Frankfurt am Main: Suhrkamp, 2003, S. 16.

21. Suche und du findest –
möglicherweise etwas anderes
(als erwartet).

Oder:
Wer sucht, findet oft
etwas anderes. (2005)

Martin Liechti, *Vor- und Nachgedachtes. Aphorismen und Notate*. Zürich: Rauhreif Verlag, 2005, S. 22.

22. Wer sucht, der findet; wer nicht sucht, hebt auf. (2006)

Chris Keller-Schwarzenbach, *Störe ich? 811 Gedankensplitter*. Frankfurt am Main: Cornelia Goethe Literaturverlag, 2006, S. 66.

23. Wer suchet, der findet.
Das gilt auch für Probleme und Sorgen. (2007)

Ernst Ferstl, *Denkwürdig. Aphorismen*. Sprakensehl-Hagen: Asaro Verlag, 2007, S. 106.

24. Wer sucht, der erfindet. (2008)

Alexander Eilers, *Kätzereien. Aphorismen*. Fernwald: Litblockin, 2008, S. 7.

25. Im ICE zu Gott: suchet, so werdet ihr finden! (2010)

Jürgen Kramke, *Im ICE zu Gott: suchet, so werdet ihr finden!* Münster: Monsenstein, 2010.

26. *Ob's hilft?*
 »Wer sucht, der findet!« Es ist wahr!
 Ich suchte neulich über Stunden
 den Löscher gegen Brandgefahr
 und habe Löschpapier gefunden! (2011)

Werner W. Büttner, *Dumm- und Weisheiten in vier Zeilen.* Sprakensehl: Asaro Verlag, 2011, S. 43.

27. Wer suchet, der findet. Aber sich mit dem Gefundenen abzufinden, das ist dann nicht immer so einfach. (2011)

Ernst Ferstl, *Eindrücke. Aphorismen.* Bochum: Norbert Brockmeyer, 2011, S. 105.

28. Wer suchet, der findet. Die Bibel in der Literatur. (2013)

Edith Glatz, *Wer suchet, der findet. Die Bibel in der Literatur.* Würzburg: Königshausen & Neumann, 2013.

29. Wer versucht, der findet ... (1981)

Werbung für Selectron Partnerwahl in *Pro*, Nr. 1-2 (Januar/Februar 1981), S. 2.

30. Wer suchet, der findet. (1993)

Werbung für Word Perfect in *Der Spiegel*, Nr. 7 (15. Februar 1993), S. 242.

XXXVIII. »Den Teufel durch Beelzebub austreiben«

Aber die Phrarisäer, da sie es hörten, sprachen sie: Er treibt die Teufel nicht anders aus denn durch Beelzebub, der Teufel Obersten. (Matthäus 12,24)

So ich aber die Teufel durch Beelzebub austreibe, durch wen treiben sie eure Kinder aus? Darum werden sie eure Richter sein. (Matthäus 12,27)

Etliche aber unter ihnen sprachen: Er treibt den Teufel aus durch Beelzebub, den Obersten der Teufel. (Lukas 11,15)

Ist denn der Satanas auch mit sich selbst uneins, wie will sein Reich bestehen? dieweil ihr sagt, ich treibe treibe die Teufel aus durch Beelzebub. (Lukas 11,18)

So aber ich die Teufel durch Beelzebub austreibe, durch wen treiben sie eure Kinder aus? Darum werden sie eure Richter sein. (Lukas 11,19)

Die Schriftgelehrten aber, die von Jerusalem herabgekommen waren, sprachen: Er hat den Beelzebub, und durch den obersten Teufel treibt er die Teufel aus. (Markus 3,22)

Beelzebub (Herr der Fliegen) gilt als der Teufelsfürst, so daß diese Bibelsprüche ausdrücken, wie ein kleines Übel durch ein größeres beseitigt wird. In der Volkssprache hat sich daraus die sprichwörtliche Redensart »Den Teufel durch (mit) Beelzebub austreiben« ergeben.

1. Es ist Beelzebubs liebste und aufrichtigste Beschäftigung, Teufel, die niedern Teufel auszutreiben. (1917)

   Rudolf Leonhard, *Aeonen des Fegefeuers. Aphorismen.* Leipzig: Kurt Wolff, 1917, S. 130.

2. Hitler: der Ersatzteufel, der synthetische Beelzebub. (vor 1950)

   Erwin Chargaff, *Bemerkungen.* Stuttgart: Klett-Cotta, 1981, S. 18.

3. Den Teufel mit Beelzebub auszutreiben, ist nicht nur kein Unsinn sondern meist die einzige uns armen Menschen gelassene Art, den Teufel überhaupt auszutreiben. (1950)

Wilhelm von Scholz, *Irrtum und Wahrheit. Neue Aphorismen*. Gütersloh: Bertelsmann, 1950, S. 22.

4. Den Teufel mit Beelzebub austreiben: Wenn sie glaubt, er mache ihr Theater vor, macht sie ihm eine Szene. (1970)

Hans Kudszus, *Jaworte, Neinworte. Aphorismen*. Frankfurt am Main: Suhrkamp, 1970, S. 26.

5. *Der Teufel*
Ist nicht selten eine Beelzemaid. (1980)

Ron Kritzfeld, *Kleines Universal Flexikon*. Essen: Selbstverlag des Verfassers, 1980, Bd. 7, S. 30.

6. Immunität heißt: Den Teufel mit dem Anti-Beelzebub ausgetrieben zu haben. (1982)

Gerhard Uhlenbruck, *Medizinische Aphorismen*. Heidelberg: Verlag Jungjohann, 1982, S. 29.

7. Die chinesischen Kommunisten malen den Teufel »bourgeoiser Liberalisierung« an die Wand. Wir haben ihn längst durch den Beelzebub gutbürgerlicher Libertinage ausgetrieben. (1994)

Feliz Renner, *Vorletzte Worte. Aphorismen*. Rorschach: Nebelspalter Verlag, 1994, S. 64.

8. Der Teufel im Detail wird meist durch den Beelzebub der Abstraktheit ausgetrieben. (1999)

Ulrich Erckenbrecht, *Divertimenti. Wortspiele, Sprachspiele, Gedankenspiele*. Göttingen: Muriverlag, 1999, S. 34.

9. Mit dem Zeitgeist gegen den Zeitgeist angehen ist der Versuch, den Teufel durch Beelzebub auszutreiben. (2004)

Rupert Schützbach, *Weltanschauung. Aphorismen & Definitionen & Sprüche aus zwanzig Jahren.* Tiefenbach: Edition Töpfl, 2004, S. 169.

10. Es heißt nicht, den Teufel mit Beelzebub auszutreiben, wenn man zum Erzfeind des Erbfeindes wird. (2005)

Jean Weselbach, *Das Wort will Wirklichkeit. Euphorismen der Reflexionszonenmassage.* Stuttgart: Ibidem-Verlag, 2005, S. 153.

11. Der Ost- durch den Westblock wie der Teufel durch Beelzebub ausgetrieben? (2009)

Arthur Feldmann, *Siamesische Zwillinge. Gesammelte Miniprosa.* Köln: Tatjana Lehmann, 2009, S. 21.

12. Die Hektik ist eine Teufelsmacht.
    Ausgetrieben wird sie vom Beelzebub-Phlegma. (2011)

Hermann Rosenkranz, *Die Lakonik des Mondes. Lauter nutzlose Notate.* Bochum: Norbert Brockmeyer, 2011, S. 64.

13. Notstandsgesetze
   »Gut, dann nehmet uns den Zweifel,
   daß die Freiheit uns verbleibt,
   wenn man wieder mal den Teufel
   mit dem Beelzebub vertreibt.« (1967)

Karikatur in *Der Spiegel*, Nr. 46 (6. November 1967), S. 60.

14. Terror[ismus] – Neue Gesetze.
    Sie sagen, ich soll dich austreiben. (1978)

Karikatur in *Die Zeit*, Nr. 1 (6. Janbuar 1978), S. 6.

15. Der Beelzebub zum Teufel: »Wer A sagt, muß auch C sagen.« (1980)

Karikatur in *Der Spiegel*, Nr. 16 (14. April 1980), S. 90.

Beelzebub zum Teufel: „Wer A sagt, muß auch C sagen"

16. Den Teufel mit Beelzebub austreiben? (1984)

Ruth Leuze, »Den Teufel mit Beelzebub austreiben? Wie sich das 'informationelle Selbstbestimmungsrecht' verwirklichen läßt.« *Die Zeit*, Nr. 35 (31. August 1984), S. 18.

XXXIX. »Was du nicht willst, daß man dir tu, das füg auch keinem andern zu«

Was du nicht willst, daß man dir tue, das tu einem andern auch nicht. (Tobias 4,16)

Alles nun, was ihr wollt, daß euch die Leute tun sollen, das tut ihr ihnen auch. Das ist das Gesetz und die Propheten. (Matthäus 7,12)

Und wie ihr wollt, daß euch die Leute tun sollen, also tut ihnen gleich auch ihr. (Lukas 6,31)

Dieses biblische Sittengesetz, das in ähnlicher Formulierung in allen Weltreligionen auftritt, gilt als »goldene Regel« (ethische Verhaltensregel) und ist im Deutschen in der Formulierung »Was du nicht willst, daß man dir tu, das füg auch keinem andern zu« zum Sprichwort geworden. Vgl. Joyce O. Hertzler, »On Golden Rules,« *International Journal of Ethics*, 44 (1933-1934), S. 418-436; Hans Reiner, »Die 'goldene Regel': Die Bedeutung einer sittlichen Grundformel der Menschheit,« *Zeitschrift für philosophische Forschung*, 3 (1948), S. 74-105; Norman Rockwell, »I Paint the Golden Rule ['Do Unto Others as You Would Have Them Do Unto You'],« in N. Rockwell, *The Norman Rockwell Album* (Garden City, New York: Doubleday & Company, 1961), S. 182-191; Albrecht Dihle, *»Die Goldene Regel«: Eine Einführung in die Geschichte der antiken und frühchristlichen Vulgärethik* (Göttingen: Vandenhoeck & Ruprecht, 1962); Claudio Soliva, »Ein Bibelwort in Geschichte und Recht ['Alles nun, was ihr wollt, daß euch die Leute tun sollen, das tut ihr ihnen auch' (Matth. 7,12)],« *»Unser Weg«. Werkblatt der Schweizerischen Weggefährtinnen*, Nr. 6-7 (1964), S. 51-57; Hendrik van Oyen, »Die Goldene Regel und die Situationsethik,« in Johannes Gründel and H. van Oyen, *Ethik ohne Normen? Zu den Weisungen des Evangeliums* (Freiburg: Herder, 1970), S. 89-136; Frank Harary, »Variations on the Golden Rule,« *Behavioral Science*, 27 (1982), S. 155-161; Jeffrey Wattles, »Levels of Meaning in the Golden Rule,« *Journal of Religious Ethics*, 15 (1987), S. 106-129; Enno Rudolph, »Eschatologischer Imperativ oder Klugheitsregel? Die Goldene Regel im Kontext des Matthäusevangeliums und im Streit der Deutungen,« in E. Rudolph, *Theologie diesseits des Dogmas. Studien zur Systematischen Theologie, Religionsphilosophie und Ethik* (Tübingen: J.C.B. Mohr, 1994), S. 80-98; Heiko Schulz, »'Die Goldene Regel': Versuch einer prinzipien-ethischen Rehabilitierung,« *Zeitschrift für Evangelische Ethik*, 47 (2003), S. 193-209; Anika Christina Albert, »Die Goldene Regel der Bergpredigt und der Kategorische Imperativ Immanuel Kants. Zwei Typen ethischer Regeln,« in *Diakonische Orientierungen in Praxis und Bildungsprozes-*

sem, hrsg. von Johannes Eurich (Heidelberg: DWI, 2005), S. 11-43; Wolfgang Harnisch, »Die Goldene Regel und das Liebesgebot. Mt 7,12 im Kontext der Bergpredigt,« in *Systematisch praktisch. Festschrift für Reiner Preul*, hrsg. von Wilfried Härle, Bernd-Michael Haese, Kai Hansen und Eilert Herms (Marburg: N.G. Elwert, 2005), S. 31-43; Christine Wittmer, »'Was du nicht willst …' o(de)r 'Do Unto Others …': Die goldene Regel im deutschen und englischen Sprachgebrauch,« in *Sprichwörter sind Goldes Wert. Parömiologische Studien zu Kultur, Literatur und Medien*, hrsg. von Wolfgang Mieder (Burlington, Vermont: The University of Vermont, 2007), S. 63-82; und Wolfgang Mieder, »The Golden Rule as a Political Imperative for the World: President Barack Obama's Proverbial Messages Abroad,« *Milli Folklor*, 85 (2010), S. 26-35.

1. Was ich euch thun will, das könntet ihr mir nicht thun! Und was ich nicht will, daß ihr mir thut, warum sollte ich dies euch nicht thun? (1883)

   Friedrich Nietzsche, *Kritische Studienausgabe in 15 Bänden*, hrsg. von Giorgio Colli und Mazzino Montinari. München: Deutscher Taschenbuch Verlag, 1999, Bd. 10, S. 554.

2. Was ich nicht will, daß ihr mir thut, warum sollte ich dies nicht euch thun dürfen? Und wahrlich, das, was ich euch thun muß, gerade das könntet ihr mir nicht thun. (1883)

   Friedrich Nietzsche, *Kritische Studienausgabe in 15 Bänden*, hrsg. von Giorgio Colli und Mazzino Montinari. München: Deutscher Taschenbuch Verlag, 1999, Bd. 10, S. 610.

3. Randbemerkung zu einer niaserie [*sic*] anglaise. – »Was du nicht willst, daß dir die Leute thun, das thue ihnen auch nicht.« Das gilt als Weisheit; das gilt als Klugheit; das gilt als Grund der Moral – als »güldener Spruch«. John Stuart Mill und wer nicht unter Engländern glaubt daran … Aber der Spruch hält nicht den leichtesten Angriff aus. Der Calcul »thue nichts, was dir selber nicht angethan werden soll" verbietet Handlungen um ihrer schädlichen Folgen willen: der Hintergedanke ist, daß eine Handlung immer vergolten wird. Wie nun, wenn Jemand, mit dem »principe« in der Hand, sagte »gerade solche Handlungen muß man thun, damit Andere uns nicht zuvorkommen – damit wir Andere außer Stand setzen, sie uns anzuthun?« – Andrerseits: denken wir uns einen Corsen, dem seine Ehre die vendetta gebietet. Auch er wünscht keine Flintenkugel in den Leib:

aber die Aussicht auf eine solche, die Wahrscheinlichkeit einer Kugel hält ihn nicht ab, seiner Ehre zu genügen ... Und sind wir nicht in allen anständigen Handlungen eben absichtlich gleichgültig gegen das, was daraus für uns kommt? Eine Handlung zu vermeiden, die schädliche Folgen für uns hätte – das wäre ein Verbot für anständige Handlungen überhaupt ... Dagegen ist der Spruch werthvoll, weil er einen Typus Mensch verräth: es ist der Instinkt der Heerde, der sich mit ihm formulirt — man ist gleich, man nimmt sich gleich: wie ich dir, so du mir – Hier wird wirklich an eine Äquivalenz der Handlungen geglaubt, die, in allen realen Verhältnissen, einfach nicht vorkommt. Es kann nicht jede Handlung zurückgegeben werden: zwischen wirklichen »Individuen« giebt es keine gleiche Handlung, folglich auch keine »Vergeltung« ... Wenn ich etwas thue, so liegt mir der Gedanke vollkommen fern, daß überhaupt dergleichen irgend einem Menschen möglich sei: es gehört mir ... Man kann mir Nichts zurückzahlen, man würde immer eine »andere« Handlung gegen mich begehen – (1888)

Friedrich Nietzsche, *Kritische Studienausgabe in 15 Bänden*, hrsg. von Giorgio Colli und Mazzino Montinari. München: Deutscher Taschenbuch Verlag, 1999, Bd. 13, S. 583-584.

4. Was du andern zufügst, das fügst du dir zu. (vor 1914)

Christian Morgenstern, *Gesammelte Werke in einem Band*, hrsg. von Margareta Morgenstern. München: Piper, 1965, S. 413.

5. Ein wohlverstehender sozialer Geist verbietet, was das Recht des andern kränkt. Ein mißverstehender Individualismus sagt: Was du nicht willst, daß dir geschieht, das darfst du dir auch selbst nicht zufügen. (1909)

Karl Kraus, *Beim Wort genommen*, hrsg. von Heinrich Fischer. Köln: Kösel, 1955, S. 141-142.

6. Was du nicht willst, das man dir tu, das füge flugs dem andern zu. (1931)

Richard von Schaukal, *Gedanken*. München: Georg Müller, 1931, S. 79.

7. Was sie nicht will, dass ich ihr tu', das füg' ich einer andern zu. (1972)

Anonymer Spruch in *Schweizer Illustrierte*, Nr. 52 (25. Dezember 1972), S. 85.

8. Was du nicht willst, das man dir tu, das tu auch nicht – was willst du denn? (1977)

Anonymer Spruch in *Hörzu*, Nr. 48 (26. November 1977), S. 56.

9. Wenn sie's nicht will, daß er's ihr tu, dann fliegt er einer andern zu. (1978)

Werner Mitsch, *Spinnen, die nicht spinnen, spinnen. Sprüche. Nichts als Sprüche.* Stuttgart: Heinz und Margarete Letsch, 1978, S. 104.

10. Die Indianer sind gedrückte, ausgebeutete Menschen, denen man ihre Kultur und Identität genommen hat. Das Argument, sie kennten nichts Anderes und wollten daher nichts Besseres, sie seien nun einmal gerade dieses Leben gewohnt und im Grunde glücklich, habe ich immer für törichte oder böswillige Ideologie gehalten, nach dem simplen Grundsatz: »Was du nicht willst, das man dir tu', das füg' auch keinem andern zu«, und jenem anderen den ich mir selbst zurechtgelegt habe: »Wer von einem Zustand profitiert, der soll ihn auch nicht loben«, oder, wenn das zuviel von den fehlbaren Menschen verlangt ist, wenigstens»..., dem soll man seine Lobpreisungen nicht glauben.« (1979)

Egon Schwarz, *Keine Zeit für Eichendorff. Chronik unfreiwilliger Wanderjahre.* Königstein/Ts.: Athenäum, 1979, S. 123.

11. Was du willst, das man dir tu, das füge auch dem anderen zu. (1979)

Gerhard Uhlenbruck, *Einfach gesimpelt. Aphorismen.* Aachen: Stippak, 1979, S. 22.

12. Was du nicht willst, das ich dir tu, das füg ich einem andern zu. (1984)

    Ralf Bülow (Hrsg.), *Graffiti 2. Neues an deutschen Wänden*. München: Wilhelm Heyne, 1984, ohne Seitenangabe.

13. Wenn du nicht willst, was man dir tut, das tue anderen, das tut gut. (1984)

    Ralf Bülow (Hrsg.), *Graffiti 2. Neues an deutschen Wänden*. München: Wilhelm Heyne, 1984, ohne Seitenangabe.

14. Was du nicht willst, dass man dir tu, das füg doch einfach andren zu. (1984)

    Claudia Glismann (Hrsg.), *Edel sei der Mensch, Zwieback und gut. Szene-Sprüche*. München: Wilhelm Heyne, 1984, ohne Seitenangabe.

15. Was du nicht willst,
    das man dir tu,
    schieb ruhig einem andern zu;
    der schiebt es sowieso dann
    weiter. (1984)

    Siegfried Gloose, *Einfälle – Ausfälle. Aphorismen und verbogene Sprüche*. St. Michael: J.G. Bläschke, 1984, S. 61.

16. Was du nicht willst, das man dir tu, füg lieber einem anderen zu! (1984)

    Albert Keller, *Wer zuletzt denkt, lacht am besten! Witziges gegen unchristliche Humorlosigkeit*. Regensburg: Pustet, 1984, S. 70.

17. Was du nicht willst, das man dir tut, das tu andren, das tut gut. (1986)

    Bernd Thomsen (Hrsg.), *Lieber die dunkelste Kneipe als den hellsten Arbeitsplatz. Neue-Büro Sprüche*. München: Wilhelm Heyne, 1986, ohne Seitenangabe.

18. Was er nicht will, das ich ihm tu, das füg' ich einem andren zu. (1987)

   Angelika Franz (Hrsg.), *Das endgültige Buch der Sprüche & Graffiti*. München: Wilhelm Heyne, 1987, S. 189.

19. Was du nicht willst, das man dir tu, das füg' auch keinem andern zu! Das ist die ganze Lehre, alles andere sind Kommentare. (1989)

   Cordelia Edvardson, *Die Welt zusammenfügen*. München: Deutscher Taschenbuch Verlag, 1989, S. 33.

20. Was du nicht willst, das man dir tu – laß damit auch den Patienten in Ruh! (1990)

   Gerhard Uhlenbruck; in Gerhard Uhlenbruck, Hans-Horst Skupy und Hanns-Hermann Kersten, *Ein gebildeter Kranker. Trost- und Trutz-Sprüche für und gegen Ängste und Ärzte*. 3. erweiterte Aufl. Stuttgart: Gustav Fischer, 1990, S. 75.

21. Was Du nicht willst, daß man Dir tu, tu auch nicht Deinem Haustier, Du! (1995)

   Karl Leberecht Emil Nickel (Hrsg.), *Schüttelsprüche. Eine Anthologie*. Hildesheim: Lax, 1995, S. 7.

22. Was du nicht willst, daß man dir tu, das füge deinem Nächsten zu!? (1998)

   Gerhard Uhlenbruck, *Denkanstöße ohne Kopfzerbrechen. Mentale Medizin gegen miese Mentalität*. Köln: Ralf Reglin, 1998, S. 50.

23. Was du nicht willst, das man dir tu', das füge einfach 'nem Schwächern zu! (2000)

   Dietmar Beetz, *Urwaldparfüm. Haiku und andere Sprüche*. Erfurt: Edition D.B., 2000, S. 86.

24. Was du nicht willst, dass man dir tu', das füg' rechtzeitig andern zu. (2006)

Michael Ritter, *Widersprüche. 1000 neue Aphorismen.* Halle: Mitteldeutscher Verlag, 2006, S. 74.

25. »It's easy for *him* to talk about doing unto others as ye would have others do unto you. *He's* not in a dog-eat-dog business!« (1965)

Karikatur in *Saturday Review* (24. April 1965), S. 86.

"It's easy for *him* to talk about doing unto others as ye would have others do unto you, *He's* not in a dog-eat-dog business!"

26. Do unto others as you would have them do unto you. (1972)

Werbung für Sony in *Punch* (6. Dezember 1972), S. xxii.

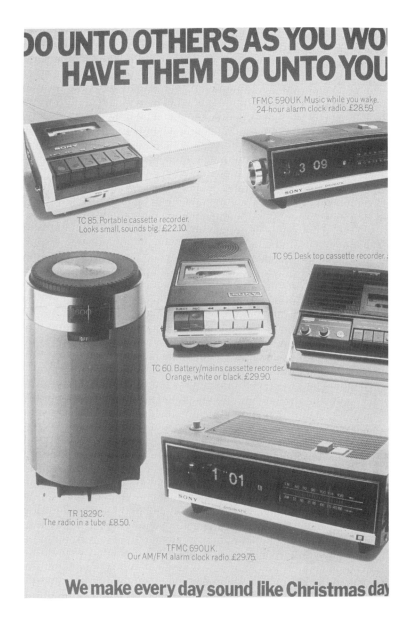

27. Was du nicht willst, daß man dir tu', das füg auch keinem andern zu. (1979)

Witzzeichnung in Christian Strich (Hrsg.), *Das große Diogenes Lebenshilfe-Buch. 333 handfeste alte Tips.* Zürich: Diognes, 1979, S. 50-51.

28. »How long before they start doin' unto me what I did unto them others?« (1982)

Witzzeichnung in *The Burlington Free Press* (13. September 1982), S. 5D. Ich verdanke diesen Beleg miner Frau Barbara Mieder.

29. »... And don't forget ... do it to them before they do it to you!« (1987)

Witzzeichnung in *Punch* (29. April 1987), S. 6.

30. Do unto thers as you would have them do unto you.
»I think I'll give Gregory a hug.« (1999)

Witzzeichnung in *The Burlington Free Press* (23. September 1999), S. 4C. Ich danke meiner Frau Barbara Mieder für diesen Beleg.

XL. »Ein Wolf im Schafspelz sein«

Sehet euch vor vor den falschen Propheten, die in Schafskleidern zu euch kommen, inwendig aber sind reißende Wölfe. (Matthäus 7,15)

Diese biblische Warnung mit ihrer Tiermetapher richtet sich gegen Scheinheilige und kursiert als beliebte sprichwörtliche Redensart in den Varianten »Ein Wolf im Schafsfell sein«, »Ein Wolf im Schafskleid sein« und »Ein Wolf im Schafspelz sein«.

1. Der Wolf im Schafspelze ist weniger gefährlich als das Schaf in irgendeinem Pelze, wo man es für mehr als einen Schöps nimmt. (c. 1815)

    Johann Wolfgang von Goethe, *Sprüche in Prosa. Sämtliche Maximen und Reflexionen*, hrsg. von Harald Fricke. Frankfurt am Main: Insel, 2005, S. 83.

2. Ein Wolf im Wolfspelz. Ein Filou, unter dem Vorwand es zu sein. (1912)

    Karl Kraus, *Beim Wort genommen*, hrsg. von Heinrich Fischer. Köln: Kösel, 1955, S. 270.

3. Um nicht aufgefressen zu werden, geht manches Schaf im Wolfspelz umher. (1907)

    Otto Weiß, *So seid Ihr! Aphorismen*. Stuttgart: Deutsche Verlags-Anstalt, 1907, S. 72.

4. Der Wolf im Schafspelz kann nur Schafen gefährlich werden. (1916)

    Alois Essigmann, *Gott, Mensch und Menschheit. Aphorismen*. Berlin: Axel Juncker, 1916, S. 45.

5. *Schafe im Wolfskleid*
    Zugegeben: Verglichen mit dem Ziel ist jede Wegstation ein Kompromiß, und jeder Weg eine Kette von Kompromissen. Aber auf den schlimmsten

Kompromiß lassen sich diejenigen ein, die sich, stolz auf ihre Radikalität, weigern, derartige Kompromisse in Kauf zu nehmen. Denn denen bleibt nichts anderes übrig als alles beim alten bleiben zu lassen. – Am schlimmsten unter diesen sind wiederum diejenigen, die sich zur Radikalität allein deshalb entschließen, weil sie es wünschen, unter allen Umständen alles beim alten zu belassen; die also Radikalität als Alibi für Indolenz und Passivität verwenden. Kurz: die Schafe im Wolfskleid. (1965)

Günther Anders, *Philosophische Stenogramme*. München: C.H. Beck, 1965, S. 56.

6. »Ein Wolf! Ein Wolf!« schrie er, »ich bin ein Wolf im Schafpelz!« Aber niemand hörte auf ihn, denn alle waren beschäftigt, den Hammelbraten zu grillen. (1970)

Wiesław Brudzinski, *Die rote Katz*. Frankfurt am Main: Suhrkamp, 1970, S. 48.

7. Schlimmer als ein Wolf im Schafpelz ist ein Schaf im Wolfpelz. (1970)

Wiesław Brudzinski, *Die rote Katz*. Frankfurt am Main: Suhrkamp, 1970, S. 107.

8. *Pelze*
Alle, die es angeht, seien hierdurch dringlichst gewarnt
Vor dem Wolf, der sich listenreich im Schafpelz tarnt.
Dies gesagt, erlaube ich mir darauf hinzuweisen:
Auch der Wolf im Wolfsfell ist darauf aus, uns zu verspeisen! (1972)

Henryk Keisch, *Gehauen und gestichelt. Neue Vierzeiler*. Berlin: Eulenspiegel Verlag, 1972, S. 37.

9. Das Schaf im Wolfspelz wirkt recht kläglich,
Den Wolf im Schafspelz trifft man täglich. (vor 1975)

Mascha Kaléko; aus ihrem Nachlaß zitiert in Andreas Nolte, *»Mir ist zuweilen so als ob das Herz in mir zerbrach«. Leben und Werk Mascha Kalékos im Spiegel ihrer sprichwörtlichen Dichtung*. Bern: Peter Lang, 2003, S. 221.

10. Schlimmer als ein Wolf im Schafspelz ist ein Schaf, das mit den Wölfen heult. (1977)

Wolfgang Eschker, *Gift und Gegengift. Aphorismen.* Stuttgart: Deutsche Verlags-Anstalt, 1977, S. 81.

11. *Anpassung*
Man kann als Wolf
im Schafspelz so lange herumlaufen
bis man anfängt
am Grasfressen Geschnack zu finden

Wenn man erst
den warmen Pelz zu schätzen weiß
lenrt man auch das Blöken
und das Sich-Herunterducken

Anpassen und Grasfressen
denkt man noch als Wolf
die ersten Knollen aber
scheißt man schon als Schaf. (1978)

Kurt Sigel, *Gegenreden – Quergebabbel. Hessische Mundartsprüche, Gedichte und Redensarten.* Düsseldorf: Claassen, 1978, S. 49 (Dialektfassung). Mit hochdeutscher Gegenüberstellung in Kurt Sigel, *Verse gegen taube Ohren. Gedichte zweisprachig.* Frankfurt am Main: Dieter Fricke, 1983, S. 94-95.

12. Katzen, die bellen, sind Wölfe im Schafspelz. (1979)

Werner Mitsch, *Fische, die bellen, beißen nicht. Sprüche. Nichts als Sprüche.* Stuttgart: Heinz und Margarete Letsch, 1979, S. 104.

13. Wölfe im Schafspelz schweigen, denn die Stimme würde sie verraten; ihnen genügen die Zähne. (1979)

Gerhard Uhlenbruck, *Einfach gesimpelt. Aphorismen.* Aachen: Stippak, 1979, S. 90.

14. Die Realität ist ein Wolf im Wolfspelz. (1980)

    Werner Mitsch, *Pferde, die arbeiten, nennt man Esel. Sprüche. Nichts als Sprüche.* Stuttgart: Heinz und Margarete Letsch, 1980, S. 49.

15. Schon mancher Wolf im Schafspelz endete als Schaf im Fleischwolf. (1980)

    Werner Mitsch, *Pferde, die arbeiten, nennt man Esel. Sprüche. Nichts als Sprüche.* Stuttgart: Heinz und Margarete Letsch, 1980, S. 105.

16. Es gibt auch den Renten-Wolf im Schafsfaulpelz. (1980)

    Gerhard Uhlenbruck, *Frust-Rationen. Aphorismen.* Aachen: Stippak, 1980, S. 55.

17. Früher kam der Wolf im Schafspelz.
    Heute kommt der Faschist im Kammgarn. (1981)

    Winfried Thomson, *Radikalauer.* Frankfurt am Main: Eichborn, 1981, ohne Seitenangabe.

18. Wölfe im Schafspelz verraten sich oft dadurch, daß sie sich gegenseitig in die Wolle geraten. (1981)

    Gerhard Uhlenbruck, *Keiner läßt seine Masche fallen. Aphorismen.* Aachen: Stippak, 1981, S. 32.

19. Den Wolf im Schafsfell kann man leicht erkennen: er bleibt immer ungeschoren. (1981)

    Gerhard Uhlenbruck, *Keiner läßt seine Masche fallen. Aphorismen.* Aachen: Stippak, 1981, S. 55.

20. *harter winter*
die schafe ziehen sich
die pelze an
und heulen
mit den wölfen

manch einem wird so eingeheizt
daß er eiskalt wird
bei diesem glatteis
ausrutscht und zerbricht

ein andrer baut sein haus
jetzt auf dem eis anstatt
auf sand und glaubt
daß dieser winter ewig hält

doch ist auch unser lachen
eingefroren worden
so
kann es überwintern. (vor 1983)

Manfred Hausin; in Hans Kruppa (Hrsg.), *Wo liegt euer Lächeln begraben? Gedichte gegen den Frust*. Frankfurt am Main: Fischer, 1983, S. 182.

21. *mitläuferlied*
1
komm, hänge mir den wolfspelz um
ich mische mich ins rudel
im harten tritt der masse, marschier ich
mit & mach mich flach, den nacken
krumm: ich drehe mit im strudel

2
komm, wir werfen uns den wolfspelz um
& schleifen uns die zähne
wir reißen uns dann nebenan die frau
den mann, die lämmer, greif die mpi
das messer, drum: wir haben große pläne

3
kommt, werft euch den wolfspelz um
jagt alle aus dem schlafe
flieht aus den städten in den wald
die wölfe brauchen hilfe, fragt nie
warum: wir sind halt gute schafe. (vor 1983)

Frank-Wolf Matthies; in Helmut Lamprecht (Hrsg.), *Wenn das Eis geht. Temperamente und Positionen. Ein Lesebuch zeitgenössischer Lyrik*. Fischerhude: Verlag Atelier im Bauernhaus, 1983, S. 149.

22. *Schicksalsgemeinschaft*
Würden sie die Annahme überprüfen, beim Wolf handle es sich in Wirklichkeit um ein Schaf im Wolfspelz, so könnte das ganz schön gefährlich werden. Für die Schafe. Aber auch für den Wolf, vorausgesetzt, er ist doch ein Schaf. (1983)

Michael Augustin, *Der Apfel der Versuchung war ungespritzt. Treffende Spitzen ohne Gewehr*. Frankfurt am Main: Eichborn, 1983, S. 21.

23. Wölfe im Schafsfell lassen sich nicht scheren, daran erkennt man sie. (1983)

Gerhard Uhlenbruck, *Nächstenhiebe. Aphoristische Sticheleien*. Aachen: Stippak, 1983, S. 9.

24. Der Wolf im Schafspelz kommt als Unschuldslamm auf die Welt. (1983)

Gerhard Uhlenbruck, *Nächstenhiebe. Aphoristische Sticheleien*. Aachen: Stippak, 1983, S. 39.

25. Auch unter den Wölfen gibt es Masochisten: Einige bevorzugen sogar das schwarze Schafsfell. (1983)

Gerhard Uhlenbruck, *Nächstenhiebe. Aphoristische Sticheleien*. Aachen: Stippak, 1983, S. 40.

26. Wölfe erkennt man an ihren Schafspelzen. (1984)

Ralf Bülow, *Liebe ist heilbar. Sprüche aller Art*. Frankfurt am Main: Michler, 1984, ohne Seitenangabe.

27. Wie närrisch: den Wolf im Schafspelz zu fürchten und nicht das Schaf im Wolfsfell. (1985)

André Brie, *Am Anfang war das letzte Wort. Aphorismen*. Berlin: Eulenspiegel Verlag, 1985, S. 54.

28. Die Wölfe bleiben dieselben, nur die Schafspelze gehen mit der Mode. (1985)

Hermann Funke, *Worte und Widerworte. Aphorismen*. Sigmaringen: Thorbecke, 1985, S. 44.

29. Opportunismus: Es gibt Schafe, die heulen mit den Wölfen im Schafsfell. (1985)

Gerhard Uhlenbruck, *Eigenliebe macht blind. Hirnrissige Gedankensprünge und Aphorismen*. Aachen: Stippak, 1985, S. 13.

30. Auch die Wölfe suchen ihren Schafspelz nach der Mode aus, nur den schwarzen Schafspelz meiden sie. (1985)

Gerhard Uhlenbruck, *Eigenliebe macht blind. Hirnrissige Gedankensprünge und Aphorismen*. Aachen: Stippak, 1985, S. 14.

31. Welcher Wolf läßt sich schon das Schafsfell über die Ohren ziehen? (1985)

Gerhard Uhlenbruck, *Eigenliebe macht blind. Hirnrissige Gedankensprünge und Aphorismen*. Aachen: Stippak, 1985, S. 34.

32. Der Imperialismus ist wie der Wolf im Schafspelz. Sieht er seine Felle wegschwimmen, beißt er zu. (vor 1986)

Thomas Trautmann; in Ingetraud Skirecki (Hrsg.), *Das Trojanische »Stecken«pferd. Aphorismen.* Berlin: Eulenspiegel Verlag, 1986, S. 187.

33. Eine Frau im Nerz ist wie eine Wölfin im Schafspelz. (1986)

Andreas Bender, *Gelegenheit macht Liebe. Sprichwörter, Redensarten und Zitate verdreht und auf die seichte Schulter genommen.* Frankfurt am Main: Eichborn, 1986, ohne Seitenangabe.

34. *Belämmert*
Ich kenne Schafe, die wie Wölfe beißen.
Das Sprichwort schert sie über einen Kamm.
Dagegen läßt sich mühelos beweisen:
So mancher Wolf im Schafspelz ist – ein Lamm. (1986)

Wolfgang Funke, *Funkenflug. Epigramme.* Berlin: Eulenspiegel Verlag, 1986, S. 24.

35. Ein moralisch integrer Wolf friert lieber, ehe er sich einen Schafspelz überzieht. (1988)

Gerd W. Heyse, *Gedanken-Sprünge. Aphorismen.* Berlin: Eulenspiegel Verlag, 1988, S. 25.

36. Immerhin, so sagen die Schafe vom Wolf im Schafspelz, er macht uns nach. (1988)

Hans-Dieter Schütt, *Diesseits der eigenen Haustür. Aphorismen.* Berlin: Eulenspiegel Verlag, 1988, S. 100.

37. *Bemerkung*
Ich kenne das Schicksal von Schafen, die den Schafen dadurch zu helfen versuchten, daß sie sich in eine Wolfshaut einnähen ließen. Ihr Schick-

sal hier mitzuteilen, würde weit über eine Bemerkung hinausgehen. (vor 1989)

Horst Drescher, *Aus dem Zirkus Leben. Notizen 1969-1989.* Berlin: Aufbau-Verlag, 1990, S. 34.

38. Ein Wolf im Schafsfell lässt es sich nicht über die Ohren ziehen. (1989)

Gerhard Uhlenbruck, *Aphorismen sind Gedankensprünge in einem Satz,* hrsg. von Hans Ott. Thun: Ott, 1989, S. 43.

39. Zuviele Wölfe von gestern
im Reformerschafspelz von heute. (1990)

Ewald Lang (Hrsg.), *Wendehals und Stasi-Laus. Demo-Sprüche aus der DDR.* München: Wilhelm Heyne, 1990, S. 170.

40. Ob der Wolf im Schafspelz nicht eines Tages im Schafspelz von Wölfen gefressen wird? (1994)

Birgit Berg, *Lose Worte. Aktuelle Aphorismen.* Stuttgart: Wortwerkstatt, 1994, S. 47.

41. Der Neidhammel verkleidet sich oft als Wolf im Schafsfell! (1996)

Gerhard Uhlenbruck, *Nichtzutreffendes bitte streichen. Aphoristische Gedankengangarten.* Köln: Ralf Reglin, 1996, S. 11.

42. Wehe, wenn der Wolf im Schafsfell zum Leithammel wird! (1996)

Gerhard Uhlenbruck, *Nichtzutreffendes bitte streichen. Aphoristische Gedankengangarten.* Köln: Ralf Reglin, 1996, S. 73.

43. Heute heult man nicht mehr mit den Wölfen, sondern nur noch mit den Wölfen im Schafsfell! (1997)

Gerhard Uhlenbruck, »Aphorismen: Quersumme eines Querdenkers,« in Jürgen Schwalm (Hrsg.), *Almanach deutscher Schriftsteller-Ärzte 1998*. Marquartstein: Manstedt, 1997, S. 545.

44. Der Opportunist heult sogar mit den Wölfen im Schafsfell. (1998)

Gerhard Uhlenbruck, »Spagat mit Sprüchen: Mentale Medizin gegen miese Mentalität,« in *Almanach deutschsprachiger Schriftsteller-Ärzte 98*, hrsg. von Jürgen Schwalm. Marquartstein: Manstedt, 1998, S. 425.

45. Man könnte wie ein Wolf heulen, wenn man wüßte, wer alles mit den Wölfen heult – vor allem die im Schafsfell. (1998)

Gerhard Uhlenbruck, *Denkanstöße ohne Kopfzerbrechen. Mentale Medizin gegen miese Mentalität*. Köln: Ralf Reglin, 1998, S. 60.

46. Werwolf im Schafspelz. (1999)

Ronald M. Hahn (Hrsg.), *Werwolf im Schafspelz. Die besten Stories aus »The Magazine of Fantasy and Science Fiction«*. München: Wilhelm Heyne, 1999.

47. Barmherzigkeit für die Wölfe im Schafspelz ist Unrecht gegen die Schafe. (1999)

Gerhard Uhlenbruck. »Sprichworte als Stichworte,« in Jürgen Schwalm (Hrsg.), *Almanach deutscher Schriftsteller-Ärzte 2000*. Marquartstein: Manstedt, 1999, S. 500.

48. Der innere Schweinehund: Oft ein Schaf im Wolfsfell. (1999)

Gerhard Uhlenbruck, *Die Wahrheit lügt in der Mitte. Gedanken zum Bedenken*. Köln: Ralf Reglin, 1999, S. 30.

49. Der Wolf im Schafsfell ist gefährlich, noch gefährlicher ist der Leitwolf im Schafsfell. (1999)

Gerhard Uhlenbruck, *Die Wahrheit lügt in der Mitte. Gedanken zum Bedenken.*
Köln: Ralf Reglin, 1999, S. 99.

50. Das Schaf im Schafspelz. (2000)

Michael Krüger, *Das Schaf im Schafspelz und andere Satiren aus der Bücherwelt.*
Zürich: Sanssouci, 2000.

51. Der Wolf im Schafsfell möchte gerne Leitwolf werden. (2000)

Gerhard Uhlenbruck, *Alles kein Thema! Ein Thema für alle ...* Köln: Ralf Reglin, 2000, S. 30.

52. Es kann in einem Biederschein
manchmal ein Wolf im Schafspelz sein. (2002)

Günther Hindel, *Was mir einfliel, als mir's auffiel. Nachgedacht – Nachgefragt – Kurz gesagt.* Frankfurt am Main: Haag + Herchen, 2002, S. 70.

53. Viele Schafe gingen gern im Wolfspelz, aber wo nimmt man all die Wolfspelze her? (2002)

Vytautas Karalius, *Endspurt der Schnecken. Aphorismen, Paradoxa, ironische Anspielungen.* Vilnius: Egalda, 2002, S. 164.

54. Christus wurde zwar zum Gott erhoben, kann sich aber, da er nun einmal tot ist, nicht dagegen wehren, als Schafspelz des Wolfs missbraucht zu werden ... (2003)

Arthur Feldmann, *Spiegelungen oder Nachdenkliche Betrachtungen eines Herbstblatts über das bunte Treiben der Welt. Gesammelte Mikroprosa.* Köln: Tatjana Lehmann, 2003, S. 79.

55. Wölfisches unter dem Schafspelz einer alten – und Wolfspelze als Outfit einer neuen Kultur. (2003)

Felix Renner, *Keine Kompromisse. Aphorismen.* Zürich: Nimrod, 2003, S. 63.

56. Der Wolf im Schafspelz? Ein Bluff für den Jäger.
Das Schaf im Wolfspelz? Ein Bluff für den Metzger. (2004)

Werner Hauke, *Der Kopf im Zenit. Aphorismen.* Berlin: Frieling, 2004, S. 5.

57. Der Wolf im Schafspelz verrät sich, wenn er mit den Wölfen heult. (2004)

Rupert Schützbach, *Weltanschauung. Aphorismen & Definitionen & Sprüche aus zwanzig Jahren.* Tiefenbach: Edition Töpfl, 2004, S. 149.

58. Die Frau liebt den Schafspelz nicht als Geschenk. Obwohl sie weder Wolf noch Wölfin ist, hat sie ihn schon und trägt ihn alle Tage. (2005)

Peter Buser, *Aphorismen und andere Kurzweil.* Norderstedt: Books on Demand, 2005, S. 18.

59. *Der Wolf im Pelzladen*
Der Kaufmann fragt den Wolf ganz fair:
»Woll'n Sie 'nen Pelz von einem Bär?«
Da antwortet der Wolf: »O nein!
Ein schlichter Schafspelz soll es sein!« (2005)

Ferdinand Heim, *Aufs Korn genommen. Epigramme. Satirisch-humoristische Vierzeiler.* Rottenburg a/N: Mauer-Verlag, 2005, S. 41.

60. Der Wolf im Schafspelz wedelt mit dem Schwanz, wenn man ihm eine Freude macht. (2005)

Hans-Jürgen Quadbeck-Seeger, *Im Labyrinth der Gedanken. Aphorismen und Definitionen.* Norderstedt: Books on Demand, 2005, S. 194.

61. Zieht man dem Wolf im Schafsfell das Fell über die Ohren, kommt ein schwarzes Schaf zum Vorschein. (2011)

Gerhard Uhlenbruck, *Sprüche. Gedankensprünge von Mensch zu Mensch.* Bochum: Norbert Brockmeyer, 2011, S. 56.

62. Manche angriffslustigen Politiker entpuppen sich als Schafe im Wolfspelz. (2013)

Rudolf Kamp, *Sprüchewirbel. Aphorismen*. Bochum: Norbert Brockmeyer, 2013, S. 46.

63. Introducing the Volkswagen Rabbit GTI.
    It's a wolf in sheep's clothing. (1982)

Werbung für Volkswagen in *Time* (15. November 1982), S. 64.

64. Wölfe im Schafspelz? (1986)

Hans-Gerd Jaschke, »Wölfe im Schafspelz? Der europäische Rechtsradikalismus bemüht sich um ein intellektuelles Profil.« *Die Zeit*, Nr. 3 (7. Januar 1986), S. 12.

65. »Wait a minute! You mean everybody here is a wolf!« (1986)

Karikatur in *Punch* (12. Februar 1986), S. 35.

66. Kohls gefährlicher Gehilfe.
CDU-Generalsekretär Heiner Geißler. (1986)

Bildmontage in *Der Spiegel*, Nr. 40 (29. September 1986), Titelblatt.

67. Der Wolf im Schafspelz.
    Test the Lights. (1990)

    Werbung für West-Zigaretten in *Freundin*, Nr. 13 (6. Juni 1990), S. 120.

68. Wolf im Schafspelz. (1993)

Karikatur (Präsident Bill Clinton) in *New Yorker Staats-Zeitung* (6. Febaruar 1993), S. 7.

69. Der Wolf im Saab-Pelz. (1999)

Tom Willy, »Der Wolf im Saab-Pelz. Unterstatement pur: Der Tuningversion von Saab 9-5 mit Namen 'Troll' ist von aussen nicht anzusehen, zu welcher Leistungsklasse das Fahrzeug tatsächlich gehört.« *Die Weltwoche*, Nr. 40 (7. Oktober 1999), S. 32.

70. Der Wolf im Lammfell. (2007)

Werbung für Toyota in *Stern*, Nr. 6 (18. Februar 2007), Umschlag.

71. Schafe im Wolfspelz. (2010)

Matthias Geis, »Schafe im Wolfspelz. Rüttgers, Koch & Co. – Angela Merkels alte Gegenspieler treten geschlagen ab.« *Die Zeit*, Nr. 27 (1. Juli 2010), S. 4.

Kulturelle Motivstudien

Von Wolfgang Mieder

Band 1 (2001):
»Liebt mich, liebt mich nicht...« Studien und Belege zum Blumenorakel. Mit 72 Abb. ISBN 3-7069-0125-0. 160 Seiten

Band 2 (2002):
Der Rattenfänger von Hameln. Die Sage in Literatur, Medien und Karikaturen Mit 91 Abb. ISBN 3-7069-0125-0. 233 Seiten

Band 3 (2003):
»Die großen Fische fressen die kleinen« Ein Sprichwort über die menschliche Natur in Literatur, Medien und Karikaturen. Mit 125 Abb. ISBN 3-7069-0182-X. 238 Seiten

Band 4 (2004):
»Wein, Weib und Gesang« Zum angeblichen Luther-Spruch in Kunst, Musik, Literatur, Medien und Karikaturen. Mit 44 Abb. ISBN 3-7069-0266-4. 200 Seiten

Band 5 (2005):
"Nichts sehen, nichts hören, nichts sagen" Die drei weisen Affen in Kunst, Literatur, Medien und Karikaturen. Mit 296 Abb. ISBN 978-3-7069-0248-9. 267 Seiten

Band 6 (2006):
"Cogito, ergo sum" – Ich denke, also bin ich. Das Descartes-Zitat in Literatur, Medien und Karikaturen. Mit 77 Abb. ISBN 978-3-7069-0398-1. 225 Seiten

Band 7 (2007):
Hänsel und Gretel. Das Märchen in Kunst, Musik, Literatur, Medien und Karikaturen. Mit 145 Abb. ISBN 978-3-7069-0469-8. 323 Seiten

Band 8 (2008):
"Sein oder Nichtsein". Das Hamlet-Zitat in Literatur, Übersetzungen, Medien und Karikaturen. Mit 113 Abb. ISBN 978-3-7069-00501-5. 287 Seiten

Band 9 (2009):
"Geben Sie Zitatenfreiheit". Friedrich Schillers gestutzte Worte in Literatur, Medien und Karikaturen. Mit 137 Abb. ISBN 978-3-7069-0320-2. 356 Seiten

Band 10 (2009):
"Märchen haben kurze Beine". Moderne Märchenreminiszenzen in Literatur, Medien und Karikaturen. Mit 140 Abb. ISBN 978-3-7069-0579-4. 346 Seiten

Band 11 (2011):
"Wie anders wirkt dies Zitat auf mich ein!". Johann Wolfgang von Goethes entflügelte Worte in Literatur, Medien und Karikaturen. Mit 121 Abb. ISBN 3-7069-0651-7. 422 Seiten

Band 12 (2012):
"Zersungene Lieder". Moderne Volksliederreminiszenzen in Literatur, Medien und Karikaturen. Mit 142 Abb. ISBN 978-978-3-7069-0685-2. 409 Seiten

Band 13 (2013):
»Neues von Sisyphus«. Sprichwörtliche Mythen der Antike in moderner Literatur, Medien und Karikaturen. Mit 166 Abb. ISBN 978-3-7069-0716-3. 393 Seiten